TURCOLOGICA

Herausgegeben von Lars Johanson

Band 41

1999
Harrassowitz Verlag · Wiesbaden

Astrid Menz

Gagausische Syntax

Eine Studie zum kontaktinduzierten Sprachwandel

1999
Harrassowitz Verlag · Wiesbaden

Gedruckt mit Unterstützung des Förderungs- und Beihilfefonds Wissenschaft der VG WORT.

Ausgezeichnet mit dem Preis der Johannes Gutenberg-Universität Mainz für das Jahr 1998.

Die Deutsche Bibliothek – CIP-Einheitsaufnahme

Menz, Astrid :
Gagauische Syntax : eine Studie zum kontaktinduzierten Sprachwandel / Astrid Menz.
- Wiesbaden : Harrassowitz, 1999
(Turcologica ; Bd. 41)
Zugl.: Mainz, Univ., Diss. 1997
ISBN 3-447-04171-4

Gedruckt auf alterungsbeständigem Papier.
Druck und Verarbeitung: AZ Druck und Datentechnik GmbH, Kempten
Printed in Germany

ISSN 0177-4743
ISBN 3-447-04171-4

Inhalt

Vorwort

An dieser Stelle möchte ich all denjenigen, die zur Entstehung dieser Arbeit beigetragen haben, herzlich danken:

Herrn Professor Lars Johanson für die Anregung zu meinem Dissertationsthema, die immer gewährte Unterstützung und Betreuung dieser Arbeit und die Aufnahme der Druckfassung in die Reihe Turcologica; Frau Dr. Éva Ágnes Csató für ihre konstruktive Kritik und Diskussionsbereitschaft; der Südosteuropa-Gesellschaft in München für das mir gewährte Reisestipendium, das mir den Feldforschungsaufenthalt in der Republik Moldau ermöglicht hat; Frau Hülya Demirdirek, M.A., Oslo, die mir während dieses Feldforschungsaufenthalts ihre ganze Unterstützung zuteil werden ließ und bei Kontakten mit den Informanten unschätzbare Hilfe geleistet hat; meinem Vater für seine akribische Durchsicht des Manuskripts.

Ein besonderer Dank gilt all denjenigen Gagausen, die sich bereitwillig als Informanten zur Verfügung gestellt und mir dadurch zu dem für mein Dissertationsvorhaben nötigen Material verholfen haben.

All denjenigen Freunden und Verwandten, die mich während der Durchführung meiner Dissertation unterstützt haben, sei ebenfalls herzlich gedankt.

Mainz, im Februar 1999 Astrid Menz

Abkürzungen

Verzeichnis der in der interlinearen morphologischen Analyse verwendeten Abkürzungen

ABL	= Ablativ	NEZ	= Nezessitativ
ADJ.DER	= Adjektivisierer	NOM.DER	= Nominalisierer
ADV.DER	= Adverbialisierer	OPT	= Optativ/Imperativ
AKK	= Akkusativ	PART	= Partizip
AOR	= Aorist	PASS	= Passiv
DAT	= Dativ	PERF	= Perfekt
DEM	= Demonstrativum	PL	= Plural
DIM	= Diminutiv	PLUPERF	= Plusquamperfekt
FUT	= Futur	POSS	= Possessivsuffix
GEN	= Genitiv	PP	= Postposition
HV	= Hilfsverb	PRÄS	= Präsens
IMP	= Imperativ	PRÄT	= Präteritum
INFKOP	= modale Kopula *imiš*	PTKL	= Partikel
INT	= Interjektion	Q	= Fragepartikel
KAUS	= Kausativ	REFL	= Reflexivpronomen
KOND	= Konditional	REL.PRON	= Relativpronomen
KONV	= Konverb	SG	= Singular
KOP	= Kopula	SUP	= Superlativpartikel
LOK	= Lokativ	VERGKOP	= Vergangenheitskopula
NEG	= Negation	VN	= Verbalnomen

Verzeichnis der sonstigen Abkürzungen und Symbole

-	= Suffix	dial.	= dialektal
<	= resultiert aus	pers.	= persisch
>	= wird zu	rum.	= rumänisch
⇐	= kopiert von	russ.	= russisch
	= eigene Daten	ttü.	= türkeitürkisch
arab.	= arabisch	tü.	= türkisch
bulg.	= bulgarisch		

A Einleitung

1 Gegenstand der Untersuchung

Die vorliegende Arbeit untersucht den Einfluß der slawischen Sprachen Russisch und Bulgarisch auf die Syntax des Gagausischen. Ausgewertet werden hierfür hauptsächlich Daten, die in eigener Feldforschungsarbeit erhoben wurden. Daneben werden Materialien fremder Feldforschungsarbeit sowie schriftsprachliche Materialien in die Untersuchung mit einbezogen. Bei den Materialien fremder Feldforschungsarbeit handelt es sich um die von Moškov 1904 veröffentlichen Texte aus Bessarabien sowie die von Manov 1938 und Zajączkowski 1966b veröffentlichten Daten aus Bulgarien. Unsere eigene Datensammlung stammt aus einem Feldforschungsaufenthalt in der Republik Moldau im Sommer 1995.

1.1 Die Gagausen und das Gagausische

Bei den Gagausen handelt es sich um eine kleine türkischsprachige Gemeinschaft, die dem orthodoxen christlichen Glauben angehört. Über ihre ethnische Herkunft sowie die Herkunft ihres Namens gibt es, aufgrund der mangelhaften Quellenlage, bis heute keine gesicherten Angaben, s.u.[1]

Die Hauptmasse der Gagausen lebt heute auf dem Territorium der ehemaligen UdSSR im südlichen Teil der Republik Moldau (im folgenden der Einfachheit halber immer Moldawien genannt) und der angrenzenden Gebiete der Ukraine. Daneben finden sich kleinere gagausische Gemeinden in Kasachstan und im Kaukasus. Ihre Anzahl wurde in der letzten Volkszählung der UdSSR von 1989 mit ca. 197.000 festgestellt. Davon entfielen 152.752 auf die damalige Unionsrepublik Moldawien und ca. 27.000 auf die Ukraine (Fane 1993).

Außerhalb des Gebietes der ehemaligen UdSSR leben Gagausen in Bulgarien, Griechenland und Rumänien. Da sie in diesen Ländern nicht in

1 Zur Diskussion der Etymologie des Wortes *gagauz* siehe Güngör & Argunşah 1991. Ein ganz neuer Vorschlag findet sich in der seit 1996 vierteljährlich in Lateinschrift erscheinenden gagausischen Zeitschrift *Sabaa yıldızı*. Pokrovskaya, L. A.: *Neredän "gagauz" adı geldi*. Sabaa yıldızı, 1 1996. S. 60.

die Volkszählung mit einbezogen werden, ist ihre Anzahl ungewiß.[2] Es finden sich in der einschlägigen Literatur Schätzungen betreffs der Zahl der in Bulgarien lebenden Gagausen, die von ca. 30.000 bei Zajączkowski 1966b: 6 bis zu über 300.000 in der türkischen Literatur (siehe die Darstellung bei Özkan 1996: 28) reichen. Die letztgenannte Zahl scheint uns, zumindest wenn man unter Gagausen die Sprecher des Gagausischen versteht, nicht realistisch. Eine sichere Gesamtzahl aller Gagausen läßt sich somit nicht angeben, die von Özkan 1996: 29 genannte Zahl von mehr als 500.000 ist aufgrund fehlender Datengrundlage nicht unproblematisch.

Das Gagausische gehört zum westlichen Zweig der oghusischen Gruppe der Türksprachen. Innerhalb der oghusischen Gruppe steht das Gagausische dem Türkeitürkischen am nächsten und wird sogar von Doerfer 1990: 18 in sprachwissenschaftlicher Hinsicht als eine Mundart des Türkeitürkischen aufgefaßt. Es wurde auch die Auffassung geäußert, daß Gagausisch zumindest einige kiptschakische Züge aufweise (Kowalski 1933, Pokrovskaja 1964). Doerfer 1959 und 1965 hat aber gezeigt, daß diese Auffassung jeglicher Grundlage entbehrt.[3]

Bei der Frage der Zugehörigkeit des Gagausischen zur oghusischen oder kiptschakischen Gruppe hat sicherlich die nicht restlos zu klärende Frage nach der Ethnogenese der Gagausen eine Rolle gespielt. Wenn man auch in sprachlicher Hinsicht das Gagausische der oghusischen Gruppe zurechnen kann, so ist doch die Frage nach der ethnischen Herkunft der Gagausen bis jetzt nicht zu klären. Zahlreiche Arbeiten sind zu diesem Thema erschienen. Wir wollen uns hier darauf beschränken, die verschiedenen Meinungen summarisch darzustellen, da im Rahmen dieser Arbeit kein Platz für eine breite Diskussion dieser Frage ist, auf der anderen Seite aber der geschichtliche Werdegang des gagausischen Volkes natürlich gerade im Rahmen einer sprachkontaktlich interessierten Arbeit eine Rolle spielt. Eine ausführliche Darstellung aller Thesen zur Ethnogenese der Gagausen findet sich bei Özkan 1996: 10 ff.

Besonders aufgrund der Tatsache, daß die Gagausen orthodoxe Christen sind, hat man vermutet, daß bei ihrer Ethnogenese kumanische und petschenegische Elemente eine Rolle gespielt haben müssen, die aus dem Norden nach Bulgarien, dem ursprünglichen Siedlungsgebiet der Gagausen, kamen. Im Gegensatz dazu steht die Auffassung, daß es sich bei den Gagausen um einen im Zuge der mongolischen Invasion in Anatolien im 13. Jahrhundert nach Byzanz abgewanderten seldschukischen Stamm han-

2 Jireček 1891: 143 gibt in seinem Kapitel über die Gagauzen für Bulgarien Zahlen einer Volkszählung von 1888 an, er spricht dort von "türkisch redenden Christen". Seine Zahlenangabe beläuft sich auf knapp 9.000; er ist allerdings der Meinung, daß diese Zahl zu niedrig sei, da sich viele Gagauzen als Griechen oder Bulgaren hätten registrieren lassen.

3 Siehe auch die Besprechung von Mollova 1966.

dele, der sich nach seiner Unterwerfung unter die Byzantiner christianisiert habe und dann zur Grenzsicherung auf dem Gebiet des heutigen Bulgarien angesiedelt wurde, siehe Wittek 1952. Hauptsächlich von bulgarischen Forschern ist nicht zuletzt die Frage aufgeworfen worden, ob es sich bei den Gagausen überhaupt um ein ursprünglich türkisches Volk handele, das die christliche Religion angenommen hat und aufgrund enger Kontakte mit den benachbarten slawischen Völkern kulturell und sprachlich stark beeinflußt wurde, oder ob es sich bei den Gagausen um ein sprachlich türkisiertes slawisches Volk handele.

Aufgrund der mangelhaften Quellenlage läßt sich kein klares Bild von der Ethnogenese der Gagausen gewinnen. In sprachlicher Hinsicht allerdings lassen sich keine besonderen kiptschakischen Elemente im Gagausischen nachweisen. Der hauptsächlich von bulgarischen Forschern aufgebrachten These,[4] es handele sich um ein slawisches Volk, das die türkische Sprache angenommen habe, ist vielfach widersprochen worden.

Erst seit der Zeit der Auswanderung der Gagausen aus dem Gebiet des osmanischen Reiches in ihr heutiges Hauptsiedlungsgebiet, die am Ende des 18. Jahrhunderts begann und im Zuge des osmanisch-russischen Krieges 1806-1812 ihren Höhepunkt fand, sind gesicherte Daten über Zahl und Siedlungen der Gagausen zumindest in Bessarabien bekannt (s. Fane 1993: 137).

Für unsere sprachliche Untersuchung ist vor allen Dingen von Bedeutung, daß es sich beim Gagausischen um einen westoghusischen türkischen Dialekt handelt und sich das Gagausische gerade in den Bereichen, die eine relativ hohe Stabilität gegen "Entlehnung" aufweisen (siehe Johanson 1992a: 34 ff.), nämlich Phonologie, Morphologie und aspekto-temporales System, als sehr stabil und dem Türkeitürkischen sehr nahestehend erwiesen hat.

1.1.1 Die Erforschung des Gagausischen

Erstmals hat sich der russische Ethnograph Moškov mit dem Gagausischen befaßt. Er sammelte und veröffentliche eine Reihe von gagausischen volkskundlichen Texten, Märchen, Erzählungen, Liedern und Rätseln, die zusammen mit einem Wörterbuch 1904 als zehnter Band der Radloff'schen Proben veröffentlicht wurden. Die Texte stammen aus Bessara-

4 Aber auch Dmitrijev 1932: 209 im Teil I seiner gagausischen Lautlehre, wo er u.a. ausführt: "Mehrere Lauterscheinungen, beinahe die ganze Syntax und Phraseologie, wie auch der größte Teil der Morphologie und des Glossars der Gagausen sind nicht türkisch und nicht osmanisch." Im Gegensatz hierzu sind wir der Auffassung, daß gerade die Morphologie des Gagausischen im großen und ganzen Türkisch ist. Auch der Grundwortschatz ist Türkisch.

bien, wo auch heute die größte Gruppe der Gagausen lebt. In der Einleitung zu dieser Textsammlung gibt Moškov ein detailliertes Bild der Bevölkerungsstruktur von Bessarabien, den gagausischen Siedlungen, bringt Angaben zur Geschichte der Gagausen und macht auf einige Dialektunterschiede aufmerksam. Die von Moškov veröffentlichten Texte hat Dmitriev in seiner Untersuchung zur gagausischen Phonetik (Dmitrijev 1932-33) und zu Untersuchungen über Morphologie und Syntax (Dmitriev 1962a und b) verarbeitet. Er hat darüber hinaus auch mit Muttersprachlern gearbeitet.[5]

Die Deklaration des Gagausischen zur Schriftsprache 1957 in der damaligen Unionsrepublik hat ein Wörterbuch und eine Grammatik hervorgebracht (Slovar'; Pokrovskaja 1964). Zum Gagausischen in Bulgarien gibt es die Arbeiten von Zajączkowski; hervorzuheben ist hier neben einigen Arbeiten zum Wortschatz (1951-52, 1966a) und zur Volksliteratur (Zajączkowski 1960, Zajončkovski 1964) seine Monographie von 1966b, in der die Ergebnisse seiner Feldforschung präsentiert werden. Manov 1938 hat sich hauptsächlich mit ethnographischen Fragen beschäftigt, aber auch einige Sprachproben veröffentlicht. Drimba 1963 vergleicht die Ergebnisse von Zajączkowskis Untersuchungen zum Gagausischen in Bulgarien mit den Gegebenheiten im moldawischen Gagausischen. Zur Syntax des Gagausischen liegen Monographien von Pokrovskaja 1978, sowie, besonders zur Syntax komplexer Sätze, von Gajdarži 1973 und 1981 vor. Beide Autoren haben die Ergebnisse ihrer Untersuchungen auch in einigen Aufsätzen zusammengefaßt.

Untersuchungen zum gagausischen Wortschatz liegen darüber hinaus von Kolca 1973 (Wortbildung) und insbesondere zu Lehnwörtern aus dem Rumänischen von Tukan & Udler 1972 sowie Dron 1984 vor.

In jüngster Zeit ist eine Grammatik des Gagausischen in der Türkei erschienen (Özkan 1996), die allerdings hauptsächlich auf bereits veröffentlichten Werken sowjetischer Turkologen basiert. Darüber hinaus liegt eine Übersetzung des Wörterbuchs ins Türkeitürkische (Doğru & Kaynak 1991) sowie einige Arbeiten zur Volkskunde (Güngör & Argunşah 1991 und 1993) vor, die auch kurze Bemerkungen zur Sprache sowie einige Sprachproben, hauptsächlich Liedtexte und Gedichte, enthalten.

1.1.2 Für das Gagausische relevante Kontaktsprachen

Für das Gagausische sind als Quelle des Kodekopierens (s. u.) hauptsächlich die slawischen Sprachen Bulgarisch und Russisch anzusehen. Obgleich Rumänisch die Sprache der Bevölkerungsmehrheit der Republik Moldau

5 Siehe SB2: 16.

ist, dem heutigen Hauptsiedlungsgebiet der Gagausen, deren Varietät die Grundlage für die vorliegende Arbeit bildet, so hat doch das Rumänische in weit geringerem Maße als das Russische auf das Gagausische eingewirkt. Aus den Daten der Volkszählung von 1989 geht hervor, daß nur 4 % der Gagausen angaben, Rumänisch zu können, im Gegensatz zu 80 % der Gagausen, die Russisch als ihre Zweitsprache angaben (Daten nach Fane 1993).[6] Die von Dron 1984 sowie Tukan & Udler 1972 aufgelisteten Globalkopien (zu dem Begriff Globalkopien siehe unter B. 1) aus dem Rumänischen sind unserer Auffassung nach nicht repräsentativ für das gesamte Gagausische in Moldawien.[7]

Die Gagausen leben im Süden der Republik Moldau im autonomen Gebiet *Gagauz yeri*, in relativ geschlossenen Gemeinschaften.[8] Der Anteil von Gagausen in den betroffenen Dörfern liegt meist bei 90 % und darüber. Ein Vergleich der Volkszählungsdaten von 1971 und 1989 läßt auch erkennen, daß ein hohes Maß an Zweisprachigkeit erst durch die seit der Sowjetzeit strikt durchgeführte Schulpflicht und die höhere Anzahl an Pflichtschuljahren erreicht wurde. Noch heute haben zahlreiche Angehörige der älteren Generation, besonders die Frauen, keine oder nur geringe Russischkenntnisse. Die Männer der älteren Generation haben häufig während ihres zweijährigen Militärdienstes etwas Rumänisch gelernt. So finden sich innerhalb eines Dorfes verschiedene Grade von Zweisprachigkeit durch die Generationen, die ältere Generation mit geringen Russischkenntnissen, die Generation ihrer Kinder mit einer relativ ausgewogenen Zweisprachigkeit, wobei allerdings bei steigendem Bildungsgrad eine deutliche Verteilung auf verschiedene Domänen für die beiden Sprachen zu beobachten ist, und die Generation der Enkel, die häufig Russisch als Schwerpunktsprache und Gagausisch ausschließlich als Sprache der häuslichen Domäne haben. Während unseres Feldforschungsaufenthalts konnten wir allerdings feststellen, daß durch die veränderten politischen Verhältnisse eine Ausweitung des Gagausischen auch auf Domänen, die bis dahin dem Russischen vorbehalten waren, stattfindet.

6 Baskakov 1978: 553 f. behauptet hingegen, daß "Most of the Gagauzians have a full command of both Moldavian and Russian." Dies ist allerdings, wie die Angaben der Volkszählung und auch unsere eigenen Beobachtungen ergeben haben, unzutreffend.

7 Auch sind bei einigen von Tukan & Udler 1972 angeführten Beispielen die Entlehnungswege durchaus ungeklärt. Es finden sich beispielsweise Wörter, die auch im Türkeitürkischen existieren, etwa *kibrit* 'Streichholz', *fasülä* 'Bohne', *manğa* 'Eintopf' etc. Andererseits finden sich auch Beispiele, die Rumänisch und Russisch gemeinsam sind. Nichtsdestoweniger gibt es, besonders auf dem Gebiet der Nahrungsmittelbezeichnungen und landwirtschaftlicher Erzeugnisse, einige aus dem Rumänischen globalkopierte lexikalische Einheiten.

8 Das Gesetz über den Autonomiestatus des *Gagauz yeri* als Teil der Republik Moldau wurde am 23. Dezember 1994 vom Parlament der Republik Moldau verabschiedet.

Vor ihrer Einwanderung in Bessarabien war das Gebiet des heutigen Bulgarien das Hauptsiedlungsgebiet der Gagausen und damit Bulgarisch als Sprache der Bevölkerungsmehrheit die sozial dominante Sprache, die einen Einfluß auf das Gagausische und auch die anderen türkischen Dialekte Bulgariens ausgeübt hat. Hierbei ist allerdings festzustellen, daß in osmanischer Zeit das Türkische in Bulgarien ein recht hohes Prestige als Sprache der politischen Elite besaß, und das Türkische auch einen nicht unerheblichen Einfluß auf das Bulgarische ausgeübt hat. Erst seit der Zeit der "nationalen Erweckung" hat eine radikale Umkehrung stattgefunden und Türkisch jegliches Prestige verloren (zum Einfluß des Türkischen auf das Bulgarische siehe Grannes 1996, zur modernen Entwicklung in Bulgarien siehe Rudin & Eminov 1993). Dieser Prestigeverlust des Türkischen äußert sich bei den Gagausen Bulgariens dahingehend, daß sie sich selbst als *temiz bulgar* 'reine Bulgaren' bezeichnen und häufig eine recht negative Einstellung zu ihrer Muttersprache haben (eigene Beobachtung).

Zur Entwicklung des Gagausischen in Bulgarien hat nicht zuletzt auch die Nachbarschaft mit zahlreichen muslimischen Türken und türkischsprechenden Roma beigetragen. So lassen sich zahlreiche Unterschiede zwischen der Sprache der Texte von Zajączkowski 1966b und der modernen gesprochenen Sprache Moldawiens erklären (zu Details s. u.).

Obwohl Russisch und Bulgarisch verschiedenen Zweigen der Gruppe der slawischen Sprachen angehören, stehen sie sich typologisch sehr nahe.

1.1.3 Das ausgewertete sprachliche Material

In erster Linie basieren unsere Beobachtungen zum slawischen Einfluß auf die gagausische Syntax auf unserem 1995 in der Republik Moldau erhobenen Material. Es wurden ca. 800 Minuten Bandaufnahmen gemacht, das entspricht in etwa 130 Seiten Transkript. Im Anhang haben wir einen Teil der erhobenen Daten mit Übersetzung gegeben. Die Übersetzung ist im wesentlichen eine wörtliche; an einigen Stellen werden jedoch zum besseren Verständnis in eckigen Klammern Ergänzungen gemacht. Darüber hinaus wird manchmal von dem Prinzip der wörtlichen Übersetzung abgewichen, die wörtliche Übersetzung ist dann in eckigen Klammern [wrtl. ...] hinzugefügt. Wir haben uns bemüht, Beispiele zur Demonstration der syntaktischen Verhältnisse aus den im Anhang beigegebenen Texten zu nehmen, damit die Möglichkeit besteht, sie auch im größeren Kontext zu betrachten. Beispiele aus dem unveröffentlichten Teil der Daten sind besonders gekennzeichnet, s.u.

Neben den von uns erhobenen Daten werden, wie oben schon angesprochen, auch die in Feldforschung erhobenen Daten von Moškov, Manov und Zajączkowski untersucht. Aus diesen Daten sind allerdings ausschließlich die narrativen Texte in die Untersuchung aufgenommen, Liedtexte, Gedichte, Rätsel, Sprichwörter u.ä. werden nicht ausgewertet, da es sich um tradierte Volksliteratur in fester Form handelt, bei der auch auf morphologischer und syntaktischer Ebene mit einem älteren Sprachstand zu rechnen ist.

Eine dritte Quelle sind die Materialien der Schriftsprache, die ebenfalls in die Untersuchung mit einbezogen wurden, da sich an ihnen zum Teil sehr interessante Abweichungen von der gesprochenen Sprache und ein tiefergehender Einfluß des Russischen zeigt.[9]

1.1.4 Informanten

Während unseres vierwöchigen Aufenthaltes im Dorf Tomai im gagausischen autonomen Gebiet (*Gagauz yeri*) wurden Aufnahmen von verschiedenen Sprechern gemacht.

Es wurden zum einen Aufnahmen mit Informanten gemacht, die über keine oder nur eine geringe formale Bildung verfügen und daher nicht ausgewogen zweisprachig sind. Zu dieser Gruppe von Sprechern gehören ausschließlich Frauen, die älter als fünfzig sind und alle aus Tomai stammen.

Zum anderen wurden Informanten befragt, die eine hohe formale Bildung besaßen und in der Regel Russisch als Zweitsprache hatten. Diese weiblichen und männlichen Informanten im Alter zwischen 30 und 45 Jahren benutzen in ihrem professionellen Leben fast ausschließlich Russisch; Gagausisch ist die Sprache des Privatlebens. Sie stammten hauptsächlich aus Tomai, einer der Informanten (Text 5) stammte aus Beşalma.

Eine dritte Gruppe von ausschließlich männlichen Informanten bestand aus Vertretern der gagausischen Intellektuellenschicht, die über eine hohe formale Bildung verfügten, ausgewogen zweisprachig waren, bis auf eine Ausnahme mit Russisch als Zweitsprache, Gagausisch aber auch in ihrem professionellen Leben, auch als Schriftsprache verwendeten. Die Informanten stammten aus verschiedenen Gegenden der Republik Moldau und der Ukraine (Text 6).

Allen ausgewählten Informanten ist eigen, daß sie bis zum Beginn ihrer Schulzeit einsprachig aufgewachsen sind und Russisch bzw. Rumänisch, wenn überhaupt, erst bei Eintritt in die Schule erworben haben.

9 Von den frühen schriftlichen Zeugnissen des Gagausischen, die in den 30er Jahren von M. Ciachir verfaßt wurden, wurde nur seine “Geschichte der bessarabischen Gagausen” in die Untersuchung miteinbezogen. Das Matthäusevangelium sowie die Liturgie von Ciachir wurde nicht in die Analyse einbezogen, da es sich um Übersetzungen handelt. Das 1927 in Sofia erschienene Johannesevangelium ist augenscheinlich eine Transliteration des Osmanischen in kyrillische Schrift.

Die Informanten wurden entweder gebeten, eine zusammenhängende Erzählung frei aufs Band zu sprechen, oder eine Unterhaltung mehrerer Informanten wurde aufgezeichnet. Manchmal wurde versucht, den Informanten ein Thema vorzugeben, um ihnen auf der einen Seite die Hemmung zu nehmen, zum anderen aber auch, weil eine bestimmte Textsorte erhoben werden sollte. Bewußt wurde darauf verzichtet, Märchen o. ä. erzählen zu lassen, da zum einen schon umfangreiches volkskundliches Material vorliegt, zum anderen beim Erzählen von Märchen meist auf tradierte Formen zurückgegriffen wird, und so das Formeninventar beispielsweise der aspekto-temporalen Markierungen begrenzt ist. Bei einem Teil der Daten handelt es sich um Mitschnitte von interviewartigen Gesprächen, die Hülya Demirdirek, Anthropologin an der Universität Oslo/Norwegen, im Rahmen ihrer Feldforschung mit den Informanten führte und bei denen wir anwesend waren.

Der im Anhang präsentierte Teil der erhobenen Daten stellt einen repräsentativen Querschnitt aller drei Informantengruppen dar. In den "Vorbemerkungen zu den einzelnen Texten und ihren Informanten" sind Angaben über Geschlecht, Alter und den Grad der formalen Bildung des jeweiligen Informanten aufgeführt.

1.2 Transkription und Zitierweise

1.2.1 Die Transkription der Daten

Das von uns erhobene Material ist breit transkribiert. Als Basis hierfür dient die von Doerfer 1959 verwendete Transkription, die allerdings einigen Modifikationen unterzogen ist. So ist etwa das für die stimmhafte palato-alveolare Affrikate [ʤ] verwendete Zeichen *ğ* bei uns mit *ǰ* wiedergegeben, um eine Verwechslung mit dem sogenannten "weichen *g*" (yumuşak g) des Türkeitürkischen auszuschließen. χ wird mit *h* wiedergegeben (ebenso in der Transliteration der schriftsprachlichen Beispiele für das kyrillische *x* in gagausischen Wörtern, s. 1.2.2), der velare Frikativ [x] in Globalkopien aus dem Russischen mit *x*. Bei der Darstellung der Langvokale werden Längen, die aus einer Kontraktion von Silben der Struktur Vokal + /K/ oder [γ] oder [j] + (Vokal) wie in der Schriftsprache mit Doppelvokal dargestellt, etwa *diil* (Doerfer = *dīl*), da diese in der Regel zweigipflig sind. Resultate von Kontraktionen von Silben mit der Struktur

Vokal + *'ain, hamza* oder h-Laut[10] in Globalkopien aus dem Arabischen oder Persischen und etymologische Längen hingegen, wie etwa alte türkische Langvokale oder ursprüngliche und im Gagausischen gehaltene Längen in Globalkopien,[11] werden wie in Doerfer 1959 transkribiert, also: *āč* 'hungrig' *lāzïm* 'notwendig'. Stark reduzierte Vokale sind "hochgestellt" dargestellt, etwa: *diy^{e}ǰez* 'wir werden sagen'. Da das Schwergewicht unserer Untersuchung aber auf der Syntax liegt, wird auf eine feinere Transkription verzichtet.

Anlautende Vokale etwa sind in der Regel leicht dipthongisiert, wie *^{u}oruč* 'Fasten' *^{i}ev* 'Haus', siehe Pokrovskaja 1964: 42 f. Dies ist in unserer breiten Transkription vereinfacht durch den zugrundeliegenden nichtdiphtongischen Vokal dargestellt, also: *oruč, ev*. Auf die Darstellung einer eventuellen leichten Palatalisierung von Konsonanten in vordervokalischer Umgebung wird auch in der Regel verzichtet. Nur in einigen aus dem russischen globalkopierten Lexemen wird diese, da sie dort besonders stark ist, berücksichtigt.

Der Einfachheit halber wird ebenfalls darauf verzichtet, das velare *l* [ł] wiederzugeben, da es sich um eine regelmäßige Erscheinung in hintervokalischer Umgebung handelt. Zur Phonetik des Gagausischen siehe Pokrovskaja 1964 und Dmitrijev 1932-33 sowie Drimba 1963.

Auf Interpunktion wird in der Transkription verzichtet. Lediglich bei Fragesätzen ohne Fragepartikel oder -pronomen ist ein Fragezeichen gesetzt, um die ansteigende Intonationskurve zu signalisieren. Die Texte sind eher in Äußerungseinheiten als in Sätze gegliedert, d.h. eine in einem Zug geäußerte Einheit kann mehrere finite Sätze umfassen, die allerdings in der Regel inhaltlich eng zusammengehören. Die einzelnen Einheiten sind durchgehend numeriert. Pausen im Redefluß werden, je nach Länge der Pause, mit einem bis drei Punkten in eckigen Klammern [...] gekennzeichnet.

In den Transkripten werden nur die Namen von Personen der Zeitgeschichte wiedergegeben, alle anderen Namen sind durch X ersetzt. Antretende Suffixe sind in diesem Falle mit Apostroph abgetrennt dargestellt.

Unserem Corpus entnommene Beispiele, die in der Analyse zitiert werden, erhalten die Nummer des jeweiligen Textes (T1 bis T7), darauf

10 Unter h-Laut fassen wir hier den velaren [χ], den pharyngalen [ħ] und den glottalen stimmlosen Spiranten [ɦ] des Arabischen zusammen.

11 Einige von diesen globalkopierten Elementen haben Langvokal, obwohl die Vorlage Kurzvokal hat, siehe Pokrovskaja: 1968: 30 und Dmitrijev 1932: 222. Da diese nicht zweigipflig sind, werden sie ggf. gleich behandelt wie primäre Langvokale. Sporadisch konnte bei einzelnen Informanten auch ein Längung von ursprünglichen Kurzvokalen in türkischen Wörtern beobachtet werden, siehe etwa Text 5. Da diese auch eingipflig sind, werden sie wie etymologische Längen dargestellt.

folgt die fortlaufende Satznummer. Beispiele, die Texten unseres Corpus entnommen sind, die nicht im Anhang gegeben sind, sind mit TX gekennzeichnet. Diese Beispiele für die gesprochene Sprache sind kursiv gesetzt, zusätzlich ist durch zwei Punkte vor der Übersetzung kenntlich gemacht, daß es sich um Material unserer eigenen Datensammlung handelt.

Die den Arbeiten Moškovs (1904), Manovs (1938) und Zajączkowskis (1966b) entnommenen Beispiele sind den Prinzipien unserer Transkription angepaßt, um so einen problemlosen Vergleich der syntaktischen Konstruktionen zu ermöglichen. Die von den o.g. Autoren verwendete Interpunktion wurde jedoch beibehalten.

1.2.2 Die Transliteration der schriftsprachlichen Beispiele

Schriftsprachliche Beispiele sind transliteriert, wodurch sich mitunter Abweichungen von der für unsere Transkription verwendeten Schreibweise ergeben. So verwendet die Schriftsprache zur Darstellung des geschlossenen *e* in hinteren Silben den Buchstaben *э*. Dieser wurde in der Transliteration mit *ë* wiedergegeben, in unserer Transkription immer *e*, da unserer Meinung nach der Vokal z.B. der Endung des aktuellen Präsens kein hintervokalischer ist. Die ganze Silbe ist allerdings als velar zu qualifizieren, dies zeigt sich deutlich an der Verwendung folgender hintervokalischer Suffixvarianten. Kyrillisches *x* ist mit *h* wiedergegeben. Langvokale werden in der Schriftsprache immer als Doppelvokale geschrieben, unabhängig davon, ob es sich um primäre oder sekundäre Langvokale handelt. Dies ist in der Transliteration so übernommen. Dadurch ergeben sich gegebenenfalls Abweichungen zwischen Transkription und Transliteration, wie etwa in dem Wort лääзым bzw. лäазым 'es ist nötig' (Transliteration *läāzïm* bzw. *läazïm*, Transkription *lāzïm)*, in dem der Langvokal durch zwei Vokale angezeigt wird, und darüber hinaus durch Verwendung der vorderen Vokale die, zumindest etymologische, Palatalität des l angezeigt wird.[12]

Beispiele aus Ciachir 1934, der für das Gagausische Lateinschrift auf der Grundlage der Lateinschrift für das Rumänische verwendet hat, sind der besseren Lesbarkeit wegen, der Schreibweise der modernen Schriftsprache angepaßt und wie diese transliteriert.

Die Quellen der in der Arbeit zum Zwecke der Verdeutlichung zitierten Beispiele sind folgendermaßen gekennzeichnet: Schriftsprachliches Material, sowie das Material aus den Sammlungen von Moškov (M), Manov (MA) und Zajączkowski 1966b (Z) ist mit einer Abkürzung versehen;

12 In der Schriftsprache sind beide Varianten zu beobachten. Das Wörterbuch verzeichnet nur *lääzïm*. Zur Palatalität des Konsonanten vgl. Pokrovskaja 1964: 30.

darauf folgt die Seitenzahl. Ein Schlüssel zu den verwendeten Abkürzungen für die schriftsprachlichen Materialien findet sich in der Bibliographie unter "Verzeichnis der untersuchten Texte". Auslassungen innerhalb der in der Analyse angeführten Beispiele sind mit /.../ gekennzeichnet. Innerhalb der Analyse sind die zur Demonstration angeführten Beispiele der gesprochenen Sprache kursiv gesetzt.

Wo zum besseren Verständnis der sprachlichen Kopiervorgänge russische oder bulgarische Beispiele zitiert werden, werden sie in der wissenschaftlichen Transliteration für das Russische bzw. Bulgarische im deutschen Sprachraum angegeben, siehe Rehder 1991. Aus wissenschaftlichen Werken zum Russischen und Bulgarischen entnommene Beispiele werden wie in den Werken aufgeführt zitiert. Der Akzent ist in russischen Wörtern nur gelegentlich in Kapitel B.1 Globalkopien angegeben, um die Aussprache des Gagausischen zu erläutern.

2 Das Modell des Kodekopierens

In unserer Analyse des für die vorliegende Arbeit relevanten gagausischen Materials folgen wir dem von Johanson 1992 und 1993a vorgestellten Modell des *Kodekopierens*. Der Begriff des Kodekopierens impliziert, daß in einer beliebigen Sprachkontaktsituation Elemente der sozial dominanten Sprache, dem B-Kode, in den Satzrahmen der sozial dominierten Sprache, dem A-Kode, kopiert werden. Es handelt sich mithin nicht um Entlehnungen, da die kopierten Elemente nicht der 'Gebersprache B' entnommen und der 'Nehmersprache A' hinzugefügt werden, vielmehr dienen sie als Vorbild für Nachbildungen innerhalb des Systems der Sprache A. Dabei unterliegen sie, besonders im Falle des konventionalisierten Kodekopierens, verschiedenen mehr oder weniger starken Anpassungsprozessen an das System der Sprache, in die sie kopiert werden. Dies schließt auch aus, daß ein kopiertes Element innerhalb der sozial dominierten Sprache als einem anderen Kode (code-switching) zugehörig bewertet wird. Dabei wird auch davon ausgegangen, daß zwischen Original und Kopie immer gewisse Unterschiede bestehen, da die Kopie nicht mehr dem System der B-Sprache, sondern dem System der A-Sprache angehört.

2.1 Global-, Teilstrukturkopien und Mischkopien

Bei den kopierten Elementen kann es sich entweder um *Globalkopien* oder um *Teilstrukturkopien* handeln. Als *Globalkopien* werden Elemente bezeichnet, die aus der Sprache B als "Block" kopiert werden, d.h. die Gesamtheit ihrer Eigenschaften dient als Vorlage für die Kopie in das System der Sprache A. Diese kopierten Elemente werden mittels A-Morphologie in den Satzrahmen eingebettet. Es wird zwischen *momentanem* und *konventionalisiertem* Kodekopieren unterschieden, wobei davon auszugehen ist, daß momentanes Kodekopieren immer den ersten Schritt zu konventionalisierten Kodekopien darstellt. Es erweist sich u. U. allerdings als schwierig, eine exakte Trennung zwischen momentanem und konventionalisiertem Kodekopieren durchzuführen, da man letztlich anhand eines begrenzten Corpus nicht sagen kann, ob eine einmal auftretende Kopie nicht doch in anderen Kontexten auftreten kann.[13] Es wird daher bei globalkopierten Elementen, die durchgängig bei allen Informanten auftreten, von einem höheren Maß an Konventionalisierung, bei solchen, die nur vereinzelt bei bestimmten Informanten auftreten, von einem geringeren Maße ausgegangen.

13 Siehe auch die Diskussion in Boeschoten 1996.

Bei *Teilstrukturkopien* handelt es sich hingegen um das Kopieren einer oder mehrerer struktureller Eigenschaften eines B-Elements auf eine Entsprechung im A-Kode. Es kann sich hierbei um materielle, semantische, kombinatorische oder frequentielle Eigenschaften handeln, allerdings immer nur eine oder mehrere, nie aber alle dem Element anhaftenden Eigenschaften. Aufgrund von *Überdifferenzierung* eines A-Elementes mit einem B-Element können "sonst nicht vorhandene bzw. unübliche Distinktionen gemacht werden" (Johanson 1992a: 14), wenn diese Distinktionen dem als äquivalent empfundenen Element im B-Kode eigen sind. Andererseits können ebenso *Unterdifferenzierungen* auftreten, d.h. bestimmte strukturelle Eigenschaften eines A-Elementes können verloren gehen, weil diese seinem Äquivalent im B-Kode nicht eigen sind.

In der vorliegenden Arbeit werden hauptsächlich Teilstrukturkopien kombinatorischer, frequentieller und semantischer Eigenschaften untersucht, Kopien materieller Eigenschaften hingegen bleiben weitgehend unberücksichtigt.

Bei *Mischkopien* handelt es sich um eine Kombination von Global- und Teilstrukturkopien, wobei häufig die Globalkopie eine Teilstrukturkopie bestimmter kombinatorischer Eigenschaften nach sich zieht.

Kopien werden innerhalb des A-Kodes in Positionen eingefügt, die ein als mit der Kopie äquivalent empfundenes A-Element einnehmen würde. Die Einschätzung einer bestimmten Position im Satzrahmen als sog. *Äquivalenzposition* ist nicht unbedingt abhängig von einer tatsächlichen strukturellen Äquivalenz: "Die Äquivalenz von Kopie und A-Einheit beruht auf subjektiver Einschätzung des Sprechers: eine Einfügung kann also auch dort erfolgen, wo objektiv keine typologische Äquivalenz besteht" (Johanson 1992a: 15).

In einer Sprachkontaktsituation finden sich zuerst Globalkopien in einer von einer anderen Sprache dominierten Sprache, die sich bei anhaltendem Sprachkontakt etablieren bzw. konventionalisiert werden. Diese werden je nach Intensität der Zweisprachigkeit und je nach den strukturellen Eigenschaften des A-Kodes so aufbereitet, daß sie integriert werden können. Das Auftreten von Teilstrukturkopien setzt einen wesentlich längeren Sprachkontakt voraus, bei dem auch der Grad der Zweisprachigkeit innerhalb der Sprechergemeinschaft sehr viel höher ist.

B Analyse

1 Globalkopien im Gagausischen

Im Gagausischen findet sich eine große Anzahl von konventionalisierten lexikalischen Globalkopien; der Grundwortschatz ist davon allerdings weitgehend unberührt. In anderen Domänen, wie etwa Technik und Politik dagegen, ist der Anteil der globalkopierten lexikalischen Einheiten, besonders aus dem Russischen, sehr hoch.[14] Bei einzelnen Sprechern kann man allerdings eine große Anzahl momentaner Globalkopien vorfinden, da für sie Russisch die Hauptsprache geworden ist. Im Rahmen dieser Arbeit soll jedoch nur auf diejenigen Kopien eingegangen werden, die zumindest ein gewisses Maß an Konventionalisierung aufweisen und nicht nur Merkmale des Ideolektes einzelner Informanten sind.

Quellen für das Kopieren sind, wie oben bereits ausgeführt, hauptsächlich das Russische und das Bulgarische, daneben finden sich aber auch vereinzelte griechische Elemente, besonders im religiösen Bereich, und rumänische, besonders im Bereich der Landwirtschaft. Aus einer wesentlich älteren Sprachstufe finden sich daneben natürlich viele Globalkopien arabischen und persischen Ursprungs.[15] Diese werden im folgenden nicht behandelt. Für das moderne Leben ist die Hauptquelle das Russische, daneben ist, infolge der Verbreitung türkischer Fernsehsender in der Republik Moldau, langfristig mit einem Erstarken des Türkischen zu rechnen. Dies schlägt sich zum Teil auch schon in den von uns erhobenen Daten nieder.

Der Großteil an Globalkopien im Gagausischen besteht aus einfachen lexikalischen Einheiten. Grammatische Relatoren werden in weit geringerem Maße globalkopiert und ihre Frequenz ist zum Teil sehr gering. An dieser Stelle sollen die lexikalischen globalkopierten Einheiten nur summarisch besprochen werden, weiter unten wird auf die globalkopierten grammatischen Relatoren eingegangen werden.

14 In den vom Persischen beeinflußten Türksprachen Irans finden sich auch Globalkopien innerhalb des Grundwortschatzes, beispielsweise bei den Zahlwörtern, siehe Doerfer 1988: 115. Für Ordinalzahlen bei Datumsangaben finden sich auch in unserem Corpus Globalkopien aus dem Russischen, siehe Text 3 und 4.

15 Es sei hier darauf hingewiesen, daß ein zentraler Teil des religiösen Wortschatzes arabischen und persischen Ursprungs ist, siehe Pokrovskaja 1974.

1.1 Globalkopien lexikalischer Elemente

Wenn man die Globalkopien lexikalischer Einheiten im Gagausischen näher betrachtet, so läßt sich feststellen, daß Substantive wesentlich häufiger kopiert werden als lexikalische Einheiten anderer Wortklassen.[16] In Untersuchungen zum Sprachkontakt zwischen Türkisch und Deutsch oder Niederländisch wurde festgestellt, daß eine Relation besteht zwischen dem Grad der Zweisprachigkeit und der Wortart der globalkopierten Elemente. So stellen Boeschoten & Verhoeven 1985 für den türkisch-niederländischen Sprachkontakt fest, daß zwischen der ersten Generation mit relativ geringen Kenntnissen des Niederländischen und der zweiten mit relativ hohen Niederländischkenntnissen ein Unterschied qualitativer Art insofern besteht, daß von der ersten Generation fast ausschließlich Substantive globalkopiert werden, selten Adjektive.

In der zweiten Generation hingegen finden sich sowohl globalkopierte Adjektive als auch Verben. Für das Gagausische läßt sich natürlich eine solche saubere Trennung in Generationen nicht mehr durchführen. Nach unseren Beobachtungen verwenden auch Sprecher der älteren Generation, die ihre Russischkenntnisse selbst als gering einschätzten, globalkopierte Adjektive und Verben. Dies deutet darauf hin, daß diese lexikalischen Einheiten schon einen hohen Grad an Konventionalisierung aufweisen. Unter den Sprechern mit sehr guten Russischkenntnissen und ausgewogener Zweisprachigkeit lassen sich dagegen je nach Gesprächsthemen eine große Anzahl momentaner Globalkopien feststellen. Durchgängig ist allerdings der Anteil der Globalkopien aus der Wortklasse Substantiv überwiegend.

Dies läßt sich u.a. mit den typologischen Unterschieden zwischen dem Gagausischen und dem Russischen erklären. Die Anpassung von Substantiven an das System des Gagausischen ist wesentlich unproblematischer als die Anpassung lexikalischer Elemente aus anderen Wortklassen (s.u. Kapitel 1.1.2 und 1.1.3).

1.1.1 Substantive

Wie zu erwarten, gehört der größte Teil der aus dem Russischen globalkopierten Substantive in den Bereich des modernen Lebens, etwa *kolxoz* 'Kolchose' ⇐ russ. *kolchoz*, *predsedatyel* 'Vorsteher' ⇐ russ. *predsedatel'*, *astanovka* 'Haltestelle' ⇐ russ. *ostanóvka* etc. Stärker konventionalisierte Globalkopien sind stärkerer lautlicher Nachbildung unterworfen,

16 Dies gilt auch für andere türkische Sprachkontaktsituationen, siehe u. a. Boeschoten/Verhoeven 1985: 353 und 1987, Menz 1991.

z.B. *survatka* 'Molke' ⇐ russ. *syvorotka*, rezentere Kopien hingegen werden weniger angepaßt, wie etwa in *t'exnika* ⇐ russ. *technika* mit stark palatalisiertem anlautenden Konsonanten. Die Stärke der Anpassung richtet sich auch nach den Russischkenntnissen der Sprecher, je größer die Russischkenntnisse, desto geringer die Anpassung (siehe auch Baskakov 1960). Sehr stark konventionalisierte Elemente werden aber häufig in der konventionalisierten Form beibehalten, auch wenn der Sprecher über sehr gute Russischkenntnisse verfügt. Alle kopierten Substantive werden wie ein gagausisches Wort behandelt, d.h. es treten Wortbildungs-, Kasus-, Plural- und Possessivsuffixe in ihrer vokalharmonischen Variante an. Die russischen Flexionsendungen sind im Gagausischen petrifiziert, sie verändern sich nicht, wie etwa in *palatkalarda* ⇐ russ. *palátka* 'Zelt' + PL + LOK.

Aus dem Russischen globalkopierte Substantive können, da in den türkischen Sprachen kein morphologischer Unterschied zwischen den Wortklassen Adjektiv und Nomen besteht, im Gagausischen ihren Funktionsbereich erweitern und sowohl als Nomen als auch als Adjektiv fungieren, z.B. das aus dem Russischen globalkopierte *falš* ⇐ russ. *fal'š* 'Betrug, Fälschung' wird auch als Adjektiv verwendet und nicht etwa das entsprechende russische Adjektiv *fal'šivyj.*

1.1.2 Adjektive

Alle von uns aufgefundenen globalkopierten Adjektive waren russischen Ursprungs. In der Schriftsprache werden globalkopierte Adjektive ausschließlich als Block mit der russischen Adjektivendung des Nom. Sg. mask. kopiert. Die Flexionsendung wird dabei generalisiert, sie bleibt unveränderlich, auch wenn das Adjektiv ein globalkopiertes russisches Substantiv modifiziert, das einem anderen Genus angehört.[17]

In der gesprochenen Sprache hingegen können russische Adjektive auch ohne die Adjektivendung kopiert werden, d.h. nur der reine Stamm wird kopiert,[18] z.B. *bän čok sinsordum* [ich sehr empfindlich:VERGKOP-1SG] 'Ich war sehr empfindlich' ⇐ russ. *sensórnyj*. Auch in attributiver Form können sie so verwendet werden, da ja die Flexionsendung des russischen attributiven Adjektivs im Gagausischen redundant ist: *prost ušaklar* [einfach Kinder:PL] 'einfache Kinder' < russ. *prostoj*; *čok interes nuanc-*

17 Genauso werden globalkopierte russische Adjektive auch in anderen Türksprachen auf dem Gebiet der ehemaligen UdSSR behandelt, siehe Baskakov 1960: 29.

18 Dies entspricht manchmal, aber nicht immer, der Kurzform der Adjektive, siehe z.B. *interes*; wir gehen daher davon aus, daß nicht die Kurzform als solche kopiert wird, sondern nur der reine Stamm.

lar vardï [sehr interessant Nuance:PL existiert:VERGKOP3] ‘es gab sehr interessante Nuancen.’ < russ. *interesnyj*, Kurzform *interesen*.[19] Häufiger begegnen allerdings auch in der gesprochenen Sprache globalkopierte Adjektive, die mit der Adjektivendung global kopiert werden.[20] Dabei handelt es sich zum großen Teil um solche Adjektive, deren Konventionalisierungsgrad vermutlich sehr gering ist, z.B. *oldu baalantï kolateralni* [werden:PRÄT3 Verbindung kollateral] ‘Es entstand eine kollaterale Verbindung.’ ⇐ russ. *kollateralnyj*; *interesni insannar* [interessant Mensch:PL] ‘interessante Menschen’. Häufig modifizieren die globalkopierten Adjektive globalkopierte Substantive, wobei auch innerhalb dieser Verbindungen die Adjektivendung petrifiziert ist und nicht kongruiert, z.B. *graždanski miliciya* [bürgerlich Miliz] ‘Bürgerwehr’ vgl. russ. *graždanskaja milicija*; *centralisov^{a}ni bir gosudarstva* [zentralisiert ein Staat] ‘ein zentraler Staat’ vgl. russ. *centralisovannoe gosudárstvo*. Interessant ist bei diesem Beispiel auch die Stellung des Zahlwortes ‘eins’ in der Funktion des unbestimmten Artikels gemäß der türkischen Struktur zwischen attributivem Adjektiv und Substantiv. Auch dies zeigt, daß beide Lexeme einzeln global kopiert wurden. Ein weiteres Beispiel ist *nacionalni samososdanie fukāra* [national Bewußtsein arm] ‘(Ihr) Nationalbewußtsein ist arm’ vgl. russ. *nacional’noe samososdanie*, von einem Informanten mit sehr hoher Kompetenz im Russischen. Dies spricht dafür, daß hier die einzelnen Glieder jeweils für sich globalkopiert sind und nicht die Adjektiv-Substantivfügung als ganzer Block.

Adjektive in adverbialer Funktion werden ähnlich behandelt wie die attributiven Adjektive. Entweder wird der reine Stamm kopiert und in das Gagausische eingefügt, wie z.B. *bespereriv aaler* [ununterbrochen wein:PRÄS3] ‘Sie weint ununterbrochen.’ ⇐ russ. *bespereryvnyj*. Andererseits finden sich auch mit der russischen adverbialen Endung[21] globalkopierte Adjektive, z.B. *oturer spakolno* [sitz:PRÄS3 ruhig] ‘Sie sitzt ruhig’, ⇐ russ. *spokójno*, *bän onu točno bilerim* [ich es:AKK genau wiss:PRÄS-1SG] 'Ich weiß das genau.’ ⇐ russ. *tóčno* ‘genau, präzis’.

19 Allerdings existiert auch die Globalkopie des russischen Substantivs *interes* im Gagausischen, man könnte hier also auch davon ausgehen, daß das globalkopierte Substantiv im Gagausischen seine Funktion auch auf die Position Attribut erweitert hat, da im Türkischen die Trennung in Wortklassen Adjektiv : Substantiv häufig nicht morphologisch signalisiert wird, sondern nur positionell, siehe auch unter Punkt 1.1.1 “Substantive”.

20 Siehe auch Baskakov 1960: 29, der allerdings irreführend formuliert: “Some languages, [...], have borrowed Russian adjective forming affixes but make use of only one form, which is neutral with regard to gender and number.” Unserer Auffassung nach handelt es sich nicht um eine Kopie des Affixes, sondern das Adjektiv ist als “Block” globalkopiert.

21 Sie entspricht der Neutrumsingularkurzform der Adjektive.

Daneben finden sich aber auch Fälle, in denen das mit der petrifizierten Kongruenzendung globalkopierte Adjektiv adverbial verwendet wird, z.B. *sora onnar gitti an kalïysïn svabodnïy bir tane* [dann sie geh:VN PP Moment bleib:PRÄS-2SG frei ein Stück] 'Dann, wenn sie gegangen sind, bleibst du frei zurück, allein.' ⇐ russ. *svobódnyj*. Dies zeigt ebenfalls, daß auf globalkopierte lexikalische Einheiten die Regeln des A-Systems angewendet werden.[22]

Es lassen sich somit unter den globalkopierten Adjektiven verschiedene Grade der Reproduktion und Anpassung feststellen, einerseits reproduzierte als Block mit der Adjektivendung kopierte Adjektive, wobei diese petrifiziert wird und somit nicht mehr als Kongruenzendung im gagausischen System, das keine Kongruenz kennt, fungiert. Andererseits sehr stark angepaßte globalkopierte Adjektive, deren lexikalischer Stamm reanalysiert wird und die dann ohne die redundante Kongruenzendung kopiert werden. (Zur gegenläufigen Tendenz im Gagausischen, Adjektive morphologisch als eigene Wortklasse zu markieren siehe Kapitel 2.1.2.)

1.1.3 Verben

Russische Verben werden im Infinitiv kopiert und mit Hilfe der Hilfsverben *etmää* 'machen, tun' bzw. *olmaa* 'werden' in das Gagausische eingebettet, z.B. *zašlust etmää* 'verdienen' ⇐ russ. *zaslužit'*, *dobivat etmää* 'zerschlagen' ⇐ russ. *dobivat'*. Aus dem Russischen globalkopierte Verben, die ein hohes Maß an Konventionalisierung zeigen und sehr frequent sind, werden zum Teil stark umgebildet wie etwa *prost etmää* 'verzeihen' ⇐ russ. *prostit'*, *zvont etmää* 'telefonieren' ⇐ russ. *zvonit'*. Anhand des gesichteten Materials konnte sich kein Unterschied bezüglich des Aspekts der Vorlage feststellen lassen, es wurden Verben sowohl des perfektivischen als auch des imperfektivischen Aspekts kopiert. Es scheint jedoch zum mindesten eine starke Tendenz zu geben, das morphologisch einfachere Verb eines Aspektpaars zu kopieren. Von allen Beispielen ist nur in einem Fall das morphologisch komplexere Verb kopiert worden (s.o. *dobivat'*). Russische denominale Verben auf *-ovat'(sja)* werden selten kopiert, in diesen Fällen wird meist das zugrundeliegende russische Substantiv globalkopiert und mittels *yapmaa* 'tun, machen' eingebettet, z.B. *remont yapmaa* 'reparieren' ⇐ russ. *remont* 'Reparatur', *kritika yapmaa* 'kritisieren' ⇐ russ. *kritika* 'Kritik', *savyet yapmaa* (Moškov *sovet yap-*) 'sich beraten' ⇐ russ. *sovét* 'Ratschlag' aber *brakavat etmää* 'beanstanden' ⇐ russ. *brakovát'* und nicht etwa *brakavkat yapmaa.*

22 Siehe zu aus dem Russischen globalkopierten adverbial verwendeten Adjektiven im Usbekischen auch die bei Boeschoten 1996: 36 aufgeführten Beispiele.

In unseren Aufnahmen läßt sich eine deutlich Trennung beobachten in russische Infinitive, die mittels *etmää* eingebettet werden, und russische Substantive, von denen ein Verb mittels *yapmaa* abgeleitet wird.

Das türkische denominale Verbalsuffix *-lA* wird in unserem Material nicht zur Ableitung globalkopierter russischer Nomen verwendet.[23] Dies findet sich ausschließlich in der Schriftsprache, etwa *konfuzlamaa* (DK 231) 'verwirren' ⇐ russ. *konfuz*. Auch im Wörterbuch finden sich hierfür einige Beispiele.

Dagegen findet sich in unserem Material einmal eine denominale Ableitung von *oloy* ⇐ rum. dial. *oloy* (s. Tukan & Udler 1972) '[Speise-]Öl', *oloylamaa* 'einölen'.

Im Unterschied zu der in unserem Material und den gesichteten Texten beobachteten strikten Trennung der Einbettung von globalkopierten Infinitiven mit *etmää* oder der Ableitung globalkopierter Nomina mit *yapmaa* werden Nomina arabischer und persischer Herkunft meist mit Hilfe von *etmää* abgeleitet. Es lassen sich bei diesen sehr alten und vollkommen konventionalisierten Globalkopien auch Fälle von denominaler Verbalableitung mit *-lA* antreffen, z.B. *aariflemää* 'klug werden' < *aarif* 'gelehrt' ⇐ arab. *'ārif*.

1.1.4 Adverbien

Sehr häufig werden in der gesprochenen Sprache auch Globalkopien russischer Adverbien verwendet, wie *uže* 'schon', *srazu* 'sofort', siehe Beispiel (1). Hierbei ist *uže* in unserem Material besonders häufig anzutreffen. In der Schriftsprache werden diese globalkopierten Adverbien nicht verwendet.

(1) */.../uže kurudu derim srazu da tašïyažaz /.../* T3 163
schon trockn:PRÄT3 sag:PRÄS1SG sofort auch trag:FUT-1PL
•• '/.../ ist es schon getrocknet, ich sage, wir [sollten] es auch sofort wegtragen /.../'

Ein Beispiel für ein globalkopiertes rumänisches Adverb ist *may-may* ⇐ rum. 'beinahe', das sowohl in der gesprochenen Sprache, wie in Beispiel (2), als auch in der Schriftsprache vorhanden ist.

(2) *may may ölärdik ama kaldïk* T4 67
beinahe sterb:AOR-VERGKOP1PL aber bleib:PRÄT1PL
•• 'Beinahe wären wir gestorben, aber wir sind [am Leben] geblieben.'

23 In anderen Türksprachen auf dem Gebiet der ehemaligen UdSSR finden sich hingegen von globalkopierten Substantiven mittels des denominalen Suffix *-LA* abgeleitete Verben, siehe Baskakov 1960: 19.

1.2 Globalkopien grammatischer Relatoren

Globalkopien grammatischer Relatoren finden sich im Gagausischen selten. Es handelt sich einerseits um einige russische Konjunktionen und um die nicht sehr frequente Kopie des superlativbildenden *samyj*, andererseits um die globalkopierte Femininendung *-(y)ka*, die den einzigen globalkopierten gebundenen grammatischen Relator darstellt.

1.2.1 Freie Relatoren

1.2.1.1 Globalkopierte russische Konjunktionen

In unserem Material finden sich Globalkopien der russischen Konjunktionen *da* 'und (dann)', *i* 'und', *a* 'und, aber' und *ili* 'oder'. Einige dieser Globalkopien fungieren im Gagausischen aber nicht als Konjunktoren, sondern lediglich als Diskursmarker (s.u.). Andere treten nur in Verbindung mit anderen globalkopierten lexikalischen Einheiten auf. Ausschließlich *ili* scheint im Gagausischen, wie seine russische Vorlage, auch als Kopplungselement sowohl von Satzteilen als auch Teilsätzen zu fungieren. Es sei noch darauf hingewiesen, daß die russische Konjunktion *no*, die eine semantisch schärfere adversative Gegenüberstellung zweier Sätze ausdrückt, nicht ins Gagausische kopiert wurde.

1.2.1.1.1 *da*

Zur Koordination von Satzteilen und Teilsätzen wird im Gagausischen die ursprünglich aus dem Persischen kopierte Konjunktion *hem* 'und' verwendet, siehe Beispiel (1) und (2).

(1) */.../yer potmar šindi survatka hem alma* T3 142
ess:PRÄS3 Ferkel jetzt Molke und Apfel
•• '/.../ das Ferkel frißt jetzt Molke und Äpfel.'

(2) /.../ annadarmïšlar /.../ nekadar gözälmiš padišahïn kïzï hem,
erzähl:AOR-INFKOP3PL wie sehr schön:INFKOP3 Padischah:GEN Tochter:POSS3 und
ani kimsey onun lafïna laf bulamamïš. GL, 14
ani niemand sie:GEN Wort:POSS3-DAT Wort find:(y)ama-INFKOP3
'Sie erzählten, /.../ wie schön die Tochter des Padischah sei, und daß niemand eine Antwort [wrtl.: ein Wort für ihr Wort] auf ihre Fragen finden konnte.'

Daneben findet sich häufig satzeinleitendes *da* 'und', wobei letztlich nicht zu entscheiden ist, ob es sich hierbei um eine Globalkopie der russischen

Konjunktion *da* als solche handelt oder ob hier die kombinatorischen und frequentiellen Eigenschaften der russischen Vorlage auf die mit ihm homophone türkische postpositive Partikel *da* kopiert wurden (so Johanson 1998: 120), und sie somit satzeinleitend erscheinen kann. Im Türkischen kann *da* nicht satzeinleitend stehen (siehe Lewis 1985: 206). Auch die Tatsache, daß satzeinleitendes *da* unveränderlich ist, könnte für eine Globalkopie sprechen, allerdings bedeutet die satzeinleitende Stellung auch, daß davor eine Zäsur ist und somit eine Enklise entfällt. In der Schriftsprache ist darüber hinaus die postpositive Partikel ebenfalls unveränderlich und hat immer die Form *da*. Auch Moškov verzeichnet ausschließlich die nicht-harmonische Form *da*. In unserem Material hingegen verhält sich die postpositive Partikel häufig sowohl in Bezug auf die Konsonantenstärke als auch die Vokalqualität harmonisch.

Im Unterschied zu *hem* und russischem *da* kann *da* im Gagausischen allerdings keine Satzteile oder Teilsätze koordinieren, siehe etwa das Kapitel 2.2 "Kopierte Gliedsatzmuster". Die Konjunktion *hem* kann folglich in Beispiel (1) und (2) nicht durch *da* ersetzt werden. Es handelt sich bei satzeinleitendem *da* im Gagausischen also nicht um eine koordinierende Konjunktion, sondern lediglich um einen Diskursjunktor, siehe Johanson 1998: 120. Als Beispiel für diese diskursgliedernde Funktion von satzeinleitendem *da* sei hier ein Beispiel aus unserem Material angeführt:

(3) *bän geldim görmää ii insannarï da bän gördüm [.] ani*
ich komm:PRÄT1SG sehen:VN gut Mensch:PL-AKK und ich seh:PRÄT1SG ani
var onnardan čokda bän pek rahatlandïm T5 61-63
es gibt sie:ABL viel und ich sehr ruhig werden:PRÄT1SG
•• 'Ich bin gekommen, um die guten Menschen zu sehen. Und ich habe gesehen, daß es viele von ihnen gibt. Und ich wurde ganz ruhig.'

Häufig findet sich die türkische postpositive Partikel *DA* zwischen zwei Prädikaten, wie in den Beispiele (4) und (5), oder als Betonungspartikel nach nominalen Elementen. Da sich die Partikel hier in der Regel sowohl vokal- als auch konsonantenharmonisch verhält, betrachten wir sie als nicht mit der satzeinleitenden Einheit *da* identisch.

(4) *koymuš da šašlïk yapmïš ondan /.../* T5 37
leg:PERF3 PTKL Schaschlik mach:PERF3 es:ABL
•• '/.../ gelegt und Schaschlik daraus gemacht hat /.../'

(5) *o anǰak atlardï pančalarïnï atïp ta gezärdi* T1 205
es nur spring:AOR-VERGKOP3 Huf:PL-POSS3-AKK werf:GER PTKL herumlauf:AOR-VERGKOP3
•• 'Es ist nur seine Hufe ausschlagend herumgesprungen und herumgelaufen.'

1.2.1.1.2 *i*

Die Globalkopie der russischen Konjunktion *i* 'und' kommt in unserem Material nur äußerst selten vor und tritt ausschließlich in Verbindung mit anderen globalkopierten lexikalischen Einheiten, d.h. als Bestandteil komplexer Globalkopien, auf. Sie findet sich auch hauptsächlich bei Informanten mit hoher Russischkompetenz, siehe Beispiel (1) und (2). Nur als Bestandteil des Ausrufs *i vsyo* 'und das war's' (⇐ russ. *i vse*) findet sich *i* auch bei Informanten mit geringen Russischkenntnissen.

(1) *etnografiya i istoriografyasï* T6 174
Ethnographie und Historiographie:POSS3
•• 'Ihre Ethnographie und Historiographie'

(2) *i karakter da varsa bu da plus* TX
und Charakter PTKL es gibt:KOND3 DEM auch PLUS
•• 'Und wenn er auch Charakter hat, [so] ist das auch ein Plus.'

In der Schriftsprache wird *i* nicht verwendet.

1.2.1.1.3 *a*

Sehr frequent vertreten ist die Globalkopie der russischen Konjunktion *a* 'aber, und'. Sie fungiert in unserem Material, ähnlich wie die oben besprochene Einheit *da*, ausschließlich als satzeinleitendes, textgliederndes Element. Zur Illustration dieser Funktion sei hier auf den Textanhang, etwa Text 7, (343) bis (355) verwiesen. Daneben wird im Gagausischen auch der Junktor *ama* 'aber, sondern' verwendet. *Ama* kann ebenfalls satzeinleitend stehen, allerdings ausschließlich in der Bedeutung 'aber', ist also semantisch stärker eingeschränkt als *a*. Eine weitere Funktion von *ama* ist die Einleitung von Nachsätzen mit der Bedeutung 'sondern', siehe hierzu unter "Die negative Kopula *deil/diil*". In dieser Funktion kann *a* im Gagausischen, im Gegensatz zu seiner russischen Vorlage, nicht verwendet werden. In der Schriftsprache wird *a* nicht verwendet.

1.2.1.1.4 *ili*

Disjunktives *ili* 'oder', das eine Globalkopie der russischen Konjunktion *ili* darstellt, wird in unserem Material sowohl zur Konjunktion zweier nominaler Satzkonstituenten als auch zweier Sätze verwendet, vgl. die Beispiele (1) und (2).

(1) *bän gideim babuma ili leluma* TX
ich gehen:OPT1SG Großmutter:POSS1-DAT oder Tante:POSS1-DAT
•• 'Ich will zu meiner Oma oder zu meiner Tante gehen.'

(2) *beki X.'lan büün layedeğez ili da beki zvont edeğek*
vielleicht X:mit heute sprechen:FUT3 oder auch vielleicht telefonieren hv:FUT3
/.../ o vračka T3 231
/.../ DEM Ärztin
•• 'Vielleicht spreche ich heute mit X. oder vielleicht ruft /.../ diese Ärztin an.'

Es findet sich sowohl bei stark zweisprachigen Informanten als auch bei solchen, deren Russischkenntnisse sehr gering sind. In der Schriftsprache findet sich die Konjunktion nicht, auch nicht in den Texten von Moškov. Hier wird ausschließlich türkisches *ya* bzw. *osa* verwendet. *Ya* bzw. *osa* sind auch in unserem Material wesentlich frequenter als *ili*.

1.2.1.2 *sam* ALS SUPERLATIVBILDENDE EINHEIT

Ausschließlich im Gagausischen der jüngeren, sprachlich stark russifizierten Generation findet sich sporadisch das aus dem Russischen globalkopierte *sam* ⇐ russ. *samyj* zur Bildung von Superlativen *sam büyük* versus *hen büyük* 'der Größte'. *Sam* wird ausschließlich als reiner Stamm kopiert, da das modifizierte gagausische Adjektiv keine kongruenzanzeigende Endung besitzt und diese somit auch bei *sam* überflüssig ist. Es paßt so genau in die Äquivalenzposition der unveränderlichen türkischen Superlativpartikel *(h)en*. Es kann allerdings noch keine Rede von einer stark konventionalisierten Globalkopie sein, da auch in der Sprache der jüngeren Gagausen neben *sam* auch (*h*)*en* verwendet wird.

Eine entsprechende Globalkopie der Komparativpartikel *bolee* zur analytischen Komparativbildung findet sich in unserem Material nicht. Hier wird ausschließlich die gagausische Partikel *taa* 'mehr' oder das Suffix *-rAk* verwendet, das im Gagausischen, im Unterschied zum Türkeitürkischen, noch über ein gewisses Maß an Produktivität verfügt.

1.2.2 Gebundene grammatische Relatoren

Der einzige im Gagausischen vorhandene globalkopierte gebundene grammatische Relator ist die Femininendung -(*y*)*ka*.

1.2.2.1 DIE FEMININENDUNG -*(y)ka*

Für gebundene globalkopierte grammatische Relatoren findet sich im gagausischen nur ein einziges Beispiel, nämlich das denominale Nominalsuffix -*(y)ka* zur Bildung von Feminina zur Personenbezeichnung. Dieses Suffix ist nicht der Vokalharmonie unterworfen. Auch im Gagausischen in Bulgarien ist dieses Suffix vertreten (s. Zajączkowski 1966b: 18); ebenso in den Texten Moškovs. Es handelt sich somit um eine ältere Globalkopie. Pokrovskaja 1964: 92 bezeichnet das Suffix als sehr produktiv. Es bildet Feminina von Berufsbezeichnungen, Nationalitätenbezeichnungen, Verwandschaftstermini etc. Es tritt sowohl an globalkopierte Wörter slawischen Ursprungs als auch an gagausische Wörter, z.B. *deverka* 'Frau des Brautführers' ⇐ bulg. *dever* 'Brautführer', *domusčuyka* 'Schweinchirtin' < *domusču* 'Schweinehirt', *iščiyka* 'Arbeiterin' < *išči* 'Arbeiter'. Handelt es sich um rezente Globalkopien aus dem Russischen, wie z.B. *nemka* 'Deutsche', muß man natürlich davon ausgehen, daß es sich um eine als ganzer Block kopierte lexikalische Einheit handelt. Solche auch im Gagausischen von Bulgarien vorhandenen komplexen Globalkopien ermöglichten dann die Kopie der Femininendung als solche in das Gagausische.

Das kopierte Ableitungssuffix kann auch verwendet werden, um Ableitungen von globalkopierten Substantiven zu bilden, für die im Russischen eine andere lexikalisierte Form existiert, etwa *vračka* 'Ärztin', russ. *vračicha* oder *ženščina-vrač*.

Einen besonderen Fall stellen die Bildungen *baldïzka* 'Schwägerin, Schwester der Ehefrau' und *eltika* 'Schwägerin, Frau des Bruders des Ehemanns' dar, da die türkischen Worte *baldïz* und *elti* ausschließlich weibliche Personen bezeichnen, die Femininmarkierung ist also eigentlich überflüssig. Die zugrundeliegenden Wörter ohne Femininsuffix werden im Gagausischen nicht mehr verwendet. Andererseits konnten wir beispielsweise nicht beobachten, daß etwa Bildungen wie **kardeška* verwendet werden, hier wird ausschließlich das türkische *kïzkardeš* 'Schwester' verwendet. Dies mag daran liegen, daß in den slawischen Sprachen ebenfalls kein symmetrisches Verhältnis Geschwister-Bruder-Schwester vorliegt. In dem von uns erhobenen Material finden sich fast ausschließlich von Nationalitätenbezeichnungen gebildete Feminina, Ausnahmen sind *komšuyka* 'Nachbarin' und *karagözka* 'Dunkelhaarige, dunkelhaarig'. Daneben findet sich aber auch die türkische Methode zur expliziten Bezeichnung, daß es sich um eine weibliche Person handelt, etwa *gagauz karï* [Gagause Frau] 'Gagausin' und *tatarkalar* 'Tatarinnen' vs. *tatar kïzlar* [Tatare Mädchen:PL] 'tatarische Mädchen'.

2 Teilstrukturkopien im Gagausischen

In den folgenden Kapiteln sollen verschiedene Arten von Teilstrukturkopien, d.h. Kopien ausgewählter struktureller Eigenschaften einer bulgarischen oder russischen Vorlage im Gagausischen besprochen werden. Dabei handelt es sich hauptsächlich um das Kopieren kombinatorischer Eigenschaften einer slawischen Vorlage auf gagausische Einheiten, die häufig auch mit der Kopie der frequentiellen Eigenschaften der Vorlage einhergehen. Eine Veränderung der Frequenz kann sich auch als Folge des Kopierens semantisch-kombinatorischer Eigenschaften einstellen, wenn dadurch neue Ausdrucksmöglichkeiten entstehen, die dann in Konkurrenz mit genuin türkischen Konstruktionen treten.

Zunächst sollen im folgenden Teilstrukturkopien im einfachen Satz besprochen werden, desweiteren werden Teilstrukturkopien komplexer Sätze betrachtet.

2.1 Teilstrukturkopien im einfachen Satz

2.1.1 Enklitika

Unter dem Einfluß der sozial dominanten slawischen Sprachen zeigen einige enklitische Einheiten des Gagausischen, nämlich die Fragepartikel *-mI*, das Negationssuffix *-mA-* und die Vergangenheitskopula *idi*, veränderte kombinatorische Eigenschaften. Diese sollen im folgenden beschrieben werden.

2.1.1.1 STELLUNG DER FRAGEPARTIKEL *mI*

Die Fragepartikel *mI* wird in Alternativ- und Entscheidungsfragen im Gagausischen in der Regel genauso verwendet wie im Türkischen. Sie steht nach dem Element, das erfragt wird, d.h. der Skopus der Fragepartikel bezieht sich auf das ihr vorangehende Element. Wird der Inhalt des ganzen Satzes erfragt, so steht sie nach dem Prädikat. Innerhalb des Prädikats lassen sich allerdings in unseren Daten Unterschiede zum Türkeitürkischen in Bezug auf die Stellung der Fragepartikel feststellen. So steht im Türkeitürkischen die Fragepartikel *mI* beim verbalen Prädikat zwischen den aspekto-temporalen Suffixen und der Personalmarkierung, wenn diese der prädikativen Konjugationsvariante angehört, also *geliyor musun* [komm:PRÄS Q:2SG] 'kommst du?' vs. *geldin mi* [komm:PRÄT-2SG Q] 'kamst du?'. Beim nominalen Prädikat steht sie zwischen diesem und der Personalmarkierung bzw. ggf. der Kopula, also *insan mïsïn* [Mensch Q:2SG] 'Bist du ein Mensch?'. Denselben Wortstellungsregeln unterliegt die Fragepartikel auch in den Texten von Moškov und Zajączkowski.

Im heutigen Gagausischen aber kann man sowohl in der gesprochenen Sprache als auch in der Schriftsprache eine andere Stellung der Fragepartikel, nämlich nach der Personalmarkierung, auch dann, wenn diese zur prädikativen Konjugationsvariante gehört, feststellen.[24]

(1) *annersïn mï bir laf annersïn mï* T3 169
versteh:PRÄS2SG Q ein Wort versteh:PRÄS2SG Q
•• 'Verstehst du, verstehst du ein Wort?'

(2) Sän insansïn mï osa hayvansïn mï? DK 25
du Mensch:2SG Q oder Tier:2SG Q
'Bist du ein Mensch oder ein Tier?'

Sowohl im Bulgarischen als auch im Russischen kann zur Bildung von Alternativ- und Entscheidungsfragen eine Fragepartikel *li* verwendet werden. Während im Russischen bei Verwendung der Fragepartikel häufig eine Nuance des Zweifels konnotiert ist (siehe Comrie 1984: 20), sind mit Fragepartikel gebildete Sätze im Bulgarischen neutral (siehe Rudin 1986: 63). In syntaktischer Hinsicht unterscheiden sich die russische und die bulgarische Konstruktion dadurch, daß im Russischen das jeweils hinterfragte Element obligatorisch an erster Stelle im Satz steht, gefolgt von der Fragepartikel, im Bulgarischen jedes erfragte Element außer dem Prädikat (siehe Rudin 1986: 64).

Im Gagausischen sind mit Fragepartikel gebildete Sätze wie im Bulgarischen neutral, siehe etwa Beispiel (3); es handelt sich ja um die ursprüngliche Methode zur Bildung von Alternativ- und Entscheidungsfragen. Die Wortstellung in mit Fragepartikeln gebildeten Fragen ändert sich in Hauptsätzen nur, wenn das erfragte Element gleichzeitig sehr stark fokussiert wird, siehe Beispiel (4).

(3) *sän dersin mi kötü bitkidä* T5 84
du sag:PRÄS-2SG Q schlecht Schluß:LOK
•• 'Sagst du etwas schlechtes am Schluß?'

24 Eine Ausnahme bildet in dieser Hinsicht das Futur, da hier zwar die Personalmarkierung der prädikativen Konjugationsvariante angehört, diese aber mit dem aspektotemporalen Suffix kontrahiert ist, also *alaǰam* < *alaǰağïm*, siehe Pokrovskaja 1964: 192. Hier steht die Fragepartikel regelmäßig nach der Personalmarkierung. Dies ist auch bei den kontrahierten Futurformen in türkeitürkischen Dialekten der Fall.

(4) T: *oruč da nezamanbit^e^ǯek ee* M: *oruč mu nezaman bitär* T3 46-47
Fasten PTKL wann aufhör:FUT3 INT Fasten Q wann aufhör:AOR3
•• 'Wann hört denn das Fasten auf? [Fragst du etwa], wann das Fasten aufhört?'

Auch im abhängigen Fragesatz, der im Gagausischen sowohl asyndetisch ohne einleitende Einheit als auch mit *ani* als einleitender Einheit gebildet werden kann, ist die Wortstellung, im Gegensatz zum Russischen, in dem das erfragte Element mit enklitischem *li* auch in abhängigen Sätzen an erster Stelle stehen muß (siehe Comrie 1984), frei. Vergleiche hierzu die Beispiele (5) und (6). Bei nicht eingeleiteten abhängigen Fragesätzen scheint aber in der Schriftsprache eine Tendenz zu bestehen, das Prädikat an die erste Stelle zu rücken, wie in Beispiel (5). Vergleiche hierzu die Tendenz zur Voranstellung des Prädikats in Entscheidungsfragen im Türkeitürkischen, siehe Erdal im Druck: 14.

(5) Sorërïm, düümediniz mi karïyï gečän sïra? GL 83
frag:PRÄS-1SG schlag:NEG-PRÄT-2PL Q Frau:AKK vergeh:PART Mal
'Ich frage, ob Sie die Frau nicht geschlagen haben, letztes Mal.'

(6) Sorušturunuz büüklerä, aačlïï kolay mï gečirdilär? GD7 84
frag:IMP2PL groß.PL-DAT Hungersnot:AKK leicht Q verbring:PRÄT3PL
'Fragt die Alten, ob sie die Hungersnot leicht überstanden haben.'

Während in unserem Material die Fragepartikel ausschließlich nach der Personalmarkierung steht, sind in der Schriftsprache beide Stellungen möglich, siehe Beispiel (7).

(7) isteerim yardïm edeyim, ama diyl ölä, annërmïysïn? GL 221
woll:PRÄS1SG Hilfe HV:OPT1SG aber nicht so versteh:PRÄS-Q-2SG
'Ich möchte [ihm] helfen, aber nicht so, verstehst du?'

Da darüber hinaus die Anzahl der Entscheidungsfragen in unserem Material naturgemäß nicht sehr hoch ist, kann man nicht ausschließen, daß auch in der gesprochenen Sprache beide Stellungen der Fragepartikel möglich sind. Die Tendenz aber, die Fragepartikel unabhängig davon, um welche Art der Personalmarkierung es sich handelt, nach diese zu setzen, stellt u. E. eine Kopie der kombinatorischen Eigenschaften der Fragepartikel in den slawischen Sprachen dar, in denen sie natürlich wegen der flektierenden Struktur dieser Sprachen nicht infigiert werden kann. Da sich diese Tendenz in den Texten von Moškov noch nicht zeigt, ist davon auszugehen, daß hier die russische Vorlage eine größere Rolle spielt als die Bulgarische, auch wenn ausschließlich eine einzige ihrer kombinatorischen Eigenschaften kopiert wurde. Unter dem Einfluß der russischen Vorlage kommt es somit im Gagausischen zu einer Tendenz der Aufhebung der unterschiedlichen Stellung der Fragepartikel je nach Konjugationsvariante.

Die Tatsache, daß bei denjenigen Verbalparadigmata, die der sog. possessiven Konjugationsvariante folgen, die Stellung der Fragepartikel regelmäßig nach der Personalmarkierung erfolgt, kann diese Tendenz erleichtert haben. Ein schon vorhandenes Muster wurde somit im Gagausischen unter dem Einfluß eines slawischen Kombinationsmusters ausgeweitet.[25]

Es sei allerdings auch darauf hingewiesen, daß in anderen oghusischen Sprachen die Stellung der Fragepartikel vor oder nach der Personalmarkierung optional ist, etwa im Türkmenischen oder, wie im Nordaserbaidschanischen, regelmäßig nach der Personalbezeichnung erfolgt. Dabei könnte es sich allerdings auch in diesen beiden Sprachen um Innovationen infolge von Fremdeinfluß handeln.

In unserem Material finden sich auch einige Beispiele für Alternativfragen ohne Fragepartikel. Ausschließlich die Satzintonation markiert hier den Fragesatz, wie etwa in Beispiel (8), in dem die Satzintonation auf dem Hauptsatzprädikat *išitmérsin* stark ansteigt. Dies stellt eine Kopie des Intonationsmuster für Fragesätze im Russischen dar, in dem neutrale Entscheidungsfragen meist ausschließlich durch die Intonation markiert sind, siehe Comrie 1984: 18.

(8) *sän išitmersin biz nekaa layederiz yikan yikan yikan?* T1 316
du hör:NEG-PRÄS2SG wir wie sehr sag:PRÄS1PL sich wasch:IMP2SG
•• 'Hörst du nicht, wie oft wir sagen: "Wasch dich, wasch dich, wasch dich?'

Entscheidungsfragen ohne Fragepartikel sind aber in der gesprochenen Sprache recht selten und auch ausschließlich bei den jüngeren Informanten mit guten Russischkenntnissen anzutreffen. In der Schriftsprache findet sich in Entscheidungsfragen immer die Fragepartikel. Hierbei mag eine Rolle spielen, daß es in den sozial dominanten Sprachen Bulgarisch und Russisch jeweils die Möglichkeit gibt, Entscheidungsfragen mit Fragepartikel zu konstruieren, d.h. das Vorhandensein einer Fragepartikel im B-Kode wirkt sich unterstützend auf den Erhalt der Fragepartikel im A-Kode aus. In anderen türkischen Sprachkontaktsituationen, wie etwa in den türkischen Sprachen des Iran, ist unter dem Einfluß des Persischen, in dem Fragesätze ausschließlich durch die Satzintonation markiert werden, die Fragepartikel vollständig geschwunden, siehe Kıral 1997: 58.

25 Im Gegensatz zum Türkeitürkischen ist im Gagausischen auch eine Kombination von dem Fragewort *ne* und der Fragepartikel möglich. Hierbei handelt es sich ebenfalls um eine Kopie eines Kombinationsmusters des Russischen. Die frequente Verwendung des Fragewortes *ne* in der Bedeutung 'wozu?, weshalb?' stellt eine Kopie der semantischen Eigenschaften der russischen Vorlage *čto* dar.

2.1.1.2 DIE NEGATION

Die Verbalhandlung wird in den Türksprachen im allgemeinen mit dem Negationssuffix *-mA* am Verbalstamm negiert. Sie signalisiert, daß das entsprechende Ereignis nicht stattgefunden hat bzw. stattfindet oder stattfinden wird, soll, kann etc.

Im Gagausischen finden sich nun Fälle, in denen das Negationssuffix an dem Verbalstamm angefügt ist, ohne daß semantisch ein Nichtstattfinden des Ereignisses vorliegt. Es handelt sich hierbei um eine Markierung, die aus rein syntaktischen Gründen angefügt wird. Dies ist etwa der Fall bei Komplementsätzen zu dem Verb *korkmaa* 'sich fürchten', siehe Kapitel 2.2.1.

Darüber hinaus findet sich die Markierung für Negation auch am Prädikat von Konzessivsätzen, die einen Umstand angeben, dessen Folge nicht eintritt und die mit *nekadar* (*da*) *nijä* (*da*) etc. eingeleitet werden. Das Prädikat des Konzessivsatzes ist, im Gegensatz zu vergleichbaren türkeitürkischen Konstruktionen, in der Regel indikativisch, siehe Beispiele (1) und (2).

(1) Ama nekadar onnar öpüšmäzdilär, duyulardï, ani /.../
aber wieviel sie sich küss:NEG-AOR-VERGKOP-3PL spür:PASS-AOR-VERGKOP3 ani /.../
'Aber wie sehr sie sich auch küßten, es war zu spüren, daß /.../' SB 66

(2) Nijä da yalvarmëërlar gargaya /.../ o hič seslemää istämeer. GL 119
wie PTKL fleh:NEGPRÄS-3PL Krähe:DAT sie überhaupt zuhör:VN wollen:NEGPRÄS3
'Wie sehr sie die Krähe auch anflehen /.../, sie will überhaupt nicht zuhören.'

Gelegentlich kann das Prädikat des Konzessivsatzes auch optativisch sein, wie in Beispiel (3); eine Markierung mit Konditional, wie im Türkeitürkischen üblich, ist uns jedoch nicht begegnet. Es handelt sich bei diesen Konstruktionen um eine Kopie des russischen Musters zur Bildung von Konzessivsätzen, die mit *skol'ko ni*, *kak ni* etc. eingeleitet werden, wobei im Gagausischen die kombinatorische Eigenschaft der verstärkenden Negationspartikel *ni* auf das Negationssuffix übertragen wird.

(3) *nekadar da islä insan yašamasïn o herzaman böle* T6 375
wieviel PTKL gut Mensch leb:NEG-OPT3 es immer so
•• 'Wie gut der Mensch auch immer leben mag, es ist immer so.'

Ist das Prädikat eine nominale Einheit, so wird als syntaktische Markierung die negative Kopula *diil* 'ist nicht' verwendet, siehe Beispiel (4).

(4) nekadar da zor diildi evellär gagauzlara onnar bir kerä bülä
wieviel PTKL schwer nicht:VERGKOP früher:PL Gagause:PL-DAT sie ein Mal sogar
kestirmedilär türkülerini /.../ BS 8
unterbrech:NEG-PRÄT-3PL Lied:PL-POSS3-AKK
'Wie schwer es auch früher für die Gagausen war, sie haben nicht einmal ihre Lieder /.../ unterbrochen.'

Die bei Gajdarži 1973: 53 verzeichneten, mit *nekadar* in der Bedeutung 'wie sehr auch (immer)' konstruierten Konzessivsätze weisen keine Negationsmarkierung am Prädikat auf. Das Prädikat steht aber auch in diesen Fällen im Indikativ.

2.1.1.3 KONDITIONAL + *idi*

In realen Konditionalsätzen findet sich im Gagausischen häufig eine Markierung mit der Vergangenheitskopula *idi*, die semantisch keinerlei Vorzeitigkeit oder unerfüllte Bedingung signalisiert, wie in den Beispielen (1) und (2) (siehe auch Pokrovskaja 1964: 221-222). Diese Markierung tritt bei verbalem Prädikat ausschließlich an die Konditionalformen des Aorist, siehe Beispiel (1).[26] Der semantische Gehalt ist gleich der Form ohne *idi*, dh. *istärsän* = *istärsäydin* "wenn du willst". Es handelt sich also nicht um eine Konditionalform von zusammengesetzten Tempusformen. Dies ist im Türkeitürkischen möglich, wobei allerdings die Reihenfolge der Suffixe, der Sematik entsprechend, eine andere ist; das Konditionalsuffix steht in diesen Kombinationen nämlich an letzter Stelle, siehe Deny 1921: 444 f. und Lewis 1985: 119 f. Die Anteriorität markierende Partikel *idi* nach dem Konditionalsuffix bildet im Türkeitürkischen den Irrealis der Vergangenheit, vgl. *isteseydi* 'wenn er gewollt hätte' und *istediyse* 'wenn er wollte'.

(1) *sän istärsäydin sän fronda /.../ gitmämää ööret čojuklarï*
du woll:AOR-KOND-VERGKOP-2SG du Front:DAT geh:NEG:VN lehr:IMP2SG Kinder:PL-AKK
•• 'Wenn du nicht an die Front /.../ gehen willst, unterrichte die Kinder.' T7 159

(2) *adam kulturasï varsaydï da zenginseydi o zenginnik*
Mann Kultur:POSS3 es gibt:KOND-VERGKOP3 PTKL reich:KOND-VERGKOP dem Reichtum
onu bozmer T5 68
er:AKK zerstör:NEG-PRÄS3
•• 'Ein Mann, wenn er Kultur hat, auch wenn er reich ist, zerstört ihn dieser Reichtum nicht.'

26 Vom aktuellen Präsens kann im Gagausischen keine Konditionalform gebildet werden, siehe Pokrovskaja 1964: 220.

Bei dieser zusätzlichen Markierung handelt es sich möglicherweise um eine Überdifferenzierung der russischen Konstruktion für irreale Konditionalsätze, in denen das Prädikat immer im Subjunktiv steht, der sich formal aus der Subjunktivpartikel *by* und der Vergangenheitsform des Verbs zusammensetzt. Diese Kombination in irrealen Konditionalsätzen wird ins Gagausische auf die Konditionalmarkierung und die Vergangenheitskopula kopiert. Dabei kann auch eine Rolle spielen, daß im Russischen Konditionalsätze, die mit *raz* 'wenn, falls' eingeleitet werden, in der gesprochenen Sprache das Prädikat meist in der Vergangenheitsform haben, ohne daß semantisch Vorzeitigkeit impliziert wäre. Diese Konstruktionen sind markiert umgangssprachlich, siehe Gabka 1976: 283-284.

Wie an Beispiel (3) zu sehen ist, ist diese Markierung aber keineswegs obligatorisch. So wird von ein und demselben Informanten die Konditionalform des Aorist mit oder ohne Vergangenheitskopula verwendet, ohne daß sich ein Bedeutungsunterschied ergibt. An dem u.a. Beispiel sieht man auch, daß in einigen Mundarten das Konditionalsuffix nicht vokalharmonisch ist.

(3) *her okaar pek istärsadï gelmää gelsin /.../*
wenn soviel sehr woll:AOR-KOND-VERGKOP3 komm:VN komm:OPT3
o pek istärsa Kišinova gitmää o hep kalïjek T3 257-259
er sehr woll:AOR-KOND3 K.:DAT geh:VN er ganz bleib:FUT3
•• 'Wenn er so sehr [mit-]kommen will, soll er kommen /.../ Wenn er unbedingt nach Kišinev fahren will, bleibt er erst recht [wrtl. ganz] da.'

Eine zusätzliche Markierung des Konditionalsatzes mit der satzeinleitenden Einheit *eer* oder *her* 'wenn ' ($\Leftarrow$ pers. *agar*),[27] wie im ersten Satz von Beispiel (3), findet sich in unserem Material verhältnismäßig selten.

2.1.2 Das Adjektiv als eigene Wortart

In den Türksprachen läßt sich eine klare Unterscheidung der Wortklassen Substantiv - Adjektiv aufgrund morphologischer Kriterien im allgemeinen nicht durchführen. Auch wenn einige Suffixe oft als adjektivbildend bezeichnet werden, kann doch jedes Adjektiv unter Umständen auch als Substantiv verwendet werden, sodaß sich eine Unterteilung in Funktionsklassen nur nach statistischen Kriterien vornehmen läßt, siehe hierzu die Diskussion bei Johanson 1974: 96 ff. und 1990b: 187 ff.

27 Zu sporadisch auftretender h-Prothese im Gagausischen siehe Pokrovskaja 1964: 72. In unseren Daten sind sowohl *eer* als auch *her* (bei gleichzeitiger Kürzung des Vokals) belegt. Eine ähnliche Varianz zeigt sich auch bei der Superlativpartikel *en* bzw. *hen*, sowie in einigen Lexemen. Besonders häufig tritt ein prothetisches *h* vor die anlautenden weiten Vokale *a* und *e*.

Im Gagausischen läßt sich aber feststellen, daß sich unter dem Einfluß der slawischen Sprachen, die eine morphologische Wortklasse "Adjektiv" besitzen, eine gewisse Tendenz zur Ausbildung einer morphologischen Klasse "Adjektiv" entwickelt hat.

2.1.2.1 ADJEKTIVISCHE VERWENDUNG VON PARTIZIPIEN

Im Gagausischen läßt sich ein signifikanter Rückgang bei der Verwendung der Partizipien zur Bildung präpositiver Relativsätze feststellen, siehe hierzu Kapitel 2.2.2.1. Die Frequenz von Partizipien sowohl in der gesprochenen Sprache als auch in der Schriftsprache ist überaus gering. Wenn sie verwendet werden, so handelt es sich in der Regel um einfache Attribute, die nicht zu Sätzen ausgebaut sind. Unter diesen Partizipien werden in der gesprochenen Sprache fast nur noch das *-(y)An* und das *-DIK*-Partizip verwendet; in unserem Material finden sich die Partizipien auf *-r*, *-(y)AǰAK* und *-mIš* nicht in attributiver Position. Das *-DIK*-Partizip ist darüber hinaus immer obligatorisch mit dem Possessivsuffix der 3. Person markiert, andere Personalendungen treten nicht an, siehe Beispiel (1).

(1) */.../da* *bän* *yapiǰam* *oturduu* *yerimdä* *dünyanïn*
und ich machen:FUT1SG sitzen:PART-POSS3 Platz:POSS1-LOK Welt:GEN
išini T3 80
Arbeit:POSS3-AKK
•• '/.../ und ich werde, an dem Platz, an dem ich sitze, die Arbeit der ganzen Welt erledigen.'

Wie an Beispiel (1) zu sehen ist, erfolgt die Markierung für den Erstaktanten der Verbalhandlung nicht am Partizip, sondern am Bezugswort. Ist der intendierte Erstaktant generisch, so unterbleibt eine Markierung am Bezugswort, s.u. Das Partizip selbst ist mit der Markierung des Possessivsuffixes der 3. Person erstarrt.[28] Die Konstruktion ist im Prinzip der türkeitürkischen Relativsatzkonstruktion sehr ähnlich, der Unterschied liegt, neben der Position des Subjektvertreters, lediglich darin, daß die Attribute, obwohl das im Prinzip möglich ist, nicht ausgebaut werden.

Nach Auffassung von Pokrovskaja 1964: 237 haben diese Partizipien passivische Bedeutung. Dies trifft unserer Meinung nach nicht zu. Der Eindruck einer passivischen Bedeutung dieser Partizipien ergibt sich wohl nur aus ihrer Übersetzung ins Russische, siehe Beispiel (2).

28 Es existieren aber einige lexikalisierte Formen ohne Possessivsuffix wie etwa *bildik* 'bekannt'. Auch im Türkeitürkischen ist ein für Person unmarkiertes *-DIK*-Partizip selten anzutreffen. Es handelt sich nur um einige lexikalisierte Formen, siehe Lewis 1985: 162 f. Zur unmarkierten negativen Form s. auch Kapitel 2.2.7.

(2) *hen sevdii kušum kïrlangač* TX
SUP lieb:PART-POSS3 Vogel:POSS1 Schwalbe
•• 'Der Vogel, den ich am meisten Liebe, ist die Schwalbe.'
russ. moja samaja ljubimaja ptica - lastočka

Dieses Beispiel ist eine spontane Äußerung eines Informanten, die Übersetzung ins Russische stammt - auf Nachfrage - ebenfalls von ihm. Unsere Frage, ob es auch möglich sei, *sevdiim kuš* [lieben:PART-POSS1SG Vogel] zu sagen, also den Subjektvertreter am Partizip zu haben, wurde von ihm zwar bejaht, unserer Beobachtung nach wird diese Konstruktion aber, zumindest in Tomai, nicht verwendet. Bis auf einen der von uns zu dieser Konstruktion befragten Informanten akzeptierten alle zwar in einigen Fällen die Konstruktion mit Subjektvertreter am Partizip, verwendeten sie aber nicht. Einer der von uns befragten Informanten gebrauchte solche Partizipialkonstruktionen mit doppelter Possessivmarkierung sowohl am Partizip als auch am Bezugswort. In seinem Sprachgebrauch sollte das o.g. Beispiel *hen sevdiim kušum* lauten. Solche Beispiele lassen sich auch in der Schriftsprache finden, siehe Beispiel (3).

(3) /.../čaarmaa beendiin adamïnï evä. GL 192
einlad:VN mög:PART-POSS2 Mann:POSS2-AKK Haus:DAT
'/.../ den Mann, den du magst, nach Hause einzuladen.'

Formal läßt sich in diesem Beispiel nicht unterscheiden, ob es sich um das Possessivsuffix der 2. oder 3. Person am Bezugswort handelt. Unseres Erachtens handelt es sich aber um die 2. Person, da, wenn es sich um eine "impersonalisierte" Lesart mit unpersönlichem Referenten des Erstaktanten des Verbs handeln sollte, das Bezugswort unmarkiert wäre, also *čaarmaa beendii adamï*. Auch die 2. Person kann im übrigen im Gagausischen als unpersönlich, im Sinne von "man" verstanden werden. Der Kontext schließt in beiden Fällen aus, daß es sich tatsächlich um 'Besitz' handelt. Auch die Bedeutung 'Ehemann', die normalerweise vorhanden ist, wenn *adam* mit Possessivsuffix markiert ist, ist in Beispiel (3) durch den Kontext ausgeschlossen.

Von uns konstruierte Beispielsätze mit ausgebautem präpositiven Relativsatz wurden von den Informanten zwar akzeptiert, im freien Gespräch aber niemals verwendet. Auch in der Schriftsprache finden sich praktisch keine ausgebauten präpositiven Relativsätze, siehe aber einige Beispiele in Kapitel 2.2.2.1.2.

Eine weitere Verwendung des Partizips ist in dem feststehenden Ausdruck *gečtii yïl* 'vergangenes Jahr'. In dieser Konstruktion fällt auf, daß das *-DIK*-Partizip verwendet wird, obwohl das Bezugswort Erstaktant des attribuierten Verbs *geč-* 'vorübergehen' ist. Daneben existiert auch der synonyme Ausdruck *gečän yïl*. Der Grund für die Verwendung des *-DIK*-

Partizips ist u.E., daß in der äquivalenten russischen Konstruktion ein Vergangenheitspartizip oder eine mit dem Vergangenheitsstamm des zugrundeliegenden Verbs formal ähnliche Adjektivform verwendet wird, und dieses von den Sprechern des Gagausischen mit dem *-DIK*-Partizip als äquivalent betrachtet wird. Dabei spielt auch eine Rolle, daß die kontrahierte Form des Partizips + Possessivsuffix *-dii* (< *-diği*) oft gekürzt wird zu *-di* und somit mit der Form des Präteritums homophon ist. Dies geschieht beispielsweise sehr häufig in der adverbialen Konstruktion mit Postposition *-dii gibi* > *-di gibi* 'sobald, wenn ...'.

Auch das Partizip auf *-(y)An* findet sich in unserem Material nur sehr selten und ausschließlich in rein attributiver, nicht ausgebauter Verwendung. In der Schriftsprache, in der dieses Partizip etwas häufiger anzutreffen ist, finden sich auch ausgebaute Relativsätze, sie enthalten aber meist nur eine Lokalangabe, etwa *köšedä oturan adam* [Ecke:LOK sitz:PART Mann] 'der Mann, der in der Ecke sitzt.'[29] Es läßt sich auch feststellen, daß partizipiale Ableitungen nur von einem bestimmten Set von Verben gebildet werden, d.h. die Produktivität des Partizips ist, verglichen mit dem Türkeitürkischen, stark eingeschränkt und es besteht eine deutliche Tendenz zur Lexikalisierung, vergleichbar mit dem Aoristpartizip im Türkeitürkischen, siehe etwa Beispiel (4), in dem das Partizip *kalan*, das auch in der Schriftspache frequent ist,[30] u.E. vollständig lexikalisiert ist mit der Bedeutung 'das übrige'.

(4) *kalan išläri biz yaptïk* TX
übrig Arbeit:PL-AKK wir mach:PRÄT-1PL
•• 'Die übrigen Arbeiten haben wir gemacht.'

Auch in den übrigen in unserem Material vorhandenen Beispielen für Partizipien handelt es sich u.E. um lexikalisierte Formen, wie in Beispiel (5), oder wie in Beispiel (6) um Redewendungen.

(5) *duran su* T1 323
steh:PART Wasser
•• 'stehendes Gewässer'

(6) *te polis olan batüm* T1 145
DEM Polizist sein:PART älterer Bruder:POSS1
•• 'Mein Bruder, der Polizist [wrtl. Mein Bruder, der Polizist ist]'

29 Recht häufig findet sich das *-(y)An*-Partizip jedoch in Sprichwörtern und Redensarten, dort meist substantiviert, siehe Zajončkovski: 1964. Dies wird jedoch hier unberücksichtigt gelassen, da es sich um tradierte Formen handelt, in denen sich häufig ältere Sprachstände widerspiegeln.

30 Siehe etwa die Beispiele bei Pokrovskaja 1964: 230 ff.

Auch für das Partizip auf *-(y)An* stellt Pokrovskaja 1964: 231 f. fest, daß es oftmals Passivbedeutung habe. Dies ist u.E. nicht der Fall, vielmehr wird hier, wie in vielen anderen Türksprachen, auf eine diathetische Markierung verzichtet, wenn der Referent des Erstaktanten "unpersönlich" zu verstehen ist und die Semantik der Lexeme eine Mehrdeutigkeit ausschließt, wie etwa in *čok bekleyän vakït geldi* 'die langersehnte Zeit ist gekommen', siehe hierzu Johanson 1990a: 208 f. Der Eindruck, daß eine passivische Bedeutung vorliege, ergibt sich auch hier u.E. nur durch die Übersetzung ins Russische (und ins Deutsche). Ganz deutlich wird dies in einem weiteren von Pokrovskaja 1964: 232 angeführten Beispiel, in dem das angeblich passivische Bedeutung aufweisende Partizip sogar ein eigenes explizites genitivmarkiertes Subjekt hat:

(7) biz tutĕǰĕëz senin gösterän yolunu. Zit. nach Pokrovskaja 1964: 232
wir nehm:FUT-1PL du:GEN zeig:PART Weg:POSS2-AKK
'My budem deržat' put', ukazannyj toboj (bukv. tvoj ukazyvajuščij put')'

Dieses Beispiel zeigt u.E. auch, daß die strikten, im Türkeitürkischen vorhandenen, syntaktischen Unterschiede in Relativsatzkonstruktionen im Gagausischen entweder aufgegeben oder nicht entwickelt worden sind. Möglicherweise zeigt sich an dem o.a. Beispiel (7) wie auch an der Konstruktion *gečtii yïl* eine Tendenz, eine im Russischen vorhandene unterschiedliche Verwendung der Partizipien in Bezug auf Vorzeitig- oder Gleichzeitigkeit auf das Paar *-(y)An* und *-DIK* im Gagausischen zu übertragen. Ein ähnlich synonymes Paar stellen *isteyän* und *istedii* dar, siehe die von Pokrovskaja 1964: 232 und 238 aufgeführten Beispiele *isteyän musafirleri čaarïǰëiz* [wünsch:PART Gast:PL-AKK einlad:FUT-1PL] 'Wir werden die erwünschten Gäste einladen' und *istedii erlerä gidämedim* [woll:PART-POSS3 Ort:PL-DAT geh:(y)ama-PRÄT-1PL] 'Ich konnte nicht hingehen, wohin ich wollte.'

Die Tatsache, daß im Gagausischen das *-DIK*-Partizip nicht mehr für verschiedene Personen markiert werden kann, zeigt u.E. ebenfalls, daß es in eine andere Wortklasse, nämlich die der Adjektive, die in attributiver Position unveränderlich sind, übergegangen ist. Dies deckt sich mit der im Russischen vorhandenen Tendenz, daß Partizipien in die Wortklasse Adjektiv übergehen, siehe Gabka 1975: 195. Darüber hinaus gaben unsere Informanten alle an, daß sich bei der Markierung mit Possessivsuffix am Bezugswort eine starke Affinität mit tatsächlichem "Besitz" ergäbe.

Sowohl im Russischen als auch im Bulgarischen können Partizipien der Relativsatzbildung dienen, jedoch ist diese Konstruktionsmöglichkeit in beiden Sprachen hauptsächlich in der Schriftsprache anzutreffen. In der gesprochenen Sprache werden jeweils postpositive, auf finiten Verben basierende Relativsatzkonstruktionen verwendet. Der Rückgang der entsprechenden Konstruktionen im Gagausischen stellt unseres Erachtens eine Kopie der Frequenz der äquivalenten slawischen Konstruktionen dar, siehe hierzu auch 2.2.2.1.

2.1.2.2 Das Suffix *-li*

Ein weiteres Anzeichen für eine im Gagausischen vorhandene Tendenz, eine morphologische Wortklasse Adjektiv auszubilden, ist die Verwendung des Suffixes *-LI*[31] an Lexemen, die eigentlich schon der Funktionklasse Adjektiv angehören, bzw. auch ohne Ableitungssuffix sowohl als Substantiv als auch als Adjektiv gebraucht werden können. Dies ist insofern nicht gänzlich produktiv, da man nicht von allen Adjektiven, und besonders nicht von den gängigsten, zum Grundwortschatz gehörenden, diese Ableitung bilden kann. Die derivierten Adjektive können sowohl attributiv als auch prädikativ stehen. Da es sich aber in allen aufgefundenen Fällen um eine redundante Markierung handelt, ist davon auszugehen, daß es sich hierbei um eine Tendenz handelt, die sich unter dem Einfluß der sowohl im Russischen als auch Bulgarischen vorhandenen morphologischen Klasse Adjektiv ausgebildet hat.

(1) /.../verdi onnara serbestli yašamak — SB 254
geb:PRÄT3 sie:DAT frei:ADJ.DER Leben
'/.../ gab ihnen ein freies Leben.'

Das abgeleitete Adjektiv *altïnnï* (< altïnlï) in Beispiel (2) hat eigentlich die Bedeutung 'mit Gold überzogen, vergoldet', was hier offensichtlich nicht der Fall ist.

(2) vardï altïnnï sačlarï — DK 37
es gibt:VERGKOP golden:ADJ.DER Haar:PL-POSS3
'Sie hatte goldenes Haar.'

(3) o olsun raatlï — DK 38
er werden:OPT3 gemütlich:ADJ.DER
'Er soll es gemütlich haben.'

Dieselbe Tendenz zur Ausbildung einer eigenen Wortklasse Adjektiv mit Hilfe u.a. des Suffixes *-LI* zeigt sich laut Baskakov 1960: 29 auch in anderen Türksprachen der ehemaligen Sowjetunion.

31 Nach Nasal *-nI*.

2.1.3 Das Pronomen *hepsi* 'alle'

Das Pronomen *hepsi* kann im Gagausischen sowohl attributiv als auch substantivisch verwendet werden. Im Türkeitürkischen hingegen wird es ausschließlich substantivisch verwendet. Formal ist *hepsi* markiert mit dem Possessivsuffix der 3. Person,[32] abgeleitet von *hep* 'all, ganz, immer'. Im Türkeitürkischen wird daher bei der substantivischen Verwendung in anderen Personen diese durch Anfügung der entsprechenden Person direkt vom Stamm gebildet. Im Gagausischen allerdings, in dem *hep* ausschließlich adverbial mit der Bedeutung 'immer, andauernd' verwendet wird, werden bei substantivischer Verwendung die entsprechenden Personen nicht vom Stamm, sondern von *hepsi* gebildet, siehe Beispiel (1).

(1) *gelej̆iz* *biz* *hepsimiz* T3 168
komm:FUT-1PL wir alle:POSS1PL
•• 'Wir werden alle kommen.'

Hepsi in substantivischer Funktion kann im Gagausischen auch 'jeder' bedeuten, wohingegen im Türkeitürkischen hier *herkes* verwendet wird. Dieses Pronomen wird im Wörterbuch (Slovar' 519b) zwar aufgeführt, kommt in unseren Materialien aber nicht vor. In der Bedeutung 'jeder' findet sich regelmäßig *hepsi*, siehe Beispiel (2).

(2) *hepsinä* *hatïr* *güdärdilär* T2 149
jeder:DAT Achtung erweis:AOR-VERGKOP-3PL
•• 'Jedem erwiesen sie Achtung.'

In Moškovs Materialien findet sich hier auch in der Regel *hepsi*, selten ist aber auch *herkes* anzutreffen.

Daneben wird *hepsi* im Gagausischen auch attributiv verwendet, siehe Beispiel (3). Das adjektivische Pronomen *bütün*, daß im Türkeitürkischen sowohl in der Bedeutung 'ganz' als auch 'alle' verwendet wird, wird im Gagausischen ausschließlich in der Bedeutung 'ganz' gebraucht. Für 'alle' in attributiver Position findet sich hier ausschließlich *hepsi*, vgl. die Beispiele (3) und (4).

(3) *hepsi* *dillär* *bana* *kolay* *verilir* T7 102
alle Sprache:PL ich:DAT leicht geb:PASS-AOR3
•• 'Mir werden alle Sprachen leicht gegeben.'

(4) *bütün* *Kišinyovu* *bilir* T3 256
ganz K.:AKK kenn:AOR3
•• 'Er kennt ganz Kišinev.'

32 Mit zugrundeliegender doppelter Possessivmarkierung < *hep-i-si*, siehe Lewis 1985: 75.

Während im Türkeitürkischen attributives *bütün* nicht von seinem Bezugswort getrennt ist und immer präpositiv zu ihm steht,[33] kann *hepsi* von seinem Bezugswort getrennt sein, siehe Beispiel (5).

(5) *hepsi kaldï išlär gēri* T3 219
alle bleib:PRÄT3 Arbeit:PL zurück
•• 'Alle Arbeiten sind hintan geblieben.'

Steht das Pronomen attributiv zu einem Bezugswort, das direktes Objekt des Satzes ist, so kongruiert das Pronomen mit ihm im Kasus. Diese für die türkische Sprachstruktur gänzlich ungewöhnliche Konstruktion findet sich sowohl in Schriftsprache als auch in der gesprochenen Sprache, siehe die Beispiele (6) und (7) aus der gesprochenen Sprache, sowie (8) aus der Schriftsprache.

(6) *burda rus izin vermiš hepsini ušaklarï ööretmää* T7 144
hier Russe Befehl geb:PERF3 alle:AKK Kind:PL-AKK lehr:VN
•• 'Hier haben die Russen den Befehl erteilt, alle Kinder zu unterrichten.'

(7) *bän senin hepsini iiliklerini hem dä kötü taraflarïnï*
ich du:GEN alle:AKK Güte:PL-POSS3-AKK und PTKL schlecht Seite:PL-POSS3-AKK
bän koydum kantara T5 47
ich leg:PRÄT-1SG Waage:DAT
•• 'Ich habe alle deine guten Eigenschaften und deine schlechten Seiten auf die Waage gelegt.'

(8) hepsini bunnarï bän yapardïm DK 38
alle:AKK dies:PL-AKK ich mach:AOR-VERGKOP-1SG
'Alle diese habe ich gemacht.'

Die Tatsache, daß *hepsi* im Gagausischen sowohl substantivisch als auch adjektivisch verwendet werden kann, stellt u.E. eine Kopie der kombinatorischen Eigenschaften des russischen Pronomens *ves'* 'all, sämtlich' dar, das sowohl adjektivisch als auch substantivisch gebraucht werden kann. Dabei mag auch eine Rolle gespielt haben, daß im Gagausischen eine ähnliche semantische Beziehung zwischen dem Adverb *hep* und dem Pronomen *hepsi*, wie zwischen dem Pronomen *ves'* und dem Adverb *vse* 'immer, fortwährend' besteht. *Hepsi* wird als äquivalent mit *ves'* betrachtet und kann infolgedessen auch als attributiver Quantifikator verwendet werden. Einen weiteren, für die Struktur des Türkischen bemerkenswerten Schritt stellt die Möglichkeit der Kongruenz von *hepsi* mit seinem Bezugswort, zumindest in Nominalphrasen in der Position des direkten Objekts, dar. Wie sein Funktionsäquivalent im Russichen kann es in attributi-

33 Einen anderen Fall stellen Genitivkonstruktionen mit *bütün* und *hepsi* als Bezugswort dar, sie werden hier nicht behandelt.

ver Position für Kasus markiert werden. Die Möglichkeit zur Kongruenzmarkierung für Kasus an attributiven Einheiten besteht im Gagausischen ausschließlich bei *hepsi*, alle anderen attributen Elemente kongruieren nicht.[34] Die Kopie der kombinatorischen Eigenschaften des russischen Pronomens *ves'* auf das gagausische Pronomen *hepsi* bedingt auch einen signifikanten Rückgang der Frequenz des unveränderlichen attributiven Quantifikators *bütün* sowie des Pronomens *herkes*.

2.1.4 Wortstellungsmuster im Gagausischen

In nahezu allen Werken zum Gagausischen wird zur Syntax und insbesondere zur Wortstellung vermerkt, daß das Gagausische slawische Wortstellung habe. Betrachtet man sich die Texte sowohl der gesprochenen Sprache als auch der Schriftsprache, so fällt gleich der große Unterschied zu der Wortstellung im Türkeitürkischen auf. Obwohl das Türkeitürkische keineswegs eine solch strikte SOV-Wortstellung hat, wie das von Greenberg 1963 postuliert wird, so ist doch die neutrale Wortstellung des Türkeitürkischen SOV, während Umstellungen dieses Musters pragmatischen Zwecken, etwa der Thematisierung oder Fokussierung u.a. dient, siehe hierzu Johanson 1977, Erdal 1999. Im Gagausischen läßt sich hingegen im neutralen Aussagesatz eine Bevorzugung der Stellung [S]VO feststellen, siehe etwa Beispiel (1) .

(1) */.../büük batümüz olan almïš yakmïš kibridi*
groß Bruder:POSS1PL HV:PART nehm:PERF3 zünd:PERF3 Streichholz:AKK
da dayer öbür batünün dayer buduna gänä T1 42
PTKL drück:PRÄS3 andere Bruder:GEN drück:PRÄS3 Bein:POSS3-DAT wieder
•• '/.../ hat unser großer Bruder ein Streichholz genommen und angezündet und hält es wieder an das Bein unseres anderen Bruders.'

Es sei an dieser Stelle ausdrücklich darauf hingwiesen, daß es sich in diesem Beispiel um die neutrale Wortstellung handelt. Dieselbe Wortstellung ist grundsätzlich auch im Türkeitürkischen möglich; es ergeben sich dort aber Unterschiede in der Bedeutung in Bezug auf den gleichen Satz mit der neutralen Wortstellung SOV. So ist beispielsweise das direkte Objekt *kibridi* im ersten Satz des Beispiels Rhema des Satzes, das im Türkeitürkischen in der Position unmittelbar vor dem Prädikat stehen müßte.

Die neutrale Wortstellung [S]VO im Gagausischen deckt sich mit dem Befund in den slawischen Sprachen, deren Wortstellung im allgemeinen als recht "frei", mit einer bevorzugten Stellung des Objekts nach dem Prä-

34 Möglicherweise könnte aber die oben beschriebene Konstruktion mit doppelter Markierung mit Possessivsuffix sowohl am Partizip als auch am Bezugswort als Kongruenzphänomen aufgefaßt werden.

dikat im neutralen Aussagesatz, bezeichnet wird, siehe etwa Comrie 1984: 10 f. und Timberlake 1993 für das Russische und und Scatton 1993 für das Bulgarische.

Im Gegensatz zu den Wortstellungsregeln der einzelnen Satzglieder im Satz ist die Wortstellung innerhalb der einzelnen Satzglieder im Türkeitürkischen und auch in den meisten anderen Türksprachen allerdings recht strikt und folgt der rectum-regens-Struktur, d.h. modifizierende Elemente gehen ihrem jeweilgen Bezugswort voraus, siehe Johanson 1974.

Im Gagausischen lassen sich nun sowohl innerhalb von Satzkonstituenten als auch innerhalb von Nebensätzen Abweichungen von der strikten rectum-regens-Struktur beobachten. Die Stellung von infiniten Nebensätzen selbst weist ebenfalls Abweichungen von der rectum-regens-Struktur auf.

2.1.4.1 WORTSTELLUNG INNERHALB VON SATZGLIEDERN

Im Gegensatz zum Türkeitürkischen lassen sich im Gagausischen Abweichungen von der strikten rectum-regens-Struktur auch innerhalb von Satzgliedern beobachten. Dies trifft allerdings nur für einige Muster zu, in denen Russisch und Bulgarisch eine vom türkischen Muster abweichende Wortstellung aufweisen. So steht etwa im Gagausischen das attributive Adjektiv, wie im Türkeitürkischen, in der Regel präpositiv. Adverbiale Adjektive hingegen können sowohl prä- als auch postpositiv stehen.

2.1.4.1.1 POSSESSIVKONSTRUKTIONEN

In Possessivkonstruktionen steht gemäß der türkischen rectum-regens-Struktur das Genitivattribut präpositiv zu seinem Basissegment, das mit Possessivsuffix markiert ist. Eine invertierte Wortstellung ist möglich, wenn entweder das Genitivattribut oder die ganze Konstruktion in postprädikativer Position steht, siehe Erdal 1999.

In unserem Material finden sich aber auch Fälle, die, wie in Beispiel (1) eine invertierte Wortstellung aufweisen, obwohl die ganze Possessivkonstruktion präprädikativ steht. Die Möglichkeit der invertierten Wortstellung in präprädikativer Position stellt eine Kopie der kombinatorischen Eigenschaften der slawischen Vorlagen dar, die die Wortstellung (unmarkiertes) Nomen - Genitivattribut aufweisen. Interessant ist jedoch in Beispiel (1), daß es sich bei dem vorangestellten Bezugswort *altïnda* um eine sekundäre, aus einem Nomen (< *alt* 'Unterseite') entstandene Postposition handelt.

(1) *yesap alerlar ani altïnda mašïnanïn asïlï bu yavru kaldï* T1 173
begreif:PRÄS-3PL ani Unterseite:POSS3-LOK Auto:GEN angehängt DEM Kind bleib:PRÄT3
•• 'Sie begreifen, daß dieses Kind unter dem Auto hängen geblieben ist.'

Relativ häufig tritt die invertierte Wortstellung in Possessivkonstruktionen auf, in denen das Genitivattribut ein Pronomen ist, wie in Beispiel (2). In diesen Fällen ist die neutrale Wortstellung im Bulgarischen und im Russischen Poss.Pron + N. Aus pragmatischen Gründen etwa zur Fokussierung oder Thematisierung aber kann das Bezugswort vorangestellt werden. In allen in unserem Corpus vorkommenden Fällen, in denen das pronominale Genitivattribut dem Bezugsnomen folgt, ergibt sich u.E. eine sehr starke Fokussierung des vorangestellte Bezugsnomen.

(2) *köpeǰii onun olaǰam annadïn mï* TX
Hund:DIM-POSS3 er:GEN werden:FUT-1SG versteh:RÄT-2SG Q
•• 'Sein Hündchen werde ich sein, verstehst du?'

Auch in der Schriftsprache sind vereinzelt Fälle von invertierter Wortstellung mit pronominalem Genitivattribut aufzufinden, siehe Beispiel (3). Auch hier handelt es sich u.E. um eine pragmatische Variante, die der Fokussierung dient.

(3) Baǰaklarï onun benzärdilär tauk baǰaklarïna. SB 39
Bein:PL-POSS3 er:GEN ähnel:AOR-VERGKOP-3PL Huhn Bein:PL-POSS3-DAT
'Seine Beine ähnelten Hühnerbeinen.'

Es sei an dieser Stelle darauf hingewiesen, daß die Markierung des Bezugswortes mit Possessivsuffix im Gagausischen obligatorisch ist. Die von Pokrovskaja 1964: 115 aufgeführten Beispiele für "freistehende" Genitivattribute im Gagausischen weisen u. E. nicht auf den "slawischen Charakter" des Gagausischen hin. Vielmehr handelt es sich bei den von ihr aufgeführten Beispielen genau um solche Fälle, in denen im Türkeitürkischen ebenfalls "freistehende" Genitive verwendet werden, siehe hierzu Tietze 1958. Im Karaimischen hingegen finden sich auch unmarkierte Bezugsnomina in Possessivkonstruktionen, siehe Csató im Druck.

Insgesamt ist die invertierte Wortstellung Nomen + Genitivattribut gegenüber der nicht-invertierten im Gagausischen recht selten anzutreffen. Ihr Vorkommen ist auch beschränkt auf den Sprachgebrauch der jüngeren Generation, die über eine hohe Russischkompetenz verfügt. Die Umkehrung der Reihenfolge der Elemente Genitivattribut und Bezugsnomen unabhängig davon, ob die Possessivkonstruktion vor oder nach dem Prädikat steht, stellt, wie gesagt, eine Kopie des slawischen Wortstellungsmusters in Possessivkonstruktionen dar. Diese Kopie weist allerdings kein so hohes Maß an Konventionalisierung auf wie im Karaimischen, in dem dieses

Wortstellungsmuster das dominierende Muster ist, und die genuin türkische Reihenfolge eine Variante dazu darstellt, siehe Csató im Druck.

2.1.4.1.2 Die negative Kopula *deil/diil*

Die negative Kopula *deil/diil* (ttü. *değil*) kann im gesprochenen Gagausischen sowohl prä- als auch postpositiv zu dem negierten Element stehen. Die Feststellung von Pokrovskaja 1964: 283, *diil* stehe im Gagausischen ausschließlich präpositiv, deckt sich nicht mit unseren Materialien. Die präpositive Stellung ist allerdings sowohl in unserem Material die weitaus frequentere, als auch in der Schriftsprache, in der sie fast ausschließlich präpositiv steht. Wie an den Beispielen (1) und (2) zu erkennen ist, verhält sie sich im allgemeinen, bis auf die Wortstellung, wie die Türkeitürkische negative Kopula *değil*; sie nimmt sowohl aspekto-temporale Markierungen als auch Personalsuffixe an. Die Veränderung in der Wortfolge stellt nichtsdestoweniger eine Kopie der Wortstellungsmuster des Russischen dar, in dem in den entsprechenden Konstruktionen die präpositive Negationspartikel *ne* verwendet wird, vergleiche etwa die russische Übersetzung von Beispiel (2).

(1) *o vakït her bir šey deildi paalï* T2 21
DEM Zeit jede eine Sache nicht:VERGKOP teuer
•• 'Damals war nicht jede Sache teuer.'

(2) *deiliz musulman* T6 78 russ.: my ne musul'mane
nicht:1PL Muslim — wir nicht Muslim:PL
•• 'Wir sind keine Muslime.'

Die Beispiele (3) und (4) zeigen, daß *deil/diil* in der gesprochenen Sprache auch, wie im Türkeitürkischen üblich, postpositiv zu dem negierten Element stehen kann.

(3) *te bu ičerdän taa büük deil* T2 119
DEM DEM Zimmer:ABL noch groß ist nicht
•• 'Es ist nicht größer als dieses Zimmer.'

(4) *sulan dost deil* T1 378
Wasser:mit Freund ist nicht
•• 'Er ist kein Freund von Wasser.'

Während diese Wortstellung in unseren Materialien bei fast allen Informanten als Alternative zur präpositiven Stellung vorkommt, ist sie in der Schriftsprache äußerst selten.

Es finden sich aber auch Beispiele, in denen die kombinatorischen Eigenschaften der negativen Kopula *deil/diil* genau der Eigenschaften der Negationspartikel *ne* des Russischen entsprechen. So stammt das u.a. Beispiel (5) von demselben Informanten, von dem Beispiel (2) stammt. Hier entspricht sowohl die Reihenfolge der Elemente, als auch die Verwendung des Personalpronomens anstelle des Possessivsuffixes an der Kopula genau der russischen Konstruktion (siehe unter Beispiel (2)). Der einzige Unterschied besteht in der Kongruenz zwischen Subjekt und Prädikat in Bezug auf Numerus.

(5) *biz deil musulman* T6 80
wir nicht Muslim
•• 'Wir sind keine Muslime.'

Dieselbe Wortstellung findet sich auch regelmäßig zur Negation nominaler Prädikate wie *lāzïm* 'es ist nötig' > *deil lāzïm* 'es ist nicht nötig, unnötig' oder *belli* 'es ist klar' > *deil belli* 'es ist nicht klar, unnötig'. In solchen Fällen steht das Negationselement *deil/diil* auch in der gesprochenen Sprache ausschließlich präpositiv zum nominalen Prädikat.

Im Unterschied allerdings zu der slawischen Partikel *ne* nimmt gagausisches *diil* Personalmarkierungen und Kopulapartikeln an; es handelt sich somit nicht, wie Pokrovskaja 1964: 283 meint, um eine Partikel. In der Verwendung als negative Kopula hat sich nur die Wortstellung geändert. Dabei mag es eine Rolle gespielt haben, daß eine präpositive Stellung von *değil* im Türkeitürkischen grundsätzlich möglich ist. Diese Möglichkeit wird dort allerdings ausschließlich zur Kontrastierung zweier Satzteile verwendet (siehe Gencan 1975: 319, Lewis 1985: 104-105). Diese Verwendung findet sich auch im Gagausischen, interessant ist hierbei allerdings, daß, im Gegensatz zum Türkeitürkischen, hier der in Kontrast gestellte Nachsatz meist mit *ama* 'aber, sondern' eingeleitet wird, wie in Beispiel (6) und (7).

(6) *bän te šindi aldïm diil bir ruba ama üč ruba aldïm* T3 79
ich DEM jetzt kauf:PRÄT-1SG nicht ein Kleid sondern drei Kleid kauf:PRÄT-1SG
•• 'Ich habe jetzt nicht ein Kleid, sondern drei Kleider gekauft.'

(7) *diil kafasïnï kesmää ama yarïda kesmää teknii /.../* TX
nicht Kopf:POSS3-AKK schneid:VN sondern Hälfte:LOK schneid:VN Technik:POSS3
•• 'Die Technik, nicht [einfach] den Kopf abzuschneiden, sondern in der Hälfte zu schneiden /.../.'

Daneben findet sich *diil*, wie das Beispiel (8) aus unserer Datensammlung zeigt, aber auch in Verwendungen, die neben der abweichenden Wortstellung eine größere Nähe zur slawischen Negationspartikel aufweisen, zur Negation von Adjektiven und Adverben. Bereits Doerfer 1959: 269 führt die Bildungen *diil čoktan* 'seit nicht langem, seit kurzem' und *diil dooru* 'nicht richtig, unrichtig' auf, deren Verwendung sehr frequent ist.

(8) *varmïš /.../ mongoloid da aralarïnda varmïs*
es gibt:INFKOP3 mongoloid PTKL zwischen:POSS3PL es gibt:INFKOP3
diil mongoloid TX
nicht mongoloid
•• 'Es gab /.../ Mongoloide, aber unter ihnen gab es auch nicht-Mongoloide.'

Ttü.: aralarında mongolik olmayan varmış.

2.1.4.1.3 Adverbien und adverbiale Adjektive

Während Determinatoren, Quantifikatoren und attributive Adjektive im Gagausischen in der Regel dieselbe regelmäßige präpositive Stellung zu ihrem Bezugsnomen aufweisen wie im Türkeitürkischen, zeigt sich bei Adverbien und Adjektiven, die ein verbales Prädikat modifizieren, eine größerer Freiheit in der Wortstellung. So kann das adverbiale Adjektiv sowohl vor als auch nach dem zu modifizierenden Prädikat stehen. Diese Wortstellung stellt eine Kopie der Wortstellungsregeln des Bulgarischen und Russischen dar, in denen das Prädikat modifizierende Einheiten normalerweise nach diesem stehen. Eine solche Wortstellung zeigt etwa Beispiel (1), hierbei ist allerdings zu beachten, daß es sich um ein aus dem Russischen globalkopiertes Adjektiv (⇐ russ. *spokójno*) handelt, so daß nicht ausgeschlossen ist, daß die kombinatorischen Eigenschaften der Stellung des adverbialen Adjektivs im gagausischen System beibehalten sind.

(1) *da šindi taner inek ani X. ona vurer da*
und jetzt kenn:PRÄS3 Kuh ani X. sie:DAT schlag:RÄS3 PTKL
nestetmer oturer spokolno T3 110
Dings mach:NEG-PRÄS3 sitz:PRÄS3 still
•• 'Und jetzt weiß die Kuh, daß X. sie schlägt und sie macht kein Dings, sie steht [wrtl. sitzt] still.'

Es finden sich neben globalkopierten Adjektiven, die dem durch sie modifizierten Prädikat folgen, aber auch genuin türkische Einheiten, die dem Prädikat, das sie modifizieren, folgen, wie etwa *gēri* in dem u.a. Beispiel (2).

(2) */.../ biz onu geldii gibi gēri Kišinyova biz onu alaǰiz /.../* T2 231
wir es:AKK komm:KONV zurück K.:DAT wir es:AKK nehm:FUT-1PL
•• '/.../ wir nehmen es, sobald wir nach Kišinov zurück kommen, nehmen wir es /.../.'

Es handelt sich allerdings bei der Nachstellung von Adverbien um eine Wortstellungsmöglichkeit, die genuin türkische Wortstellung vor dem zu modifizierenden Verb ist ebenfalls sehr häufig anzutreffen.

2.1.4.1.4 Wortstellung in Gerundialsätzen

In eingebetteten infiniten Nebensätzen ist die Wortstellung in den Türksprachen im Prinzip dieselbe wie im einfachen finiten Hauptsatz, d.h. es bestehen keine vom Hauptsatz abweichende Wortstellungsregeln wie etwa in Nebensätzen des Deutschen. Im Unterschied allerdings zu Hauptsätzen ist die Wortstellung in infiniten Sätzen wesentlich starrer, d.h. die Verschiebung von Elementen aus pragmatischen Gründen ist in diesen stärker eingeschränkt.

So ist in der Regel im Türkeitürkischen die Verschiebung bestimmter Elemente in die Position nach dem Prädikat im finiten Satz möglich und, zumindest in der gesprochenen Sprache, auch durchaus häufig anzutreffen, siehe Erdal 1999. Im infinten Satz dagegen ist dies selten zu beobachten. Darüber hinaus ist auch die Stellung des infiniten Satzes zu seinem Basissegment durch die rectum-regens-Struktur des Türkischen auf die Position vor dem Basisprädikat festgelegt, siehe Johanson 1995: 316.

In gagausischen Gerundialsätzen, die, wie im Türkeitürkischen, auf verschiedenen Konverben basieren, läßt sich jedoch eine wesentlich freiere Wortstellung beobachten. So finden sich, wie in Beispiel (1), Elemente des eingebetten Satzes nach seinem Prädikat. Besonders häufig finden sich dabei Direktivangaben, wie in Beispiel (1) in der Position nach dem Prädikat, aber auch direkte Objekte können nach dem Prädikat stehen.

(1) *ey bän herzaman gidip ašaa ičerim birer stakan su* T1 332
INT ich jedesmal geh:KONV unten:DAT trink:PRÄS-1SG je ein Glas Wasser
•• ‘Na, jedesmal wenn ich nach unten gehe, trinke ich [soviel wie] ein Glas Wasser.’

Die Beispiele (2) und (3) zeigen darüber hinaus, daß auch die ganze eingebettete Prädikation nach ihrer Basisprädikation stehen kann. Dies ist besonders häufig bei *-(y)Ip*-basierten Prädikationen der Fall. Beispiel (3) zeigt außerdem eine eigenartige Verdrehung der Reihenfolge der Ereignisse. Möglicherweise spielt hierbei auch eine Rolle, daß die untergeordnete Prädikation praktisch nur aus einem Prädikat besteht und sich hier eine starke modifizierende Funktion des untergeordneten Verbs in Bezug auf das Basisprädikat ergibt.

(2) *o anǰak anǰak köpek gibi üüzärdi öle mekleyip ta* T1 335
er nur nur Hund wie schwimm:AOR-VERGKOP3 so strampel:-KONV PTKL
•• ‘Er schwamm nur gerade so wie ein Hund, so strampelnd.’

(3) *čizmälär yaš oler ïslanïp* /.../ T6 153
Stiefel:PL feucht werd:PRÄS3 naß werd:KONV
•• 'Die Stiefel werden naß und [dadurch] feucht /.../.'

Bei diesen gagausischen Konstruktionen mit nachgestelltem Gerundium könnte es sich um eine Kopie der kombinatorischen Eigenschaften solcher Gerundialkonstruktionen des Russischen handeln, die eine starke Modifizierung des Hauptverbs beinhalten. Solche Gerundialkonstruktionen sind im Russischen immer dem Hauptverb nachgestellt, siehe Weiss 1995: 242 und 250 f.

Die hier anhand von Beispielen aus der gesprochenen Sprache aufgezeigten Abweichungen in der Wortstellung auch innerhalb von eingebetten Sätzen von der türkischen rectum-regens-Struktur gelten im selben Maße auch für die Schriftsprache.

2.1.5 Analytisch gebildete modale Konstruktionen

Im folgenden sollen die modalen Konstruktionen zum Ausdruck von 'wollen', 'müssen' und 'können' im Gagausischen besprochen werden. Generell werden modale Bedeutungen im Türkischen zum Teil mit synthetischen Mitteln wie etwa dem Futur- und Aoristsuffix, dem Nezessitativ, dem vokalischen Gerundium des lexikalischen Verbs + einem Hilfsverb, etwa *bil-* 'wissen' oder *al-* 'nehmen', oder aber durch analytische Bildungen mit nominalen oder verbalen Prädikaten und infinitem lexikalischen Verb ausgedrückt. In den slawischen Sprachen hingegen werden die o.g. modalen Bedeutungen generell mittels verschiedener Hilfsverben ausgedrückt.

Im Gagausischen ist allen diesen Konstruktionen eigen, daß sie sich unter dem Einfluß des B-Kodes mehr oder weniger stark von den typisch türkischen Konstruktionen entfernt haben. Dabei unterscheiden sich die Konstruktionen für 'wollen' und 'müssen' hauptsächlich in ihrer Frequenz und ihrer Wortstellung von den entsprechenden türkeitürkischen Konstruktionen. Für 'können' jedoch findet sich neben der synthetischen türkischen Konstruktion mit vokalischem Gerundium + *bil-* 'wissen' eine zusätzliche, durch Teilstrukturkopieren entstandene, analytische Konstruktion. Unter dem Einfluß dieser kopierten Konstruktion hat sich auch die Frequenz der synthetischen Konstruktionen nach türkischem Muster verändert.

Für das Gagausische wird oft behauptet, daß es unter dem Einfluß des Bulgarischen alle oder einen Großteil der Infinitivkonstruktionen verloren habe, ja daß es, zumindest in funktionaler Hinsicht keinen Infinitiv mehr besitze, vgl. Hetzer 1983. Pokrovskaja 1978: 91 ff. spricht von einer Verdrängung der nomina actionis auf *-mAk* in Infinitvkonstruktionen zugunsten der nach dem bulgarischen Modell Modalwort + *da*-Konstruktion kopierten Konstruktion mit dem lexikalischen Verb im Optativ. Tatsächlich sind verbalsubstantivische Formen auf *-mAk* selten und hauptsächlich nicht-prädikativ verwendet. Allerdings finden sich entgegen der Behauptung Hetzers 1983: 28, es handele sich um reine Nomina, Fälle wie Beispiel (1). Hier hat das Prädikat *gitmäk* 'gehen' sowohl ein eigenes, genitivmarkiertes Subjekt als auch ein Objekt, also seine prädikative Potenz behalten.

(1) Da hepsimiz susarak aaladïk Vozkanïn gitmesini baška
und alle:1PL schweig:KONV wein:PRÄT-1PL Vozka:GEN geh:VN-POSS3-AKK anders
dünneyä. AD 6, 13
Welt:DAT
'Und wir alle weinten schweigend darüber, daß Vozka in eine andere Welt gegangen war.'

Zugegebenermaßen sind solche Beispiele rar. Allerdings gebraucht auch Gagausisch nicht ausschließlich Hilfsverben und Optativformen des lexikalischen Verbs in modalen Konstruktionen, sondern verwendet sogar recht häufig das Verbalnomen auf *-mAA,* entstanden aus *-mAk* + Dativ (Pokrovskaja 1964: 162) in Fällen, in denen das Türkeitürkische das Verbalnomen auf *-mAk* zur Bildung von Komplementsätzen mit Erstaktantengleichheit verwendet.[35]

2.1.5.1 WOLLEN

Zum Ausdruck von 'wollen' wird im Gagausischen, wie in den anderen oghusischen Sprachen, das Hilfsverb *istemää* 'wollen' verwendet. Das lexikalische Verb steht in dieser Konstruktion entweder im Verbalnomen auf *-mAA* oder im Optativ.

2.1.5.1.1 ERSTAKTANTENGLEICHHEIT

Innerhalb unserer Datensammlung wie auch in den Materialien von Moškov und der Schriftsprache findet sich für den Ausdruck des Wollens bei referentieller Identität der Erstaktanten des modalen Hilfsverbs und des lexikalischen Verbs in der Regel Infinitivkonstruktionen mit flektiertem Hilfsverb und lexikalischem Verb im Verbalnomen auf *-mAA*. In der Re-

35 Das Muster Verbalnomen + Dativ in untergeordneten Prädikaten in modalen und finalen Konstruktionen findet sich auch in zahlreichen anderen Türksprachen, beispielsweise denen der kiptschakischen Gruppe. Hier ist es in der Regel das Verbalnomen auf *-°r*.

gel ist diese Konstruktion rechtsverzweigend, sie entspricht somit sowohl was die Reihenfolge der Elemente als auch den Gebrauch des Verbalnomens betrifft, genau der russischen Konstruktion zum Ausdruck von modalem 'wollen' mit Infinitiv, siehe hierzu Beispiel (1) und seine russische Entsprechung:

(1) */.../ bir iš isterim sormaa* TX
eine Sache woll:PRÄS-1SG frag:VN
•• '/.../ etwas möchte ich fragen.'
kogo-čto choču sprosit'[36]

Die entsprechende Konstruktion im Türkeitürkischen unterscheidet sich von der gagausischen Konstruktion dadurch, daß die Reihenfolge entsprechend der typisch türkischen Syntax regelmäßig linksverzweigend ist, die türkeitürkische Entsprechung von Beispiel (1) lautet demgemäß *bir şey sormak istiyorum.* In dieser Konstruktion mit Infinitiv ist im Türkeitürkischen eine Inversion der Elemente nicht möglich. Im Gagausischen finden sich jedoch auch Konstruktionen mit einer linksverzweigenden Satzstellung, siehe etwa Beispiel (2). Diese Wortstellung ist allerdings gegenüber der rechtsverzweigenden als marginal zu betrachten.

(2) *o uyumaa istir pek* TX
sie schlaf:VN woll:AOR3 sehr
•• 'Sie möchte gerne schlafen.'

Ein weiterer Unterschied liegt aber auch darin, daß im Gagausischen Komplemente und Angaben des untergeordneten lexikalischen Verbs unabhängig davon, ob es nach- oder voransteht, zwischen unter- und übergeordnetes Verb treten können (siehe Beispiel (3) und (4)), was in der linksverzweigenden Konstruktion des Türkeitürkischen nicht möglich ist, da alle Erweiterungen des untergeordneten Verbs gemäß der rectum-regens-Struktur präpositiv stehen müssen und somit keine Konstituente zwischen die beiden Elemente der modalen Konstruktion treten kann.

(3) *ister bolnicaya gitmää* T3 266
woll:PRÄS3 Krankenhaus:DAT geh:VN
•• 'Sie will ins Krankenhaus gehen.'

36 In diesem konstruierten russischen Beispiel wurde die (auch im Russischen mögliche) Wortstellung des gagausischen Beispiels nachgeahmt, die neutrale Wortfolge ist : *ja choču čto-to sprosit'* (ich wollen:PRÄS1SG etwas fragen:INF).

(4) *kesmää bän onu bu sïrada istemedim* T3 176
schlacht:VN ich er:AKK diese Feier:LOK woll:NEG-PRÄT-1SG
•• 'Ich wollte ihn bei dieser Feierlichkeit nicht schlachten.'

Ttü: *Kesmek ben onu bu eğlencede istemedim.

In Beispiel (3) ist das Komplement zu *gitmää* in die Fokusposition unmittelbar vor dem Verb gerückt. Sowohl im Türkeitürkischen als auch im Bulgarischen dient die präverbale Stellung der Fokussierung, siehe Rudin 1986: 20 und Johanson 1977 für das Türkische.

In dem unten angeführten Beispiel (5) ist die normale Reihenfolge Modalverb - lexikalisches Verb gegeben, aber das Objekt des lexikalischen Verbs ist als Thema vorangestellt und daher aus der gesamten Konstruktion extraponiert. Dadurch ergibt sich, da es sich um das Basissegment einer Genitivverbindung handelt, eine invertierte Reihenfolge Bezugswort - Genitivattribut.

(5) *bän kötülüünü istermerim senin sölemää* T5 49
ich Schlechtigkeit:POSS3-AKK woll:NEG-PRÄS-1SG du:GEN sag:VN
•• 'Deine schlechten Eigenschaften möchte ich nicht sagen.'

Neben der Konstruktion mit Infinitiv besteht im Gagausischen auch die Möglichkeit, daß bei referentieller Identität der Erstaktanten das lexikalische Verb im Optativ steht, siehe Beispiel (6). Bei ein und demselben Informanten finden sich manchmal beide Konstruktionsmöglichkeiten, ohne daß sich ein Bedeutungsunterschied ergibt (siehe Text 6 und 7 im Anhang).

(6) *Isterim öleyim ama dir diri mezara girilmir.* TX
woll:PRÄS-1SG sterb:OPT-1SG aber sag:PRÄS3 lebendig Grab hineingeh:NEG-AOR
•• 'Ich möchte sterben, aber, sagt er, man kann nicht lebend ins Grab steigen.'

Sowohl in der Schriftsprache als auch in Moškovs und unseren Materialien ist diese Konstruktion allerdings, verglichen mit der Infinitivkonstruktion, von sehr geringer Frequenz, so daß wir im Gegensatz zu Pokrovskaja 1978: 91 ff. davon ausgehen, daß die Konstruktion mit Infinitiv bei Erstaktantengleichheit die Hauptrangige und diejenige mit Optativ eine Variante dazu darstellt. Pokrovskaja vergleicht die gagausische Konstruktion zum Ausdruck von 'wollen' mit ihren russischen und bulgarischen Äquivalenten und kommt zu dem Schluß, daß es sich bei der gagausischen Konstruktion um die Kopie des bulgarischen Musters handele. Im Unterschied zum Bulgarischen allerdings ist es im Gagausischen nicht nur möglich, sondern auch sehr frequent, das lexikalische Verb unflektiert im Infinitiv zu haben.

In den Texten von Zajączkowski 1966 finden sich sowohl die Konstruktion mit Infinitiv als auch die mit Optativ bei referentieller Identität der Erstaktanten mit etwa gleicher Häufigkeit, Beispiel (7) und (8). In der Regel ist die Konstruktion rechtsverzweigend, wobei bei der Infinitivkonstruktion auch linksverzweigende Konstruktionen, wie in Beispiel (9), vorkommen.

(7) *Isteyoruz čojūn ismini koyalïm.* Z 109
woll:PRÄS-1PL Junge:GEN Name:POSS3-AKK leg:OPT-1PL
'Wir wollen den Namen des Jungen festlegen.'

(8) *O čojuk o da istedi gitmee.* Z 126[37]
DEM Junge er auch woll:PRÄT3 gehen:VN
'Dieser Junge, er wollte auch gehen.'

(9) *Kurt čekeyo kačmaa istiyo /.../* Z 132
Wolf zieh:PRÄS3 fliehen:VN woll:PRÄS3
'Der Wolf zieht [an seinem Schwanz]; er will fliehen, /.../'

Das Muster Hilfsverb + lexikalisches Verb im Optativ bei Erstaktantengleichheit findet sich auch in anderen türkischen Varietäten Bulgariens und scheint dort die Konstruktion mit Infinitiv vollständig verdrängt zu haben, siehe Kakuk 1960, Németh 1965. Die vollständige Verdrängung des Infinitivs geht sicherlich auf den Einfluß des Bulgarischen zurück, das seinen Infinitiv fast vollständig verloren hat und in Konstruktionen mit modalen Hilfsverben *da*-Konstruktionen mit finitem Verb verwendet.[38] Möglicherweise ist hier die Wahl des Optativs als Markierung des untergeordneten Verbs dadurch entstanden, daß die Partikel *da* als Modalpartikel + Verb im Indikativ in absolutem Gebrauch optativische Bedeutung hat, siehe Lempp 1981: 48.

Wie man an den Texten von Zajączkowski 1966 sehen kann, hat die Konstruktion mit Optativ aber die Infinitivkonstruktion im Gagausischen nie vollständig verdrängt, die so unter dem Einfluß der russischen Kon-

37 Bei diesem Beispiel könnte es sich um eine Kopie des bulgarischen und/oder russischen Musters zur Topikalisierung von Satzkonstituenten handeln, in der das topikalisierte Element im Nominativ vorangestellt wird und in Form eines Pronomens im erforderlichen Kasus wieder aufgegriffen wird, siehe hierzu die Diskussion zur "Left Dislocation" im Bulgarischen in Rudin 1986: 33 ff. und "Strong Topicalization" im Russischen in Comrie 1980: 102 ff. Eine ganz ähnliche Strategie beschreibt Kıral 1997: 67 ff. für das Iranaserbaidschanische, das diese aus dem Neupersischen kopiert hat.

38 Im Aserbaidschanischen von Iran findet sich ebenfalls eine unter dem Einfluß des Neupersischen entstandene Konstruktion mit untergeordnetem Verb im Optativ, hier ist die Konstruktion mit Infinitiv ebenfalls vollständig aufgegeben worden, siehe Kıral 1997: 74-75.

struktion bei referentieller Identität der Erstaktanten Hilfsverb + lexikalisches Verb im Infinitiv im Gagausischen von Moldawien wieder erstarken konnte und die deutlich frequentere Konstruktion wurde.

2.1.5.1.2 ERSTAKTANTENVERSCHIEDENHEIT

Sind die Erstaktanten nicht referentiell identisch, so steht das untergeordnete lexikalische Verb in jedem Fall im Optativ. Die entsprechende türkeitürkische Konstruktion mit Verbalnomen auf *-mA* und Possessivsuffix als Subjektvertreter ist im Gagausischen vollkommen verschwunden.

Beispiele für verschiedene Erstaktanten, wie etwa (1) und (2), sind in unserem Corpus nicht sehr frequent, und sie sind alle rechtsverzweigend. Obwohl beide Prädikate in Beispiel (1) für die 3. Pl. markiert sind, besteht doch keine referentielle Identität der Erstaktanten, vielmehr ist der Erstaktant des Hilfsverb referentiell mit dem Zweitaktanten des lexikalischen Verbs identisch.

(1) *onnar istemišlär$_i$ sade onnarï$_i$ fronda yollamasïnnar* T7 218
sie woll:PERF-3PL nur sie:AKK Front:DAT schick:NEG-OPT-3PL
•• 'Sie wollten nur, daß man sie nicht an die Front schickt.'

(2) *Istemišlär$_i$ onnan$_i$ konušsun.* TX
woll:PERF-3PL sie:mit sprechen:OPT3
•• 'Sie wollten, daß sie mit ihnen spricht.'

Bei verschiedenen Erstaktanten kann auch im Türkeitürkischen die Konstruktion mit dem lexikalischen Verb im Optativ auftreten, etwa *gitsin istedim* [geh:OPT3 woll:PRÄT-1SG] 'ich wollte, daß er geht' oder auch rechtsverzweigend, etwa: *ben istemiyorum köy okuluna gitsin* [ich woll:PRÄS-1SG Dorf Schule:POSS3-DAT geh:OPT3] 'Ich will nicht, daß er in die Dorfschule geht.' Diese Konstruktion ist allerdings fast ausschließlich in der Umgangssprache anzutreffen und auch dort nicht annähernd so frequent wie im Gagausischen. Auch ist diese Konstruktion fast ausschließlich mit einer dritten Person als Erstaktanten des untergeordneten Prädikats anzutreffen. Ihr Vorhandensein aber kann die Übernahme der slawischen rechtsverzweigenden Wortstellung als die neutrale Wortstellung in dieser Konstruktion erleichtert haben.

2.1.5.1.3 *Istemää ki/ani*

Selten läßt sich die Verwendung der einleitenden Partikel *ki* oder *ani* in *iste*-Konstruktionen beobachten. Sie können sowohl bei referentieller Identität der Erstaktanten als auch bei verschiedenen Erstaktanten auftreten, vergleiche hierzu Beispiele (1) und (2). An Beispiel (1) läßt sich darüber hinaus der unterschiedliche Gebrauch der Negation in dieser Konstruktion demonstrieren. Nicht das 'Wollen' wird negiert, sondern die Handlung des lexikalischen Verb, vgl. hierzu den umgekehrten Fall in Beispiel (4) unter Punkt 2.1.5.1.1.

(1) *čoyu* *isterdilär*$_i$ *ani* *onnara*$_i$ *dokunmasïnnar* *baška* *bišey* T6 340-341
meiste woll:AOR-VERGKOP-3PL ani sie:DAT berühr:NEG-OPT-3PL anders nichts
•• 'Die meisten wollten [nur], daß sie sie nicht berühren, sonst nichts.'

(2) *istiyorum* *ki bu* *iš* *yapayïm* TX
woll:PRÄS-1SG ki DEM Sache mach:OPT-1SG
•• 'Ich möchte diese Sache machen.'

Solche mit *ki* eingeleiteten rechtsverzweigenden Konstruktionen sind ebenfalls im Türkeitürkischen anzutreffen. Sie stellen eine Teilstrukturkopie der neupersischen Vorlage im Türkeitürkischen dar. Ihre Frequenz ist jedoch im Türkeitürkischen, auch in der normalen Umgangssprache, sehr gering. Es könnte sich aber im Gagausischen auch um eine Teilstrukturkopie der russischen Hilfsverbkonstruktion bei Erstaktantenverschiedenheit handeln, in der das untergeordnete lexikalische Verb mit *čtoby* eingeleitet wird und finit ist.

2.1.5.1.4 Zusammenfassung

Es handelt sich also bei diesen modalen Konstruktionen, zumindest was das morphologische Inventar betrifft, um Muster, die schon im Türkeitürkischen angelegt sind. Allerdings ist die Wortstellung innerhalb der Konstruktion, nämlich hauptsächlich modales Verb - lexikalisches Verb, das Ergebnis einer Teilstrukturkopie des slawischen Wortstellungsmuster in modalen Konstruktionen. Auch ist unter dem Einfluß der Konstruktionen bei Erstaktantenverschiedenheit *iskam da* + finites Verb bzw. *chotet' čtoby* + finites Verb die Frequenz der gagausischen Konstruktion mit Optativ stark gestiegen und hat die türkische Konstruktion mit Verbalnomen + Subjektvertreter völlig verdrängt. Bemerkenswert ist der Unterschied zwischen dem Gagausischen von Bulgarien und Moldawien bei der Verwendung des Optativs bei Erstaktantengleichheit. Das fast vollständige Fehlen dieser Konstruktion im Gagausischen von Moldawien geht sicherlich auf den Einfluß des Russischen zurück. In allen türkischen Dialekten Bulgariens hingegen finden sich diese Optativkonstruktionen auch bei Erstaktantengleichheit, siehe etwa Németh 1965: 123, Kakuk 1960.

Nicht eindeutig beantworten läßt sich anhand unseres Materials die Frage, ob die links- oder rechtsverzweigende Möglichkeit der Wortstellung in *iste*-Konstruktionen im Gagausischen zur Markierung pragmatischer Unterschiede genutzt wird. Im Bulgarischen zumindest ist die invertierte Voranstellung von *da*-Sätzen als Komplement zu modalen Prädikaten generell möglich und dient dort der Fokussierung, siehe Rudin 1986: 25.

2.1.5.2 MÜSSEN

'Müssen' wird im Gagausischen entweder durch den Nezessitativ auf *-mAlI*, der nur eine geringe Frequenz aufweist, oder durch analytische Konstruktionen, meistens mit prädikativem *läazïm* 'man muß, es ist nötig' ausgedrückt.

2.1.5.2.1 *-mAlI*

Der synthetische Ausdruck für 'müssen' mittels der Nezessitativform auf *-mAlI* ist im Gagausischen nicht sehr frequent. Auch im Türkeitürkischen ist die Frequenz dieser Form nicht sehr hoch, jedoch signifikant höher als im Gagausischen. Pokrovskaja 1964: 214 gibt an, daß an den Nezessitativ keine Personalsuffixe treten können, sondern daß er analytisch mittels der Personalpronomina für Person markiert werde, also *bän gelmeli*, *sän gelmeli* usw. Weiterhin führt sie aus, daß dies schon am Ende des 19. Jahrhunderts so gewesen sei (Pokrovskaja 1964: 215). Sie führt als Beleg ein Beispiel von Moškov an. In den Daten von Moškov lassen sich allerdings auch Belege mit Personalsuffix finden, siehe Beispiel (1).

(1) *Da yollayïm bän taŭšamï, hazïrlasïn biraz yimää, zerem siz*
und schick:OPT-1SG ich Hase:AKK vorbereit:OPT3 etwas Essen:AKK denn ihr
āč olmalïysïnïz. M 112
hungrig sein:NEZ-2PL
'Und ich schicke mal den Hasen, damit er etwas Essen vorbereitet, denn ihr müßt hungrig sein.'

Unsere Informanten gaben auf Befragen den Nezessitativ mit Personalsuffixen an, d.h. *gelmeliyim* usw. In unserem Corpus findet sich diese Form nicht, auch in der Schriftsprache ist sie, bis auf die petrifizierte Form *olmalï* [sein-NEZ3] 'wahrscheinlich', sehr infrequent.

2.1.5.2.2 *läazïm* + UNTERGEORDNETES PRÄDIKAT

Die verbreitetste Konstruktion zum Ausdruck von 'müssen' ist die analytische Bildung mittels prädikativem *läazïm* 'es ist nötig'. Auch im Türkeitürkischen ist die *lâzım*-Konstruktion sehr frequent; das lexikalische Verb steht hier bei unpersönlicher Konstruktion im Infinitiv auf *-mAk*, persönliche Konstruktionen werden mittels des Verbalnomens auf *-mA* gebildet und mit den Possessivsuffixen als Subjektvertreter für Person markiert. Ein eventuelles Subjekt steht in der Regel im Genitiv, also *Ali'nin gitmesi lâzım* [Ali:GEN geh:VN-POSS3 es ist nötig] 'Ali muß gehen'. Die Konstruktion ist ausschließlich linksverzweigend.

Die entsprechenden russischen und bulgarischen Konstruktionen unterscheiden sich in einigen Punkten voneinander. So kongruiert das russische Modalwort *dolžen* mit dem Subjekt in Bezug auf Genus und Numerus, während bulgarisch *trjabva* unveränderlich ist. Im Russischen folgt auf *dolžen* der Infinitiv, im Bulgarischen steht das lexikalische Verb in einer *da*-Konstruktion, trägt also finite Formen, meist im Präsens.[39] Beiden Konstruktionen gemeinsam ist, daß sie rechtsverzweigend sind, und das Subjekt im Nominativ meist vor dem Modalwort steht. Aspekto-temporale Markierungen, die sich auf die gesamte Konstruktion beziehen, erfolgen am Modalwort.

Im Gagausischen steht das lexikalische Verb in unpersönlichen Konstruktionen im Infinitiv auf *-mAA*, siehe Beispiel (1). In persönlichen Konstruktionen steht das untergeordnete Verb meist im Optativ und die Konstruktion ist in der Regel rechtsverzweigend, d.h. das lexikalische Verb ist nachgestellt, siehe Beispiel (2). Ein eventuelles Subjekt steht im Nominativ, siehe Beispiele (3) bis (5). Vergleicht man die Beispiele der gesprochenen Sprache mit denen der Schriftsprache, so läßt sich feststellen, daß in der Schriftsprache eine größere Neigung dazu besteht, ein explizites, meist pronominales, Subjekt zu setzen.

(1) *onnar demiš: evä / yok išlämää lāzïm* T7 37-38
sie sag:PERF3 Haus:DAT / nein arbeit:VN es ist nötig
•• 'Sie sagten: "Nach Hause!" Nein, man muß arbeiten.'

(2) *X. dir ozaman laam koysunnar rengin da baksïnnar*[40] T3 37
X. sag:PRÄS3SG dann es ist nötig leg:OPT-3PL röntgen und schau:OPT-3PL
•• 'X. sagt: "Dann müssen sie sie röntgen und [nach]schauen."'

Es finden sich aber auch Beispiele für linksverzweigende Konstruktionen wie etwa Beispiel (3) bis (5). Beispiel (4) ist den Materialien Moškovs entnommen, hier findet sich noch, wenn auch selten, der Infinitiv auf *-mAk* in der Konstruktion mit *lāzïm*. Auch bei Moškov überwiegen ansonsten

39 Zu anderen möglichen aspekto-temporalen Formen des lexikalischen Verbs in der *da*-Konstruktion siehe Lempp 1981: 86 ff.

40 In der gesprochenen Sprache wird *lāzïm* häufig kontrahiert zu *laam*.

die rechtsverzweigenden Konstruktionen.[41] In dem schriftsprachlichen Beispiel (5) dient unserer Auffassung nach die Voranstellung von *yašasïn* der Hervorhebung des Kontrastes mit *unutmasïn*; die mögliche linksverzweigende Wortstellung dient also der Fokussierung.

(3) *ii baška adam ama o göstersin lāzïm ani baška adam* TX
gut anders Mann aber er zeig:OPT3 es ist nötig ani anders Mann
•• 'Gut, er ist ein anderer Mensch, aber er muß zeigen, daß er ein anderer Mensch ist.'

(4) */.../yöküzleri bakmak lāzïm* M 65
Ochse:PL-AKK hüt:VN es ist nötig
'Man muß die Ochsen hüten.'

(5) Yašasïn lääzïm insan, čalïššïn, ama Allayï da unutmasïn. SB 112
leb:OPT3SG es ist nötig Mensch arbeit:OPT3S aber Gott:AKK auch vergess:NEG-OPT3SG
'Leben muß der Mensch, arbeiten, aber Gott soll er auch nicht vergessen.'

Aspekto-temporale Markierungen in Form der Kopula *idi* oder des Hilfsverbs *ol-* treten an *lääzïm*, ebenso die Indirektivkopula *imiš*, siehe Beispiele (6) bis (8).[42] Beispiele für eine Markierung für Futur finden sich allerdings ausschließlich in der Schriftsprache. Dies mag in der gesprochenen Sprache ganz unterbleiben, da es sich ohnehin um eine hypothetische Handlung handelt. Interessant ist an den Beispielen (6) und (7) auch, daß das Subjekt der ganzen Konstruktion voransteht und eine Kongruenzmarkierung ausschließlich am lexikalischen Verb erfolgt.

(6) Sän lääzïm olağëk gidäsin bïrdan. SB 151
Du es ist nötig sein:FUT3 geh:OPT-2SG hier:ABL
'Du wirst von hier weggehen müssen.'

(7) *o lāzïmdï herzaman okusun* T6 284
er es ist nötig:VERGKOP jedesmal les:OPT3
•• 'Er mußte jedesmal ablesen.' < russ. on dolžen byl čitat'

(8) *lāzïmdï öle čïksïn ilkin güvä yalnïz čoğuklarlan* TX
es ist nötig:VERGKOP so herausgeh:OPT3 zuerst Bräutigam allein Junge:PL-mit
•• 'Er mußte so herauskommen, zuerst der Bräutigam allein [d.h. ohne die Braut] mit den Jungen.'

41 Neben dem Verbalnomen *-mAA* und dem Optativ findet sich auch der Infinitiv in rechtsverzweigenden Konstruktionen: *Onnarï lāzïmmïš yevermäk, ama yokmuš onnarïn zestreleri* M 26.

42 Vgl. dazu die Konstruktionen im Iranaserbaidschanischen, in der das Modalwort *gäräh* immer unverändert bleibt, die aspekto-temporale Markierung erfolgt am lexikalischen Verb (Kıral 1997: 78).

(9) /.../da demišlär, ani sän läązïmmïš nääni-sa gidäsin
/.../ und sag:PERF-3PL ani du es ist nötig:INFKOP irgendwohin geh:OPT-2SG
toplantïya. DK 225
Versammlung:DAT
'/.../und sie haben gesagt, daß du irgendwohin zur Versammlung gehen mußt.'

Die persönliche *läązïm*-Konstruktion stellt also eine genaue Kopic der Kombinationsmuster der bulgarischen Vorlage dar. Wie auch bei anderen oben beschriebenen modalen Konstruktionen, wird die kombinatorische Eigenschaft der *da*-Konstruktion auf den Optativ übertragen. Die unpersönliche Konstruktion hingegen entspricht dem Kombinationsmuster der russischen Vorlage *nužno* + Infinitiv.

Wie an den oben aufgeführten Beispielen zu sehen ist, treten in unserem Material zwischen *lāzïm* und das lexikalische Verb außer den aspektotemporalen Markierungen nur Adverbien. Auch in den von uns gesichteten schriftsprachlichen Materialien stehen Modalwort und lexikalisches Verb fast ausschließlich zusammen (vgl. aber Pokrovskaja 1978, 105). In der unpersönlichen Konstruktion mit Verbalnomen hingegen können auch Komplemente des untergeordneten Verb dazwischentreten, siehe hierzu Beispiel (10).

(10) *önǰedän lāzïm anama bobama sormaa* T7 312
zuerst es ist nötig Mutter:POSS1-DAT Vater:POSS1-DAT frag:VN
•• 'Zuerst ist es nötig, meine Eltern zu fragen.'

Hat die Konstruktion mit Infinitiv ein eigenes Subjekt, so steht dieses im Dativ, wie im unten aufgeführten Beispiel (11). Auf dieses Muster, bei dem es sich um eine Teilstrukturkopie der kombinatorischen Eigenschaften der russischen Vorlage mit dem Modalwort *nužno* handelt, sind wir allerdings ausschließlich in der Schriftsprache getroffen.

(11) Sana läązïm olaǰёk aaramaa eni konak SB 151
du:DAT es ist nötig werden:FUT3 such:VN neu Wohnung
'Du wirst dir eine neue Wohnung suchen müssen.'

Eine Negation der modalen Konstruktion erfolgt mittels der dem Modalwort vorangestellten negativen Kopula *diil*, siehe Beispiel (12). Eine, theoretisch mögliche Negation am lexikalischen Verb ist uns nicht begegnet. Auch im Türkeitürkischen werden *lâzım*-Konstruktionen mit *değil* negiert, im Unterschied allerdings zum Gagausischen, in dem die Stellung der negativen Kopula ausschließlich präpositiv ist, ist sie im Türkeitürkischen ausschließlich postpositiv, also *lâzım değil*. Es handelt sich also um eine Teilstrukturkopie der kombinatorischen Eigenschaften der slawischen Sprachen, in denen die Negationspartikel präpositiv zum Modalwort steht.

(12) *güvää diil laam koymaa* TX
Bräutigam:DAT nicht es ist nötig leg:VN
•• 'Dem Bräutigam braucht man es nicht hinzulegen.'

2.1.5.3 KÖNNEN

Zum Ausdruck von 'Fähigkeit' oder 'Möglichkeit' verfügt das Gagausische sowohl über genuin türkische Mittel, als auch über eigene Formen, die als Ergebnis von Teilstrukturkopieren aus dem Bulgarischen entstanden sind. Diese neuen Formen finden sich zum Teil nur im Gagausischen, sie sind uns in keiner anderen balkantürkischen Varietät begegnet.

2.1.5.3.1 FÄHIGKEIT

Die modale Form auf *-(y)Abil-* drückt im Türkeitürkischen sowohl Fähigkeit als auch Möglichkeit aus, siehe hierzu Boeschoten 1990: 84-87. Im Gagausischen ist diese Form ebenfalls vorhanden, drückt hier allerdings ausschließlich Fähigkeit aus. In unserem Corpus findet sich überwiegend die negative Form auf *-(y)AmA-*.[43] Auch bei Moškov finden sich Beispiele hauptsächlich in der negierten Form, die positive Form wie in Beispiel (4) ist selten.

(1) *otuzdokuz gündä üürenememiš bir kolada*[44] TX
39 Tag:LOK lern:(y)ama-PERF3 ein Weihnachtslied
•• 'Er konnte nicht (einmal) in neununddreißig Tagen ein Weihnachtslied lernen.'

(2) *sän ödeyemedin nesteyini ne koyardïlar sana nalug*
du zahl:(y)ama-PRÄT-2SG Sache:POSS2-AKK was festleg:PRÄT3PL du:DAT Steuer
ödeyemerdin T4 81-82
zahl:(y)ama-AOR-VERGKOP-2SG
•• 'Du konntest deine Sache nicht bezahlen, was sie an Steuer für die festgelegt hatten. Du konntest es nicht zahlen.'

(3) *i ma hadi sansïn kim nijä yapabilirsä* TX
int Mädchen na ja anscheinend wer wie mach:(y)abil-AOR-KOND3
•• 'Na ja Mädchen, anscheinend macht [es] jeder, wie er kann.'

43 Boeschoten 1990: 87 macht darauf aufmerksam, daß im Türkeitürkischen "the negative ability marker *-yAmA=* exhibits a tendency to express stronger modality than its indicative counterpart *yAbil=*". Dies scheint u. E. auch im Gagausischen der Fall zu sein.

44 *Kolada* bezeichnet sowohl den Brauch von Singen und Geldeinsammeln am orthodoxen Weihnachtsfest als auch die Lieder selber ⇐ russ. *koljada*.

(4) *her beni burdan čïkara bilirsan, olur, gideyim sana* M 119
wenn ich:AKK hier:ABL heraushol:(y)abil-AOR-KOND-2SG es geht geh:OPT1SG du:DAT
'Wenn du mich hier herausholen kannst, ist es möglich, daß ich zu dir komme.'

2.1.5.3.2 MÖGLICHKEIT

Zum Ausdruck von "Möglichkeit" wird im Gagausischen hauptsächlich die Konstruktion *var* 'es gibt' + *nasïl* 'wie' oder *nijä(l)* 'wie' und lexikalisches Verb im Optativ, siehe die Beispiele im folgenden, oder, in unpersönlichen Konstruktionen, im Verbalnomen auf *-mAA* verwendet, wie etwa in Beispiel (11). "Unmöglichkeit" wird mittels *yok* 'es gibt nicht' und derselben Konstruktion ausgedrückt. Es handelt sich u. E. hierbei um eine Teilstrukturkopie der bulgarischen Vorlage mit *ima* 'es gibt' + *kak* 'wie' (es ist möglich) bzw. *njama* 'es gibt nicht' + *kak* 'wie' (es ist nicht möglich) + *da*-Konstruktion, mit dem Unterschied allerdings, daß im Bulgarischen kein infinites lexikalisches Verb auftreten kann und das erste Element *ima* auch persönlich verwendet, also nach Person flektiert werden kann (siehe auch im nächsten Abschnitt *var ne*, *var kim*).

Pokrovskaja 1977: 215-216 und 1978: 104 verbindet die Konstruktion *var nasïl* + Optativ mit der bulgarischen Vorlage *moga* 'können' + lexikalisches Verb im Subjunktiv (d.h. *da* + finites Verb) und geht davon aus, daß, da ein Verb für "können" fehle, die semantischen Eigenschaften von *moga* auf die Verbindung *var nasïl* bzw. *nijä* übertragen werde. Im Unterschied jedoch zu dieser bulgarischen Konstruktion zum Ausdruck von Fähigkeit und Möglichkeit, können in der gagausischen Konstruktion die Elemente *var nasïl* bzw. *yok nasïl* nicht für Person flektiert werden. *Var/yok nasïl/nijä* kann für Anteriorität oder Indirektivität mittels der Kopulaformen *idi* und *imiš*, die in der Regel an *var* bzw. *yok* antreten (siehe aber Beispiel (4)) markiert werden.[45] Ein weiterer Unterschied liegt u.E. in der Semantik der Modalität. Während *moga* im Bulgarischen Fähigkeit und Möglichkeit ausdrückt, drückt die *var nasïl*-Konstruktion im Gagausischen ausschließlich Möglichkeit aus.

Diese Konstruktion ist im Gagausischen sowohl in der Schriftsprache als auch in dem von uns erhobenen Material sehr frequent. Zwischen die Elemente *var/yok* und das Fragewort kann ausschließlich die Fragepartikel *mI* und/oder die o.g. Kopulaformen treten, siehe Beispiele (3) und (4), was auf einen hohen Grad an Grammatikalisierung schließen läßt. Auch besteht in der gesprochenen Sprache eine Neigung, *var* und folgendes *nijä* zu *varïnja* zu kontrahieren, siehe etwa Beispiel (1).[46] Häufig folgt das le-

45 Möglich ist darüber hinaus noch der Antritt von *-kAn* (< *iken*) und *-sA* (< *ise*), dies kommt allerdings in unserem Material überhaupt nicht und ansonsten nur selten vor.
46 Pokrovskaja 1964: 47 führt die Form als *var(n)ijä* auf, d.h nicht vokalharmonisch.

xikalische Verb unmittelbar auf die modale Fügung. Wie aber bereits an Beispiel (1) zu sehen ist, ist die Kontaktstellung keineswegs obligatorisch, ggf. können Aktanten und freie Angaben des lexikalischen Verbs diesem vorangehen oder der ganzen modalen Konstruktion vorangestellt sein, siehe etwa Beispiel (3). In den Texten von Moškov ist diese Konstruktion gegenüber der mit den Fragewörtern *kim* und *ne* etc. (s.u.) recht selten. In den Texten von Zajączkowski und Manov ist sie nicht belegt. Über die Frequenz der Konstruktion mit unpersönlichem *ima* im gesprochenen Bulgarischen konnten wir keine Angaben finden[47].

(1) */.../bän varïnǰa bizim X.'lan da gidiim* T3 250
/.../ich es ist möglich wir:GEN X:mit auch geh:OPT-1SG
•• '/.../ ich kann auch mit unserer X. hingehen.'

(2) *var mï nasïl bän hïzlaniim aliim gözlüklerimi* T2 87
var Q wie ich eil:OPT1SG nehm:OPT1SG Brille:PL-POSS1-AKK
•• 'Kann ich [darf ich] hinlaufen und meine Brille holen?'

Die unten aufgeführten Beispiele (3) und (4) stellen Belege für die Verwendung der Vergangenheitskopula dar. Sie tritt in unserem Corpus, wie bereits oben erwähnt, ausschließlich an *var* bzw. *yok*. In der Schriftsprache finden sich einige wenige Beispiele dafür, daß die Kopula *idi* nicht an *var* sondern an das Fragewort tritt, siehe Beispiele (4) und (5). Beispiele dieser Art sind allerdings sehr selten (vgl. auch Beispiel (3), das von demselben Autor und aus demselben Werk stammt wie Beispiel (4)), dennoch läßt dies auf den hohen Grad der Grammatikalisierung der Verbindung *var/yok* und dem Fragewort schließen. Wir haben kein einziges Beispiel gefunden, in dem das lexikalische Verb mittels der Vergangenheitskopula *idi* für Vorzeitigkeit markiert war. Dies deckt sich genau mit den Verhältnissen im Bulgarischen, in dem in zusammengesetzten Prädikaten das lexikalische Verb in der *da*-Konstruktion immer im Präsens steht, siehe Rudin 1988: 189.

(3) Bu laflarï vardï nasïl sölesin, saade en iy dost. SB 13
diese Wort:PL-AKK möglich:VERGKOP sag:OPT3 nur SUP gut Freund
'Diese Worte konnte nur der beste Freund sagen.'

(4) Nasïl bän var nasïldï amazlayïm onu, ačan ikimiz da
wie ich möglich:VERGKOP verrat:OPT-1SG er:AKK wenn wir beide PTKL
birerdä düüštük. SB 50
selber Ort:LOK kämpf:PRÄT-1PL
'Wie hätte ich ihn verraten können, da wir doch am selben Ort gekämpft haben.'

47 Nach brieflicher Auskunft von Prof. E. Haugen, Universität Oslo, Norwegen ist sie recht frequent.

Yok negiert in dieser Konstruktion die Modalität (Beispiel (5), wohingegen das negierte lexikalische Verb, wie in den Beispielen (6) und (7), den Inhalt der Verbalhandlung negiert.

(5) Ama battïramadï duygularïnï, nasïl yoktu nijä
aber unterdrück:(y)ama-PRÄT3 Gefühl:PL-POSS3-AKK wie unmögl:VERGKOP
battïrmaa su ičinä topu. SB 161
unterdrück:VN Wasser PP:DAT Ball:AKK
'Aber er konnte seine Gefühle nicht unterdrücken, (so) wie es nicht möglich ist, einen Ball unter Wasser zu drücken.'

(6) Fasïl, nasïl bän var nasïydï görmeyim seni /.../. SB 70
merkwürdig wie ich möglich:VERGKOP3 seh:NEG-OPT-1SG du:AKK.
'Es ist merkwürdig, wie es mir möglich war, dich nicht /.../ zu sehen.

(7) Ama o ölä bir yannïš adam da, ki var nasïl annamasïn da. SB146
aber er so ein verkehrt Mann PTKL ki möglich versteh:NEG-OPT3SG PTKL
'Aber er ist so ein verkehrter Mensch, daß es möglich ist, daß er nicht versteht.'

In der ersten und zweiten Person besteht eine deutliche Neigung, ein explizites Subjekt, meist in Form eines Personalpronomens, zu setzen, siehe etwa die oben angeführten Beispiele (1), (2), (6) und (8). Das Subjekt kann hierbei sowohl vor die Modalfügung als auch vor das lexikalische Verb treten. Der Modalfügung können mehr als ein lexikalisches Verb untergeordnet sein, wie in Beispiel (8).

(8) *biz var nasïl bulušalïm sennän laf edelim yïllarǰa* T7 314
wir möglich treff:OPT-1PL du:mit Wort HV:OPT-1PL Jahr:PL:ADV.DER
•• 'Wir können uns jahrelang mit dir treffen und sprechen.'

Die weitaus meisten Beispiele für diese Konstruktion innerhalb unserer Datensammlung sind rechtsverzweigend, d.h. das lexikalische Verb folgt der Modalitätsmarkierung *var/yok nasïl*. Nur bei einem Sprecher finden sich linksverzweigende Konstruktionen mit präpositivem lexikalischem Verb, siehe Beispiel (9). Interessanterweise sind beide Beispiele des Sprechers unpersönliche Konstruktionen mit dem lexikalischen Verb im Infinitiv.[48] In der Schriftsprache finden sich ebenfalls sehr vereinzelt Konstruktionen mit präpositivem lexikalischen Verb. Alle Beispiele, die wir in dem von uns gesichteten Material der Schriftsprache für linksverzweigende Konstruktionen vorgefunden haben, sind ebenfalls unpersönlich, siehe Beispiel (10).

48 Das zweite Beispiel ist ebenfalls aus Text 2, Satznr. (324); es ist im Anhang auf S. 170 zu finden.

(9) *ey bir tane önlerïnä čïkmaa yok nijä* T2 210
INT ein Stück Vorderseite:POSS3PL-DAT herauskomm:VN nicht möglich
'Na, man konnte nicht einen mehr vorfinden.'

(10) bu küüyä girmää var mï nijä? DK 51
DEM Dorf:DAT hineingeh:VN es gibt Q wie
'Ist es möglich, in dieses Dorf hineinzugehen?'

Var nasïl und *yok nasïl* können auch ohne lexikalisches Verb stehen, etwa in der Bedeutung wie Türkeitürkisches *olur* 'es geht/ist möglich' und *olmaz* 'es geht nicht/ist nicht möglich', siehe Beispiele (11) und (12). Im Gagausischen kann anstelle von *var/yok nasïl/nijä* auch *olur* bzw. *olmaz* + Verbalnomen bzw. Optativ auftreten, dies ist aber von vergleichsweise geringer Häufigkeit.

(11) *var mï nasïl kanatara koymaa*
es gibt Q wie Waage:DAT leg:VN
yok nasïl zeräm hardey onun aarlïyï taa büük T5 32-33
nicht möglich denn Pfeffer er:GEN Schwere:POSS3 mehr groß
•• 'Kann man [sie] auf die Waage legen? Es ist nicht möglich, denn [was den] Pfeffer [betrifft, so ist] sein Gewicht größer.'

(12) Al beni da. - Yok nasïl. SB 44
nehm:IMP2SG ich:AKK auch nicht möglich
'Nimm mich auch mit. Das ist nicht möglich.'

Dies deckt sich wiederum genau mit der Verwendung von *ima kak* und *njama kak* ohne lexikalisches Verb im Bulgarischen, siehe Rudin 1986: 191.

Es scheint in dieser Konstruktion kein Unterschied beim Gebrauch von *nasïl* oder *nijä* zu bestehen. Anhand unseres Corpus läßt sich lediglich feststellen, daß einige Informanten ausschließlich *nijä* verwenden (besonders die weiblichen Informanten aus Tomai), andere sowohl *nijä* als auch *nasïl* verwenden. In der Schriftsprache finden sich beide Fragewörter in dieser Konstruktion oft in denselben Werken nebeneinander verwendet, *nasïl* scheint aber frequenter zu sein als *nijä*.

Im Gegensatz zu der unten besprochenen Konstruktion mit anderen Fragewörtern, begegnet uns diese modale Konstruktion nicht in anderen westoghusischen Dialekten in Bulgarien.

2.1.5.3.3 *Yok* + FRAGEWORT + VERBALNOMEN BZW. OPTATIV DES LEXIKALISCHEN VERBS

Neben der sehr frequenten Konstruktion mit *nasïl* bzw. *nijä* finden sich auch Konstruktionen mit anderen Fragewörtern, nämlich *kim* 'wer', *našey* 'was', *ne* 'was', und die Frageadverbien *nereyä* 'wohin', *neredä* 'wo', *neredän* 'woher'. Die Fragewörter können innerhalb dieser Konstruktion Kasus annehmen, je nachdem welche Konstituente sie innerhalb der lexikalischen Prädikation einnehmen. Sowohl in unserem Corpus, als auch in der Schriftsprache ist diese Konstruktion im Vergleich zu der mit *nasïl/nijä* selten anzutreffen.

Diese Konstruktion stellt eine Teilstrukturkopie der bulgarischen Vorlage *ima/njama* + Fragewort + *da*-Konstruktion dar. Vgl. etwa das bulgarische Beispiel (zitiert nach Rudin 1986: 156) mit einem Beispiel (1) aus Zajączkowskis Materialien.

Imam kakvo da četa
have-1s what to read-1s
'I've got something to read.'

(1) *Yolda karnï ajigïyor yok ne yesin.* Z 115
Weg:LOK Magen:POSS3 hunrig werden:PRÄS3 gibt nicht was ess:OPT3
'Auf dem Weg bekommt er Hunger, es gibt nichts, was er essen [kann].'

Rudin 1986 beschreibt diesen Konstruktionstyp für das Bulgarische. Sie führt an, daß es sich nicht um absolutivische ("headless") Relativsätze handele, in denen auch Fragewörter als Relativpronomen verwendet werden können, sondern um Indefinitpronomina, da in der Verwendung als Relativpronomina die Fragewörter immer mit dem Element *+to* markiert sind. Im Gagausischen aber sind diese Fragewörter, die in beiden Positionen auftreten können, morphologisch nicht unterschieden. *Ima* bedeutet in erster Linie 'haben', kann aber vor allem in unpersönlichen Konstruktionen auch 'sein' bedeuten. Da das Türkische kein Verb für 'haben' bzw. 'sein' hat, wird für die Nachahmung dieser Vorlage *var* bzw. *yok* verwendet, das je nach Konstruktion sowohl '(nicht) vorhanden sein' als auch '(nicht) haben' bedeuten kann. Ein Unterschied ist allerdings wieder, wie auch bei der oben beschriebenen Konstruktion mit *nasïl/nijä,* daß nur das lexikalische Verb für Person flektiert werden kann, im Bulgarischen in persönlichen Konstruktionen hingegen meist auch *imam/njamam* flektiert wird.[49]

49 Pokrovskaja 1978: 101 weist noch auf die rumänische Konstruktion hin, in der aber das Hilfverb *avea* 'haben' immer flektiert ist und ein lexikalisches Verb im Infinitiv folgt.

Vergleiche aber die beiden unten zitierten Beispiele von Rudin 1986 mit a) flektiertem *imam* und b) unflektiertem *ima*.[50]

a) Imam kŭde da spja
have-1s where to sleep-1s
'I've got somewhere to sleep.'

b) Ima li kŭde da se krijem?
is Q where to refl hide-1p
'Is there somewhere for us to hide?'

Die Bedeutung der gagausischen Konstruktion entspricht in etwa der türkeitürkischen Relativkonstruktion mit -(*y*)*AcAk*-Partizip und indefiniten Einheiten als Basissegmenten wie *bir şey* 'etwas', *bir yer* '[irgend-]ein Ort', *kimse* 'jemand' etc., etwa *yiyecek bir şeyim yok* [ess:PART ein Sache:POSS1SG gibt nicht] 'Ich habe [überhaupt] nichts zum Essen'. Diese Konstruktion hat im Türkeitürkischen auch modale Konnotationen; so hat etwa die Übertragung von Beispiel (2) ins Türkeitürkische deutlich modale Bedeutung. Diese türkeitürkische Konstruktion ist aber beschränkt auf Korreferenz zwischen Basissegment und Zweit- oder Drittaktanten des Relativsatzprädikats, siehe Johanson 1990: 209. Zu ähnlichen Konstruktionen in anderen oghusischen Sprachen siehe auch Pokrovskaja 1978: 102.

Weiterhin finden sich, sowohl in unserer Datensammlung als auch in Moškovs Daten, ausschließlich negative Konstruktionen mit *yok*, Pokrovskaja 1978: 101 führt auch ein Beispiel für *var* auf.

(2) M: *naapiim* *bän* *yok* *našey* *yapiim*
was mach:OPT-1SG ich gibt nicht was mach:OPT1-SG
T: *yok* *našey* *yapmaa* T3 63-64
gibt nicht was mach:VN
M: 'Was soll ich machen, es gibt nichts, was ich tun kann.' T: 'Man kann nichts tun.'

Ttü.: Yapacak bir şeyim yok. 'Es gibt nichts, was ich tun kann.'

Auffällig ist, daß in unserem Corpus fast ausschließlich unpersönliche subjektlose Konstruktionen mit dem lexikalischen Verb im Verbalnomen auf *-mAA* auftreten, siehe Beispiel (3) bis (6). Das einzige Beispiel für eine persönliche Konstruktion ist Beispiel (2), in dem auch ein explizites Subjekt im Nominativ in Form des Personalpronomens vor *yok* erscheint. In den Daten von Moškov finden sich hingegen zahlreiche Beispiele für Kon-

50 Vgl. auch die unterschiedliche Modalität bei bulgarischen Konstruktionen mit dem flektierten bzw. nichtflektierten Modalverb *moga* 'können', Lempp 1981: 73.

struktionen mit finiten lexikalischen Verben im Optativ, in denen meist kein explizites Subjekt erscheint.

(3) *eey uzanersin nasïl pali ama yok našey yapmaa* T1 101
INT sich streck:PRÄS-2SG wie Welpe aber gibt nicht was mach:VN
•• 'Hej, du streckst dich wie ein Welpe, aber man kann nichts tun.'

(4) *baškasïndan yoktu ne üürenmää* T6 195
anderes:POSS3-ABL gibt nicht:VERGKOP was lern:VN
•• 'Von jemand anderem konnte man nichts lernen.'

Es besteht in unserer Datensammlung eine deutliche Neigung zur Kontaktstellung von *yok* + Fragewort und dem lexikalischen Verb, in unserer Datensammlung findet sich nur ein Beispiel (5), in dem diese durch eine Adverb unterbrochen wurde, vgl. aber Pokrovskaja 1979: 102.

(5) *yoktu orda ne üürenmää* T6 197
gibt nicht:VERGKOP dort was lern:VN
•• 'Dort konnte man nichts lernen [wrtl.: Dort gab es nichts, was zu lernen].'

(6) *ozaman yoktu neylen ödemää* T4 83
damals nicht vorhanden:VERGKOP was:mit bezahl:VN
•• 'Damals gab es nichts, womit man bezahlen [konnte].'

Auch für diesen Konstruktionstyp finden sich in unserem Corpus keine Beispiele für linksverzweigende Sätze. In der Schriftsprache hingegen ist dies, allerdings sehr selten, anzutreffen.

Im Gegensatz zu der oben beschriebenen Konstruktion mit *nasïl/nijä* findet sich dieser Konstruktionstyp auch in anderen türkischen Dialekten Bulgariens, so etwa in den Texten aus Vidin von Németh 1965:

pra·znik, - yoq kime satasın /.../ S. 128
'Es ist Feierzeit, du kannst es niemand verkaufen.'

Alle Beispiele aus den anderen türkischen Dialekten Bulgariens, die wir bisher vorgefunden haben, sind, wie im Gagausischen, mit *yok* + Fragewort konstruiert. In allen gesichteten Beispielen ergibt sich die modale Konnotation der "Unmöglichkeit", siehe auch die oben zitierte Übersetzung Némeths.

Die bulgarische Vorlage hingegen scheint in der persönlichen Konstruktion keine so starke modale Nuance zu haben wie die unpersönliche Konstruktion im Gagausischen. Die unpersönliche Konstruktion hat allerdings etwas stärkere modale Nuancen, siehe die Beispiele bei Rudin 1986. Möglicherweise ist die stärkere modale Konnotation die sich u.E. in allen Beispielen in unserem Corpus ergibt, eine Nuance, die sich durch das ausschließliche Auftreten der negierten Form mit *yok* ergibt: 'es gibt nichts, was ich tun kann' > 'ich kann nichts tun'. Vgl. hierzu auch die stärker modale Nuance der negativen Möglichkeitsform auf -(*y*)*AmA*, siehe auch Fußnote 43.

2.2 Kopierte Gliedsatzmuster

Gemäß der türkischen rectum-regens-Struktur sind Gliedsätze linksverzweigend, ihre infiniten Prädikatoren sind Subjunktoren (Johanson 1993b: 217).[51] Es lassen sich folgende semantische Gliedsatzkategorien unterscheiden: "Nominale Aktionssätze", die als Komplemente zu geeigneten Matrixsatzprädikaten fungieren, "nominale Aktorensätze", die absolut oder attributiv (relativisch) verwendet werden, und "adverbiale Aktionssätze", die als adverbiale Sätze fungieren. Je nach semantischem Typ sind die verwendeten Subjunktoren zumindest in den moderneren türkischen Sprachen deutlich voneinander getrennt (für das Türkeitürkische siehe Csató 1990).

Im Gagausischen läßt sich nun beobachten, daß einige dieser für das Türkische typischen Gliedsatzmuster zugunsten rechtsverzweigender, auf finiten Prädikatoren basierenden Satztypen zurückgegangen sind. Es läßt sich für die verschiedenen semantischen und syntaktischen Typen der Gliedsätze ein unterschiedlicher Grad der Ersetzung durch slawische Muster feststellen.

So sind auf der einen Seite nominale Aktionssätze, d.h. Komplementsätze, die auf nomina actionis basieren, praktisch vollständig zugunsten des finiten, das slawische Muster kopierende, Komplementsatzes verschwunden (s.u.). Auch bei den auf Partizipien basierenden nominalen Aktorensätzen läßt sich ein signifikanter Rückgang der Frequenz zugunsten des aufgrund von Teilstrukturkopieren verschiedener slawischer Muster entstandenen finiten Relativsatztyps beobachten. Im Gegensatz zu den nominalen Aktionssätzen sind diese jedoch nicht vollständig verschwunden (s.u.).

Die adverbialen Aktionssätze haben sich dagegen als relativ attraktiv erwiesen und sind erstaunlich intakt. Im Gegensatz beispielsweise zu türkischen Sprachen im iranischen Kontaktgebiet (siehe Kıral 1997: 105) weist das Gagausische noch sehr viele verschiedene Typen von Gerundialelementen auf, die auch in der gesprochenen Sprache sehr oft anzutreffen sind (s.u.), und das, obwohl gerundiale infinite Sätze in den slawischen Kontaktsprachen merkmalhaft schriftsprachlich sind und ihr Inventar darüber hinaus sehr stark begrenzt ist.

51 Im folgenden bezeichnen wir untergeordnete Nebensätze als Gliedsätze.

Daneben haben sich allerdings auch finite adverbiale Aktionssätze als Ergebnis von Kodekopieren entwickelt, wie etwa Final- und Kausalsätze und auch ein Typ des Temporalsatzes (s.u.).
Betrachtet man diejenigen nach türkischem Muster linksverzweigenden Nebensätze, die sich im Gagausischen erhalten haben, näher, so stellt man fest, daß es sich einerseits um Kombination finiter Prädikate mit der gerundialen Form des Verbs *demää* 'sagen' handelt, d.h. eine finite und eine gerundiale Form sind beteiligt. Andererseits finden sich Infinitivkonstruktionen, die auch im Russischen sehr frequent sind.

Die aufgrund von Teilstrukturkopieren entstandenen Gliedsatztypen basieren alle auf Prädikaten, die finite Prädikatoren tragen, und werden meist durch eine *gliedsatzeinleitende Einheit* eingeleitet. Sie entsprechen somit ihrer Konstruktion nach dem Nebensatzmuster indo-europäischen Typs.

Der prominenteste unter diesen als gliedsatzeinleitende Einheiten fungierenden Junktoren ist im Gagausischen die Einheit *ani*, das verschiedene semantische Gliedsatztypen einleiten kann. Pokrovskaja 1964: 141 vermutet, daß die Partikel *ani* und das Indefinit-/Fragepronomen *angï* 'welcher' verschiedene phonetische Varianten von dem auf Alttürkisch *qa:ño* zurückgehenden Indefinit-/Fragepronomen *(h)angï* sind. Eine näherliegende Erklärung bietet Schönig 1994b. Aufgrund der Angaben bei Kāšγarī (549-550) führt er *ani* auf Alttürkisch *qa(:)ni* 'wo' (ttü. *hani*, gagausisch *(h)ani*) und *angï* auf Alttürkisch *qa:ño* 'welcher' (ttü. *hangi*, gagausisch *(h)angï*) zurück (siehe auch Özkan 1996: 185).[52] *Ani* ist eine semantisch "unscharfe" satzeinleitende Einheit (zum Terminus semantische Un-/Schärfe siehe Johanson 1993b: 216 ff.).

Der semantische Gehalt des Gliedsatzes ist nicht von der Partikel, sondern von der Art des Basissegments und der Finitprädikation abhängig, siehe hierzu die folgenden Kapitel. So findet sich *ani* als Junktor in Komplement- und Relativsätzen, sporadisch auch in Kausalsätzen.

Ani als Relativpartikel findet sich auch im Bulgarisch-Gagausischen, ist also wahrscheinlich schon vor der Auswanderung der Gagausen aus Bulgarien in dieser Funktion verwendet worden. Hier ergibt sich nun eine interessante Parallele zum Bulgarischen einerseits, in dem die Relativpartikel *deto* ebenfalls aus dem Fragewort für "wo" abgeleitet ist, und zum Russischen andererseits, in dem die inhaltssatzeinleitende Partikel *čto* auch Relativsätze einleiten kann, siehe Kurzová 1982.

Es bleibt allerdings fraglich, warum *ani* auch Gliedsätze anderer Art einleiten kann. Möglicherweise hat *ani* hier ein älteres, auch im Osmani-

52 *Ani* liegt im Gagausischen auch in der Funktion eines Fragewortes mit der Bedeutung 'wo?, wo ist denn?' (siehe Slovar', 48b) vor, ist in dieser Funktion aber nicht sehr frequent.

schen und anderen älteren Türksprachen schon vorhandenes satzeinleitendes *ki(m)* in allen Positionen verdrängt, vgl. Schönig 1993b, 185. Möglicherweise wurde ein schon in Ansätzen vorhandenes Muster, das beispielsweise im Türkeitürkischen wieder zurückgedrängt wurde, unter dem unterstützenden Einfluß des Bulgarischen weiter verändert und ausgebaut. Bei Rudin 1986: 45 findet sich allerdings auch eine Anmerkung in Fußnote 4, daß *deto* in Dialekten als genereller Komplementisierer, d.h. in Relativ- und auch in Komplementsätzen verwendet werden kann. Sie macht aber keine genauen Angaben, um welche Dialektgebiete es sich dabei handelt, so daß nicht geklärt werden kann, ob dieses Muster als Vorlage für das Gagausische gedient haben könnte.

Für *ani* kann in den meisten seiner Funktionen auch *ki* eintreten, das eine schon in das Osmanische globalkopierte satzeinleitende Einheit darstellt. *Ki* ist im Vergleich zu *ani*, besonders in der gesprochenen Sprache, nicht sehr frequent und wird von Gajdarži 1981: 24 als typisch für die Sprache der älteren Generation bezeichnet. In einigen Satztypen lassen sich Unterschiede in Bezug auf die Verwendung von *ani* oder *ki* zwischen der Schriftsprache und der gesprochenen Sprache feststellen (s.u. 2.2.1).

Neben diesen beiden unscharfen satzeinleitenden Einheiten hat das Gagausische allerdings auch einige, meist aufgrund von Teilstrukturkopien entstandene, semantisch schärfere Junktoren entwickelt. Häufig geschieht dies, indem die kombinatorischen Eigenschaften derjenigen Fragewörter in den slawischen Sprachen, die auch als nebensatzeinleitende Einheiten fungieren, auf ihre gagausischen Äquivalente kopiert werden. So ist ein regelrechtes Relativpronomen entstanden, indem auf das gagausische Indefinitpronomen *(h)angï* die syntaktischen Eigenschaften seines russischen Äquivalentes *kotoryj* übertragen wurde, siehe hierzu unter Punkt 2.2.2.2.2. Auch zur Einleitung von Kausal- und Temporalsätzen werden zum Teil semantisch schärfere Junktoren verwendet.

Aus den slawischen Sprachen rezent globalkopierte Einheiten zur Satzeinleitung finden sich nur sehr gering an Zahl und ihre Verwendung ist darüber hinaus nicht sehr frequent, siehe hierzu unter 2.2.3.2.4. Es finden sich allerdings die aus dem Neupersischen schon in das Osmanische kopierten Einheiten *čünkü*, *eer*, *zerä(m)* etc.

Im folgenden werden die verschiedenen Gliedsatztypen im Gagausischen, besonders die rechtsverzweigenden, besprochen.

2.2.1 Nominale Aktionssätze (Komplementsätze)

Nominale Aktionssätze sind im heutigen Gagausischen von Moldawien fast ausschließlich auf finiten Prädikaten basierende Sätze, die in der Regel dem Matrixprädikat folgen. Das genuin türkische Muster mit infinitem

Prädikat auf Nomen actionis + Possessivsuffix (+ Kasus) ist sowohl in unseren Materialien als auch in der Schriftsprache nur sehr vereinzelt aufzufinden. Konstruktionen dieses Typs können, zumindest in der Funktion als Objektsatz ihrem Matrixprädikat nach türkischem Muster vorangehen, oder ihm auch folgen. Beispiel (1), in dem der nominale Aktionssatz als Subjektsatz zu prädikativem *deil belli* 'es ist nicht klar' fungiert, ist das einzige Beispiel für einen präprädikativen infiniten Komplementsatz in unserem Material. In dieser Funktion als Subjektsatz ist es fraglich, ob der infinite Komplementsatz postprädikativ stehen kann, oder die syntaktische Funktion die präprädikative Position bedingt. Da uns keine weiteren Beispiele für infinite Subjektsätze des türkischen Typs vorliegen, ist diese Frage nicht zu klären.

(1) *buradan stadyona kaa bän üüzeǰem*
hier:ABL Stadion:DAT bis ich schwimm:FUT-1SG
a gēri gelmem deil belli T1 360
aber zurück komm:VN-POSS1 nicht klar
•• 'Ich kann von hier bis zum Stadion schwimmen, aber ob ich zurückkomme, ist nicht gewiß.'

Eine ähnlich geringe Frequenz von infiniten Komplementsätzen weist die Schriftsprache auf. Vereinzelt haben wir Beispiele für Sätze diesen Typs als Komplement des Matrixprädikats *sevinmää* 'sich freuen' vorgefunden, siehe Beispiel (2). Der Nebensatz ist hier postprädikativ, innerhalb dieses hingegen herrscht rectum-regens-Struktur, das Genitivsubjekt des Nebensatzes geht seinem Bezugswort voran. Im Gegensatz dazu Beispiel (3), das einen Satz der gesprochenen Sprache aus unserem Material darstellt; hier ist der Komplementsatz zu *sevinmää* ein mit *ani* eingeleiteter finiter Satz.

(2) /.../ sevinerlär leleklerin gelmesinä AD 11
freu:PRÄS-3PL Storch:PL-GEN komm:VN-POSS3-DAT
'/.../ sie freuen sich, daß die Störche kommen.'

(3) *hepsi sevinärdi ani kolxoza girdik* T4 89
alle freu:AOR-VERGKOP3 ani Kolchose:DAT eintret:PRÄT-1PL
•• 'Alle freuten sich, daß wir der Kolchose beitraten.'

Im Gagausischen von Bulgarien allerdings finden sich noch etwas häufiger Beispiele für infinite, auf Verbalnomina basierende Komplementsätze türkischen Typs. Rechtsverzweigende Sätze mit finitem Prädikat sind aber auch hier schon in der Überzahl. Es finden sich auch hier sowohl *ki* als auch *ani* als einleitende Einheiten, *ki* ist jedoch in den gagausischen Texten aus Bulgarien frequenter als *ani*. Es läßt sich aber auch beobachten, daß ein und derselbe Informant wahlweise *ani* oder *ki* benutzt, siehe etwa Zajączkowski 1966b: 115-119.

Komplementsätze werden im heutigen Gagausischen in der Regel durch die Einheit *ani* eingeleitet,[53] basieren auf finiten Prädikaten und stehen postpositiv zu ihrem Matrixsatzprädikat, siehe Beispiel (4). Häufig ist zwischen Matrixsatzprädikat und *ani/ki* keine Pause zu hören, wie etwa in dem o. a. Beispiel (3), so daß der Eindruck entstehen könnte, daß diese Einheiten zum Matrixsatz gehören, wie etwa *ki* als sogenannter "gesprochener Doppelpunkt" im Türkeitürkischen. In dem unten aufgeführten Beispiel (4) ist aber eine deutliche Pause zwischen Matrixsatzprädikat und *ani* zu hören.

(4) *da bän gördüm [.] ani var onnardan čok* T5 62
und ich seh:PRÄT-1SG ani existiert sie:ABL viel
•• 'Und ich sah, daß es von ihnen viele gibt.'

Anstelle von *ani* kann, auch in der gesprochenen Sprache (Beispiel (5)), *ki* erscheinen. Die Frequenz von *ki* ist jedoch wesentlich geringer als die von *ani*. *Ki* wird nur von einem Informaten häufiger verwendet, siehe Text 1 und 2 im Anhang.

(5) *aa bän annerïm ki siz beni kapïǯïnïz* T2 134
INT ich versteh:PRÄS-1SG ki ihr ich:AKK einsperr:FUT-2PL
•• 'Aha, ich verstehe, daß Sie mich einsperren werden.'

Ani und *ki* stehen an erster Stelle im Komplementsatz und in der Regel in Kontaktstellung unmittelbar nach dem Matrixsatzprädikat. Diese Kontaktstellung kann in unserem Material durch postprädikative Elemente des Matrixsatzes unterbrochen sein, siehe Beispiele (6) und (7).

(6) *düšündük butakïm ki čalïšaǯïz gezmää nekadar čok metroda* T2 37
denk:PRÄT-1PL so ki bemüh:FUT-1PL herumfahr:VN wieviel viel Metro:LOK
•• 'Wir haben [uns das] solchermaßen gedacht, daß wir soviel wie möglich mit der Metro fahren.'

(7) *da šindi taner inek ani X. ona vurer /.../* T3 110
und jetzt wiss:PRÄS3 Kuh ani X. sie:DAT schlag:PRÄS3
•• 'Und jetzt weiß die Kuh, daß X. sie schlägt /.../'

In unserem Material findet sich auch ein Beispiel (8) für einen präpositiven mit *ani* eingeleiteten Subjektsatz, für Objektsätze hingegen finden sich solche Beispiel nicht.

53 Ciachir 1934 verwendet ausschließlich *ki*, (*h*)*ani* tritt in diesem Text nur in Relativsätzen auf.

(8) *ani biz rusča konušyoruz bizä yetejek* T6 343
ani wir russisch sprech:PRÄS-1PL wir:DAT ausreich:FUT3
•• 'Daß wir russisch sprechen, reicht uns aus.'

Komplementsätze zu dem Matrixsatzprädikat *korkmaa* '(sich) fürchten', die im Türkeitürkischen auf Nomina actionis im Ablativ basieren, werden im Gagausischen bei Erstaktantengleichheit mit dem Verbalnomen auf *-mAA* konstruiert, bei Erstaktantenverschiedenheit jedoch mit dem Optativ. In diesem Fall trägt das Komplementsatzprädikat immer die Negation, siehe Beispiel (9). Wie an Beispiel (10) zu sehen, werden nominale Komplemente zu *korkmaa* wie im Türkeitürkischen mit Ablativ konstruiert. Die Komplementsätze können mit *ani* eingeleitet sein oder nicht, vgl. die u.a. Beispiele. Bei der Konstruktion mit Erstaktantenverschiedenheit handelt es sich um eine Teilstrukturkopie der kombinatorischen Eigenschaften der russischen Vorlage, in denen nach Verben des Fürchtens der Konjunktiv mit Negation die befürchtete Handlung bezeichnet; eingeleitet werden diese Komplementsätze mit *čtoby* oder *kak by*.

(9) */.../korker sokmasïn ayaïnï* T3 101
fürcht:PRÄS3 steck:NEG-OPT3 Bein:POSS3-AKK
•• '/.../ er fürchtet, daß sie [die Kuh] ihr Bein hineinsteckt.'

(10) *presedatelden korkardïk ani čekišmesin* T4 110
Vorsitzender:ABL fürcht:AOR-VERGKOP-1PL ani schimpf:NEG-OPT3
•• 'Wir fürchten uns vor dem Vorsitzenden, daß er schimpft.'

Als Matrixsatzprädikate treten an erster Stelle Verben des Sagens, Meinens, der Wahrnehmung etc. (siehe die Aufstellung bei Gajdarži 1981: 15-16) auf, aber auch adverbiale Komplementsätze zu Verben wie *öle yapmaa* 'so tun als ob', *yapïlmaa*[54] oder *kendini yapmaa* 'sich ... stellen' sind mit *ani* eingeleitete, postpositive finite Sätze, siehe auch Gajdarži: 1981 21 f. Es handelt sich u.E. in diesen Fällen nicht um einen Adverbialsatz, sondern um ein valenzabhängiges Komplement, das mit *ani* eingeleitet wird, siehe Beispiel (11). *Ani* selbst ist semantisch ganz unscharf, es hat keine eigene Bedeutung, sondern ist nur ein grammatisches Wort. Diese Konstruktion findet sich auch im Gagausischen von Bulgarien, allerdings mit *ki* als satzeinleitender Einheit, siehe Beispiel (12).

(11) *yaptïm öle ani görmiyorum bilmiyorum* T7 287
mach:PRÄT-1SG so ani seh:NEG-PRÄS-1SG wiss:NEG-PRÄS-1SG
•• 'Ich habe so getan, als ob ich nichts sehe [und] nichts weiß.'

54 *Yapïlmaa* ist formal passivmarkiert, hat aber als Erstaktanten ein agentivisches Subjekt.

(12) *yapïyo kendini ki uyuyo.* Z 124
mach:PRÄS3 refl:AKK ki schlaf:PRÄS3
'Er stellt sich schlafend.'

In der gesprochenen Sprache kann *ani* als satzeinleitende Einheit bei indirekter oder direkter Rede als Komplement zu dem Verb *demää* 'sagen' fehlen, siehe Beispiel (13).

(13) *dedi zvont ed^ejek dedi absatni zvont ed^ejem mamuya*
sag:PRÄT3 telefonieren HV:FUT sag:PRÄT3 absolut telefonieren HV:FUT-1SG Mutter:DAT
•• 'Sie sagte, sie wird anrufen. Sie sagte: "Auf jeden Fall werde ich bei Mutter anrufen".' T3 18-19

Handelt es sich bei dem Komplementsatz um eine indirekte Frage, so tritt anstelle von *ani* das entsprechende Fragewort als satzeinleitende Einheit ein, d.h. die Einheiten schließen einander aus, siehe Beispiele (14) und (15). Auch in den sozial dominanten Sprachen Bulgarisch und Russisch schließen sich einfache Junktoren und Fragewörter als satzeinleitende Elemente im Komplementsatz gegenseitig aus. In der typisch türkischen linksverzweigenden Komplementsatzkonstruktion schließen sich Fragewort und als Subjunktor fungierender infiniter Prädikator nicht gegenseitig aus, siehe die türkeitürkischen Paraphrasen der Beispiele (14) und (15).

(14) *Bu adam düšünmüš ne eksin bu tarlayi.* Z 128
DEM Mann denk:PERF3 was säe:OPT3 DEM Feld:AKK
'Der Mann überlegte, was er auf diesem Feld säen sollte.'

Ttü.: /.../ ne ekeceğini düşündü

(15) ey *biz bileriz nasïl varïnǰa gitmää /.../* T2 253
INT wir wiss:PRÄS-1PL wie möglich geh:VN
•• 'Na, wir wissen, wie man gehen kann /.../.'

Ttü.: Nasıl gideceğimizi biliyoruz.

In unserem Material findet sich ein einziges Beispiel (16), in dem *ani* dem Matrixsatzprädikat folgt und der Komplementsatz mit einem Fragewort eingeleitet ist. *Ani* dient hier allerdings der Betonung und bedeutet etwa 'doch'.

(16) *bän sölerim ani ne oldu ama malim der*
ich sag:PRÄS-1SG ani was werd:PRÄT3 aber Großmutter:POSS1 sag:PRÄS3
našey oldu /.../ T7 69-70
was werd:PRÄT3
•• 'Ich sage doch, was geschehen ist, aber meine Großmutter sagt: "Was ist passiert?"'

Doppelsetzung von *ani* und *ki* zur Komplementsatzeinleitung ist hingegen in unserem Material zu beobachten, siehe etwa Beispiel (17).

(17) */.../ ačan sölemiš ani [.] ki bu gagauzlar böle insannar* T5 36
als sag:PERF3 ani [.] ki DEM Gagause:PL solch Mensch:PL
•• '/.../ als er sagte, daß die Gagausen solche Menschen sind.'

Gajdarži 1981: 42 faßt dies als eine zusammengesetzte Konjunktion auf und notiert daher in seinen Beispielen *aniki*. Da in dem oben angeführten Beispiel (17) nur eine Funktion vorliegt und nicht wie in dem weiter unten zu besprechenden Beispiel (18) die einzelnen Elemente verschiedene Funktionen tragen, ist es auch möglich, die Doppelsetzung als zusammengesetzte Einheit zu betrachten.[55] In unserem oben angeführten Beispiel ist jedoch eine deutliche Pause zwischen beiden Einheiten zu hören. Da es sich aber um das einzige Beispiel für eine Kombination *ani ki* mit nur einer Funktion in unserem Material handelt, ist auch ein Versprecher nicht auszuschließen.

Auch *ki* und *ani* in unterschiedlichen Funktionen schließen sich nicht gegenseitig aus, siehe etwa Beispiel (18), in dem *ki* den Komplementsatz einleitet, der einen mit *ani* eingeleiteten präpositiven Kausalsatz enthält.

(18) *ama bilirsin ki ani kalïn šišä ašïrï o sana zarar etmeyǰek* T2 190
aber wiss:AOR-1SG ki ani dick Glas jenseits sie du:DAT Schaden HV:NEG-FUT3
•• 'Aber du weißt, daß weil [die Schlange] hinter einer dicken Scheibe ist, sie dir nicht schaden kann.'

In unserem Material finden sich darüber hinaus auch Fälle, in denen beide Einheiten diesselbe Funktion haben, aber voneinander durch ein Element getrennt sind, siehe Beispiel (19). In dem unten aufgeführten Beispiel ist die Reihenfolge jedoch *ki .. ani* und zwischen beiden Einheiten steht ein Element des Matrixsatzes. Alle von Gajdarži 1981: 42 ff. aufgeführten Beispiele weisen die Reihenfolge *ani ki* auf.[56]

(19) *dedik ki restorantta ani biz geleǰez geč* T2 216
sag:PRÄT-1PL ki Restaurant:LOK ani wir komm:FUT1PL spät
•• 'Wir haben im Restaurant [Bescheid] gesagt, daß wir spät kommen werden.'

Das Prädikat eines mit *ani* eingeleiteten Komplementsatzes kann seinerseits wieder Matrixprädikat für einen weiteren mit *ani* eingeleiteten Kom-

55 Auch die von Gajdarži 1981: 43 aufgeführte abgeleitete Form *anikiliim* (eine dialektale Variante zu *aniki* aus dem ukrainischen Gagausischen) stützt seine Auffassung.

56 Gajdarži 1981 verzeichnet neben der Funktion als Komplementsatzeinleiter auch Final-, Kausal- und Relativsätze, die mit *aniki* eingeleitet sind. In unserem Material findet sich *ani ki* nur in Komplementsätzen.

plementsatz sein. Im unten angeführten Beispiel (20) ist u.E. der zweite Komplementsatz dem ersten untergeordnet und beide zusammen sind dem Hauptsatzprädikat *yaz-* 'schreiben' untergeordnet: (*yazdï* (*ani karar aldï* (*ani olaǰak*))). Vgl. auch die türkeitürkische Paraphrase des gagausischen Beispiels.

(20) *X. kendi bir yazïsïnda yazdï ani komunist sistemi karar*
X. eigen ein Schrift:POSS3-LOK schreib:PRÄT3 ani kommunistisch System Beschluß
aldï ani Moldavya dili olaǰak devlet dili T6 321
HV:PRÄT3 ani Moldawien Sprache:POSS3 werden:FUT3 Staat Sprache:POSS3
•• 'X. hat in einer seiner eigenen Schriften geschrieben, daß das kommunistische System beschlossen hat, daß die moldawische Sprache Staatssprache wird.'

Ttü.: X. kendi bir yazısında komunist sistemin Moldavya dilinin resmi dili olacağına karar verdiğini yazdı.

Es ist auch möglich, wie in Beispiel (21), zu ein und demselben Matrixprädikat zwei mit einer Konjunktion (meist *xem* 'und') miteinander koordinierte Komplementsätze zu haben. Dies kommt in unserem Material zwar nicht vor, ist aber in der Schriftsprache keineswegs selten.

(21) Babu ačtï kapuyu da söledi, ani Länka saaselem hem ani
Alte öffnen:PRÄT3 Tür:AKK und sag:PRÄT ani L. gesund und ani
čojuǰak ölü duumuš DK 23
Junge:dim tot geboren werd:PERF3
'Die Alte öffnete die Tür und sagte, daß Länka gesund sei und daß der Junge tot geboren worden sei.'

2.2.1.1 ZUSAMMENFASSUNG

Aus den oben angeführten Beispielen läßt sich unschwer erkennen, daß sich die mit *ani* oder *ki* eingeleiteten Komplementsätze des Gagausischen deutlich von den mit *ki* eingeleitenen Komplementsätzen des Türkeitürkischen unterscheiden. Zum einen sind sie im Gagausischen von Moldawien praktisch das ausschließliche Mittel, um Komplementsätze zu bilden; infinite Komplementsätze kommen fast überhaupt nicht vor. In ihrem syntaktischen Verhalten unterscheiden sie sich von türkeitürkischen *ki*-Komplementsätzen, die nach Johanson 1975 im Gegensatz zu ihren infiniten Entsprechungen keine "echten" subordinierten Sätze darstellen. Im Gagausischen erfüllen vielmehr die mit *ani* eingeleiteten Komplementsätze gerade die von Johanson 1975: 105 f. aufgestellten Kriterien für Subordination im indo-europäischen Sinne, die türkeitürkische *ki*-Sätze nicht erfüllen.

So können sie, wie oben gezeigt, ihrem Matrixsatzprädikat vorangehen. Auch kann im Gagausischen eine Zäsur zwischen Matrixsatzprädikat und *ani*-Satz fallen, d.h. die Komplementsätze sind tatsächlich eingeleitet durch *ani*. Ein weiteres Indiz für das Vorliegen von Subordination nach indo-europäischem Muster stellt die Tatsache dar, daß bei geeignetem Matrixsatzprädikat der Modus des Komplementsatzprädikators festgelegt ist, wie in den oben angeführten Beispielen mit dem Prädikat *korkmaa* 'sich fürchten'. Dies stellt zwar eine Kopie der kombinatorischen Eigenschaften der russischen Vorlage dar, diese ist aber u.E. im Gagausischen stark konventionalisiert. Beide oben angeführten Beispiele stammen übrigens von Informanten, die nur über sehr geringe Russischkenntnisse verfügen.

Mehrere Komplementsätze können, abhängig von einem Matrixsatzprädikat, miteinander koordiniert sein. Auch die Verschachtelung mehrerer Komplementsätze, die zusammen einem Hauptsatzprädikat untergeordnet sind, ist, allerdings rechtsverzweigend, möglich. Auf ähnliche Weise kann auch ein komplexes Kausalsatzgefüge zusammen einem Matrixsatzprädikat untergordnet sein, wie in Beispiel (17): (*bilirsin ki* (*ani aširï* (*zarar etmeyǰek*))).

Alle diese syntaktischen Eigenschaften der gagausischen Komplemente deuten darauf hin, daß das Gagausische durch das Kopieren der kombinatorischen Eigenschaften der russischen und bulgarischen Vorlagen von mit *čto* bzw. *če* etc. gebildeten Komplementsätzen hypotaktische Konstruktionen im indo-europäischen Sinne entwickelt hat, die den türkeitürkischen *ki*-Konstruktionen nicht eigen ist, siehe Johanson 1975.

2.2.2 Nominale Aktorensätze (Relativsätze)

Im Gagausischen finden sich sowohl präpositive Relativsätze türkischen" Typs, als auch postpositive Relativsätze, bei denen es sich um Teilstrukturkopien der in den slawischen Kontaktsprachen vorhandenen Muster handelt.

Im folgenden sollen die beiden unterschiedlichen Typen von Relativsätzen im Gagausischen besprochen werden. Wir folgen bei unserer Analyse der Relativsätze hier dem von Johanson 1990a für das Türkeitürkische vorgeschlagenen Modell. Unter Relativsätzen verstehen wir demnach attributive Gliedsätze, die nominale Elemente ("Personen, Sachen, Verhältnisse und andere Größen") modifizieren, denen "Tätigkeiten" zugeschrieben werden, siehe Johanson 1990a: 200.

2.2.2.1 Präpositive Relativsätze

In den Türksprachen dienen Partizipien der Bildung von nominalen Aktorensätzen. Sie können adjektivisch, einem übergeordneten nominalen Basissegment attribuiert, oder substantivisch, d.h. ohne Basissegment, als Komplementsätze verwendet werden. Den Partizipien bleibt hierbei im Prinzip die prädikative Potenz des ihnen zugrundeliegenden Verbalstamms erhalten (zu Restriktionen die die Realisierung eines Oberflächensubjekts beim Partizip auf -(*y*)*An* betreffen s.u.). Sie können demnach Komplemente und Ergänzungen mit sich führen. Gemäß der rectum-regens-Struktur der türkischen Satzsyntax sind Relativkonstruktionen mit Basissegment linksverzweigend, d.h., der Relativsatz steht immer unmittelbar präpositiv zu seinem Basissegment. Komplemente und Ergänzungen des Relativsatzprädikats stehen vor diesem. In der Relativkonstruktion dienen verschiedene Partizipien der Subordination des Relativsatzes. Ihre subordinierende Funktion entspricht der subordinierenden Funktion der Relativpronomina in Sprachen des indogermanischen Typs. Im Türkeitürkischen, das dem Gagausischen innerhalb der Türksprachen am nächsten steht (Doerfer 1990: 18 f.), werden, je nachdem mit welchem Aktanten oder welcher freien Angabe des Relativsatzes das Basissegment korreferiert, verschiedene Partizipien verwendet.

Bei Korreferenz des Basissegments mit dem Erstaktanten des Relativsatzes werden als Subjunktoren Partizipien verwendet, die keine Personalmarkierung erhalten. In erster Linie tritt hier das -(*y*)*An*-Partizip auf, es sind aber auch andere Partizipien möglich (*-mIş, -(y)AcAK*). In diesen Relativsätzen kann sich der Erstaktant des Relativsatzprädikats nicht als Subjekt realisieren, z.B. *gelen adam* ‘der Mann, der kommt’.

Bei Korreferenz des Basissegments mit dem Zweitaktanten des Relativsatzes werden solche Partizipien als Subjunktoren verwendet, die eine Personalmarkierung als Subjektvertreter mit sich führen können; hier ist es in erster Linie das *-DIK*-Partizip (aber auch *-(y)AcAK*), z.B. *tanıdığım adam* ‘der Mann, den ich kenne’. Ein mögliches Subjekt des Relativsatzes steht im Türkeitürkischen im Genitiv.

Bei Korreferenz mit Drittaktanten oder Ergänzungen können im Türkeitürkischen Subjunktoren mit oder ohne Personalelement erscheinen. Hier kann eine Markierung +/-spezifisch in Bezug auf die durch den Erstaktanten bezeichnete Größe des Relativsatzes durch die Wahl des Prädikators signalisiert werden. Liegt Korreferenz des Basissegments mit Drittaktanten oder Ergänzungen vor, kann ein mögliches Subjekt auch in einem Relativsatz, der auf dem -(*y*)*An*-Partizip basiert ist, erscheinen. Es können allerdings nur nichtspezifische, z.B. *su basan ev* ‘das Haus, in das Wasser eindringt’ oder possessivisch markierte Subjekte im Nominativ auftreten, z.B. *annesi ölen kız* ‘das Mädchen, deren Mutter gestorben ist’, siehe Johanson 1990a: 200 und Erdal 1981. Genitivmarkierte Subjekte können nur in Relativsätzen auftreten, deren Prädikator possessivmarkiert ist, z.B. *suyun bastığı ev* 'das Haus, in das das Wasser eindrang/dringt'.

Allen genannten Typen ist eigen, daß in der Regel der mit dem Basissegment korreferierende Aktant oder die Ergänzung des Relativsatzes in ihm nicht ausgedrückt werden, siehe Johanson 1990a: 202.

Die Verteilung der Partizipien je nach den mit dem Basissegment korreferienden Aktanten ist nicht in allen Türksprachen so konsequent durchgeführt wie im Türkeitürkischen. Auch kann die Markierung des Subjektvertreters in anderen Türksprachen am Basissegment statt am Partizip erfolgen, siehe Schönig 1994a.

Einige der Partizipien, die in Relativkonstruktionen als nicht-finiter Prädikator verwendet werden, können auch als hauptsatzabschließende finite Prädikatoren auftreten (-°*r*, -(*y*)*AcAK*, -*mIṣ*); andere, und das sind die beiden prominentesten -(*y*)*An* und -*DIK*, nicht.

Im Gagausischen werden präpositive Relativsätze im Prinzip nach denselben o.g. Regularitäten gebildet wie im Türkeitürkischen. Bei Pokrovskaja 1964: 230 ff. finden sich zwar einige Beispiele für attributive Partizipialkonstruktionen, die auf den ersten Blick von diesem Muster abweichen; diese Beispiele müssen aber u. E. gesondert betrachtet werden (siehe Kapitel 2.1.2.1). Diese präpositiven, attributiven Sätze haben allerdings eine sehr geringe Frequenz, und es werden fast ausschließlich die, auch im Türkeitürkischen frequentesten, Partizipien auf -(*y*)*An* und -*DIK* verwendet. Kombinationen des Typs -(*y*)*AcAk olan*, -*mIş olan*, *olacak*, *olduğu* sind uns weder in der Schriftsprache noch in unseren Materialien der gesprochenen Sprache begegnet.

2.2.2.1.1 -(*y*)*An*-basierte Relativsätze

Wie oben erwähnt, folgen im Gagausischen die präpositiven Relativkonstruktionen denselben Regularitäten wie im Türkeitürkischen. Es ist allerdings ein signifikanter Rückgang solcher Relativsätze "türkischen" Typs zugunsten des kopierten postpositiven Relativsatztyps zu verzeichnen. Pokrovskaja 1978: 124 führt als mögliche Ursache für diesen Rückgang die "Polyfunktionalität" der Partizipien an, die zum Teil auch als Finitprädikator auftreten können. Obwohl das -(*y*)*An*-Partizip, das nicht als Finitprädikator auftreten kann, als Prädikator bei der Bildung von Relativsätzen türkischen Typs gegenüber den anderen Partizipien, die in dieser Funktion auftreten können, überwiegt, ist doch ein deutlicher Rückgang auch solcher Konstruktionen zugunsten des kopierten Relativsatztyps in allen Texten zu beobachten. Darüber hinaus ist ein Großteil der mit -(*y*)*An*-Partizip gebildeten Relativsätze substantivisch, also absolut, ohne Basissegment wie in Beispiel (1) (siehe auch die von Pokrovskaja 1964: 233 ff. angeführten Beispiele). Die prädikative Potenz des dem Partizip zugrundeliegenden Verbstamms bleibt in diesen Konstruktionen erhalten, siehe Beispiel (2).

(1) *burayï gelän, ileri gitmesin, geri dönsün.* M 52
hier:AKK komm:PART weiter geh:NEG-OPT3 zurück umkehr:OPT3
'Wer hierher kommt, soll nicht weiter gehen, soll umkehren.'

(2) Čok kïsmet arayan bulunmuš. BS 125
viel Glück such:PART sich befinden:PERF3
'Viele Glück Suchenden befanden sich [dort].'

Ein Rückgang der auf Partizipien basierenden attributiven Relativsätze ist auch in anderen Türksprachen, die stark von Sprachen mit postnominalen Relativsätzen dominiert werden, zu verzeichnen. So etwa das vom Russischen beeinflußte Chakassische, siehe Schönig 1993: 165 oder das ebenfalls von slawischen Sprachen beeinflußte Karaimische, Csató 1994a: 18. Auch in den von iranischen Sprachen beeinflußten Türksprachen läßt sich ein Rückgang der präpositiven "türkischen" Konstruktionen zugunsten des postpositiven kopierten Typs feststellen. In den von Kıral-Shahidi Asl 1991 untersuchten Sprachaufnahmen des Täbrizer Stadtdialekts des Aserbaidschanischen finden sich nur substantivisch verwendete Relativsätze nach türkischem Muster (Kıral-Shahidi Asl 1991: 37). Ähnliche Bedingungen finden sich in allen anderen vom Iranischen beeinflußten Türksprachen (siehe hierzu u.a. Doerfer 1988, Boeschoten 1983, Reichl 1983).

Die Möglichkeiten der Entfaltung der Partizipien zu attributiven Relativsätzen, d.h. das Erscheinen von Komplementen, abhängig vom Aktantenmuster des der relativsatzbildenden Prädikation zugrundeliegenden Verbalstamms, und Ergänzungen sind in allen von uns gesichteten Texten quantitativ stark eingeschränkt Die präpositiven Relativsätze sind im Vergleich zu den postpositiven Relativsätzen sehr kurz; sie enthalten meist nur ein Komplement oder eine Ergänzung, siehe die Beispiele (3) und (4) aus dem Bulgarisch-Gagausischen. Alle von uns gefundenen Beispiele weisen Korreferenz des Basissegments mit dem Erstaktanten des Relativsatzes auf.

(3) *Fakat gelin o geǰe čoǰuktan giden baašišleri alïyor.* Z 92
aber Braut DEM Nacht Junge:ABL geh:PART Geschenk:PL-AKK nehm-PRÄS3
'Aber die Braut bekommt an diesem Abend die Geschenke, die vom Jungen (d.h. dem Bräutigam) kommen.'

(4) *Altïnnarï götüren dev adama diyola: /.../* Z 125
Gold:PL-AKK wegbring:PART Riese Mann:DAT sag:PRÄS-3PL
'Sie sagen dem Riesen, der das Gold wegbringt: /.../ '

Die genuin türkische Wortfolge, gemäß der das Determinans vor dem Determinatum steht, ist in den nominalen Aktorensätzen weitestgehend erhalten, d.h., Komplemente und Ergänzungen stehen regelmäßig vor dem Relativsatzprädikat. Diese strikte, dem rectum-regens-Prinzip entsprechende Wortfolge findet sich in anderen infiniten Gliedsatztypen nicht (siehe Kapitel 2.1.4.1.4).

Eine Ausnahme hiervon stellt lediglich Beispiel (5) dar, da hier ein Komplement der relativsatzbildenden Prädikation zwischen den Relativsatz und das Basissegment tritt. Dies ist für das Türkische ungewöhnlich, da gemäß der linksverzweigenden Satzsyntax, die in Nebensätzen wesentlich strikter eingehalten wird als in Hauptsätzen, alle Elemente des Relativsatzes vor seinem Prädikat stehen müssen. Wie oben bereits angesprochen, ist es im Türkeitürkischen beispielsweise nicht möglich, daß ein Element zwischen Relativsatz und Basissegment tritt. Die Nachstellung des Komplements könnte möglicherweise eine Auswirkung der Tatsache sein, daß die Wortfolge im Gagausischen im Vergleich zum Türkeitürkischen, in dem das Prädikat meist an letzter Stelle im Satz bzw. Gliedsatz steht, wesentlich freier ist, siehe hierzu Kapitel 2.1.4. Darüber hinaus steht der Direktiv im Gagausischen fast ausschließlich nach seinem Prädikat, sowohl in Haupt- als auch in Gliedsätzen.

(5) *giden o eve musāfirlere veriyor bir bāšiš gelin.* Z 92
geh:PART DEM Haus:DAT Gast:PL-DAT geb:PRÄS3 ein Geschenk Braut
'Die Braut gibt den Gästen, die in das Haus kommen, ein Geschenk.'
= o eve giden musāfirlere veriyor bir bāšiš gelin.

Diese Veränderung der Wortfolge auch in Gliedsätzen ist u. E. als Teilstrukturkopie bulgarischer und russischer Kombinationsmuster in attributiven, auf Partizipien basierenden Sätzen zu sehen. Das Komplement des pränominalen Partizips ist beispielsweise im Russischen regelmäßig postpositiv (Gabka 1975: 193), auch im Bulgarischen folgen die Komplemente dem pränominalen Partizip: "*namerix preporučanata mi ot tjax kniga.* '[I] found the book recommended to me by them lit.: ....recommended to me by them book'", zit. nach Scatton 1984: 383. Der Direktiv ist aber nach unseren Beispielen das einzige Komplement des Relativsatzprädikats, das postpositiv zu ihm stehen kann.

Auch in den von Moškov aufgezeichneten Materialien aus Bessarabien findet sich das *(y)An*-Partizip als Prädikator eines ausgebauten Relativsatzes mit Komplementen nur äußerst selten (Beispiel (6)).

(6) *O Hajilaa gidän adamlar, göreerlar bir tepägöz* M 37
DEM Wallfahrt:DAT gehen:PART Mann:PL sehen:PRÄS-3PL ein Zyklop
'Diese Männer, die auf Pilgerfahrt gehen, sehen einen Zyklopen.'

Sowohl die Texte von Moškov als auch die Texte von Zajączkowski repräsentieren eine unnormierte Sprache, die im wesentlichen durch die jeweiligen dominierenden slawischen Umgangssprachen beeinflußt worden sind. Die im Bulgarischen und im Russischen vorhandenen präpositiven Partizipialkonstruktionen sind jedoch in erster Linie in der Schriftsprache anzutreffen.

In unseren eigenen Materialien der gesprochenen Sprache Moldawiens kommen -*(y)An* Partizipien nur in rein adjektivischer Funktion oder feststehenden Redewendungen des Typs *polis olan batüm* 'mein großer Bruder, der Polizist' vor.

In der gagausischen Schriftsprache sind mit Partizipien gebildete attributive Relativsätze ebenfalls nur äußerst vereinzelt anzutreffen. Es handelt sich auch hier ausschließlich um solche Konstruktionen, in denen, wie in Beispiel (7), lediglich ein einziges Komplement oder eine Ergänzung zu dem Relativsatzprädikat hinzutritt. Pokrovskaja 1978: 123 f. führt an, daß die Verwendung der Partizipien in attributiver Funktion selten und auf bestimmte Textsorten (Folklore und Poesie) und Stilarten ("erhaben") beschränkt sei. Die einzige Textsorte, in der wir -*(y)An*-basierte Relativsätze in größerem Umfang gefunden haben, waren erklärende Texte zur gagausischen Grammatik in einem Schulbuch, siehe hierzu Beispiel (9). Die postnominalen, auf finiten Prädikaten basierenden Relativsätze sind aber auch in dieser Textsorte frequenter als die pränominalen türkischen Typs.

(7) Gagauzlar /.../ Allahtan korkan insandïr — C 26
Gagause:PL Gott:ABL sich fürcht:PART Mensch:kop
'Die Gagausen /.../ sind Menschen, die Gott fürchten.'

(8) /.../laf verdilär yardïm etsinnär yufka ürenän studentlerä — BS 26
Wort geb:PRÄT-3PL Hilfe HV:OPT-3PL schlecht lern:PART Student:PL-DAT
'Sie haben /.../ versprochen, den Studenten, die schlecht lernen, zu helfen.'

(9) Vokallan bitän adlïklar kablederlär ašaadakï affiksleri. — GD7 99
Vokal:mit end:PART Substantiv:PL annehm:PRÄS-3PL unten:LOK-ADJ.DER Affix:PL-AKK
'Substantive, die auf Vokal enden, nehmen die unten [aufgeführten] Affixe an.'

2.2.2.1.2 -*DIK*-BASIERTE RELATIVSÄTZE

Relativkonstruktionen, deren Basissegment mit dem Zweit- oder Drittaktanten oder einer Ergänzung des Relativsatzes korreferiert und die auf einem Partizip basieren, das mit Possessivsuffix als Subjektvertreter markiert ist, sind in allen von uns gesichteten Texten nur sehr vereinzelt vertreten. Ihre Frequenz ist in der Schriftsprache, aber auch schon in den von Moškov gesammelten Texten aus Bessarabien, selbst gegenüber dem -*(y)An*-Partizip, deutlich abgesunken. Hier zeigt sich wiederum eine Parallele zu den iranisch beeinflußten Türksprachen, in denen das *-DIK-* Partizip in der Rolle des Relativsatzsubjunktors z.T. vollständig verschwunden ist, siehe Kıral-Shahidi Asl 1991: 37 f.

Nur in den Texten aus Bulgarien findet sich eine etwa gleiche Anzahl von *-(y)An-* und *-DIK*-basierten Relativsätzen. Es besteht Korreferenz zwischen Basissegment und Zweitaktanten des Relativsatzes oder Orts- bzw. Zeitangaben. Korreferenz zwischen Basissegment und Drittaktant ist nicht belegt. Auch dieser Relativsatztyp wird nicht sehr stark ausgebaut, Beispiel (1) zeigt ein Subjekt im Genitiv; andere Komplemente oder Ergänzungen des Relativsatzprädikats finden sich nicht.

(1) *Čoǰuun getirdiyi baašišlere karšilïk gelin de veriyor /.../* Z 92
Junge:GEN bring:PART-POSS3 Geschenk:PL-DAT Gegenleistung Braut auch geb:PRÄS3
'Als Gegenleistung für die Geschenke, die der Junge gebracht hat, gibt auch die Braut /.../'

(2) */.../da veriyosun bir baašiš sevdiin adama.* Z 98
und geb:PRÄS-2SG ein Geschenk lieb:PART-POSS2SG Mann:DAT
'...und du gibst dem Mann, den du magst, ein Geschenk.'

In den Texten von Moškov finden sich, wie in Beispiel (3), nur ganz vereinzelt *-DIK*-basierte Relativsätze.

(3) *O kasaba-da karïnïn oturduu kasabaymïš.* M 88
DEM Stadt PTKL Frau:GEN wohn:PART-POSS3 Stadt-INFKOP3
'Diese Stadt war aber die Stadt, in der die Frau wohnte.'

Laut Pokrovskaja 1964: 237 wird im Gagausischen im Unterschied zum Türkeitürkischen das Partizip obligatorisch mit dem Possessivsuffix der 3. Person versehen, der Subjektvertreter wird an das Basissegment angefügt, z.B. *okuduu kiyadïm* 'das Buch, das ich gelesen habe'. Es sei darüber hinaus auch möglich, daß die Markierung mit Possessivsuffix als Subjektvertreter am Bezugsnomen unterbleibt. In allen von ihr angeführten Beispielen für diesen Konstruktionstyp besteht der "Relativsatz" lediglich aus einem Prädikat, er hat keine Komplemente oder Ergänzungen, wie in dem nach Pokrovskaja 1964: 238 zitierten Beispiel (4).

(4) Sevdii išimi büük xavezlän yapmaa alïnërïm.
lieben:PART-POSS3 Arbeit:POSS1:AKK groß Eifer:mit machen:VN angehen:PRÄS1SG
"За любимое дело я берусь с большой охотой"

Es handelt sich jedoch u. E. bei den von Pokrovskaja angeführten Beispielen nicht um attributive Relativsatzkonstruktionen, sondern um Partizipien, die ihre prädikative Potenz verloren haben und somit attributivischen

Adjektiven ähneln. Eine genauere Besprechung derartiger Verwendungen der Partizipien findet sich in Kapitel 2.1.2.1.

In einem Schulbuch für gagausische Schüler findet sich unter der Überschrift "Attributive Nebensätze" (*Bellilikči dal ǰümlelär*) nach der Behandlung der postpositiven Relativsätze auch der Hinweis, daß es noch andere Konstruktionen gebe, die zwar meist keine Nebensätze darstellen, aber ins Russische wie Nebensätze zu übersetzen seien ("*Onnarïn en čoyu dal ǰümlä diyl, ama rus dilindän* (eigtl: *dilinä* A.M.) *čevirilerlär dal ǰümlä gibi.*" GD8/9: 89 f.). Dort werden als Beispiele auch Relativsätze aufgeführt, die auf dem *-DIK*-Partizip basieren und mit Subjektvertreter am Partizip versehen sind und somit genauso konstruiert sind, wie es im Türkeitürkischen üblich ist. Dies soll, wie oben ausgeführt, laut Pokrovskaja 1964, 237 im Gagausischen nicht möglich sein.

(5)	Dün	okuduum	kiyadï	čevirdim	bibliotekaya.	GD8-9 90
	gestern	les:PART-POSS1SG	Buch:AKK	zurückgeb:PRÄT-1SG	Bibliothek:DAT	

'Das Buch, das ich gestern gelesen habe, habe ich der Bibliothek zurückgegeben.'

Der Relativsatz kann, wie in Beispiel (6) ausgebaut sein. Hier ist allerdings auffällig, daß der Erstaktant des Relativsatzes mit dem Basissegment referentiell identisch ist. Im Türkeitürkischen müsste an dieser Stelle in jedem Falle ein *-(y)An*-Partizip stehen, siehe hierzu auch unsere Ausführungen unter 2.1.2.1, insbesondere Seite 36.

(6)	Trolleybustan	indii	kafadar	bana	yaklaštï.	GD8-9 90
	Straßenbahn:ABL	aussteig:PART-POSS3	Genosse	ich:DAT	näherkomm:PRÄT3	

'Der Genosse, der aus der Straßenbahn ausgestiegen war, näherte sich mir.'

Die Konstruktion entspricht also, was die Stelle der Markierung des Erstaktanten angeht, den Verhältnissen, wie wir sie im Türkeitürkischen vorfinden. Die Frequenz dieses Konstruktionstyps ist allerdings so stark zurückgegangen, wie man schon an den älteren Texten von Moškov und Ciachir sehen kann, daß er für die Relativsatzbildung im Gagausischen praktisch keine Rolle mehr spielt. Für die Schriftsprache muß darüber hinaus angemerkt werden, daß uns solche Konstruktionen außerhalb dieses Schulbuchkapitels bis jetzt überaus selten begegnet sind.

Innerhalb der von uns gesammelten Daten sind Konstruktionen mit *-DIK*-Partizip ebenfalls äußerst selten. Alle von uns aufgefundenen Beispiele sind darüber hinaus nicht ausgebaut, das Partizip wird rein adjektivisch verwendet, siehe hierzu Kapitel 2.1.2.1.

2.2.2.2 POSTPOSITIVE RELATIVSÄTZE

Neben den Relativsätzen türkischen Typs gibt es im Gagausischen postnominale, ihrem Basissegment nachgestellte Relativsätze. Sie sind somit rechtsverzweigend und entsprechen nicht der türkischen rectum-regens-Struktur. Sie basieren auf einer Finitprädikation und werden durch ein Relativelement eingeleitet. Wir unterscheiden bei den Relativelementen zwischen Partikeln, die unveränderlich sind, und Pronomen, die Kasusmarkierung und gegebenenfalls eine Personalmarkierung erhalten.

Rechtsverzweigende finitprädizierte Relativsätze mit einer satzeinleitenden Partikel finden sich schon in älteren Türksprachen, besonders in Übersetzungsliteratur, und in modernen Türksprachen, die iranischem Einfluß unterliegen, siehe Schönig 1993: 181 ff. Besonders ausgeprägt sind auf diesem Gebiet Relativsätze, die mit der aus dem Neupersischen globalkopierten Partikel *ki* (< Neupersisch *keh*) eingeleitet werden. In den älteren Sprachstufen diente meist die mit dem Fragepronomen "wer" homonyme Partikel *kim* als relativsatzeinleitendes Element. Es ist aber angezweifelt worden, ob es sich bei diesen Konstruktionen um wirkliche syntaktische Unterordnung oder nur um eine oberflächliche Nachahmung indogermanischer Satzsubordinationsmuster handele, siehe Johanson 1975 und 1991a. Durch einige Restriktionen unterscheiden sich diese kopierten Nebensatzmuster qualitativ von den genuin türkischen subordinierten Gliedsätzen. So können mit *ki* eingeleitete rechtsverzweigende Nebensätze nicht miteinander koordiniert werden und nicht mit türkischen Mitteln weiter subordiniert werden, siehe Johanson 1975.

Ki als nebensatzeinleitende Partikel findet sich auch im schriftsprachlichen Gagausischen, so etwa in Komplementsätzen. Sie kann vereinzelt auch in der Schriftsprache, wie in den iranisch beeinflußten Türksprachen, einen Relativsatz einleiten, siehe das u.a. Beispiel (1) aus Pokrovskaja 1978: 75.

(1) Var o türlü da insannar, ki azetmierlar čok išlemää.
es gibt DEM Art auch Mensch:PL ki mög:PRÄS-3PL viel arbeit:VN
'Es gibt auch solche Menschen, die es nicht mögen, viel zu arbeiten.'

In den von uns erhobenen Materialien wie auch in den Texten von Zajączkowski und Moškov tritt *ki* nicht relativsatzeinleitend auf.

In anderen balkantürkischen Dialekten, die unter dem Einfluß slawischer Sprachen einen postpositiven Relativsatztyp entwickelt haben, findet sich meist *ne* 'was' als relativsatzeinleitendes Element, siehe Németh 1965: 111 und Matras 1990.

Die frequentesten relativsatzeinleitenden Einheiten im Gagausischen sind die Partikel *ani* und das Pronomen *angï(sï)*, das in Bezug auf Numerus mit dem Basissegment kongruiert und diejenige Kasusform annimmt, die der intendierte Aktant im Relativsatz annehmen würde. Daneben fungieren auch *ne*, *kim*, *ner(e)dä*, *ner(e)dän*, *nereyi*, *nesoy* u.a. Interrogativpronomina als Relativpronomina bzw. -partikeln, siehe Pokrovskaja, 1964: 141 f.

2.2.2.2.1 Postpositive Relativsätze, eingeleitet durch eine Partikel

Im Gegensatz zu Konstruktionen mit Pronomina ist hier das relativsatzeinleitende Element unveränderlich, die Funktion der mit dem Basissegment korreferierenden Größe bleibt im Relativsatz unausgedrückt, und es wird nicht anaphorisch auf das vorhergehende Basissegment verwiesen. Dmitriev 1962: 267 kommt in seiner Untersuchung der von Moškov gesammelten Texte zu dem Schluß, daß alle attributiven Sätze, die in anderen türkischen Sprachen mit Partizipien gebildet werden, im Gagausischen mit *ani* eingeleitet werden. In einigen Sprachen erfülle *ki* die Funktion der Einleitung dieser Nebensätze "im eigentlichen Sinne".

Im Bulgarisch-Gagausischen und in den Texten von Moškov findet sich fast ausschließlich die Partikel *ani* zur Einleitung finitprädizierter Relativsätze. Sporadisch findet sich auch das Fragewort *ne* 'was' als relativsatzeinleitende Partikel, doch steht in diesen seltenen Fällen das Prädikat im Konditional, z.B. *bakšiš ne yaptiyse* 'was immer sie an Geschenken gemacht hat'. Da das Gagausische in Bulgarien keine normierte Schriftsprache ist und auch zu Zeiten Moškovs in Bessarabien noch nicht verschriftet war, muß hier mit einem stärkeren Einfluß der bulgarischen und russischen Umgangssprache gerechnet werden. Rudin 1986: 123 f. bemerkt, daß der Gebrauch einer relativsatzeinleitenden Partikel besonders charakteristisch für die bulgarische Umgangssprache sei.

Im allgemeinen stehen mit Partikel eingeleitete Relativsätze, wie in Beispiel (1) und (2) in unmittelbarer Kontaktstellung nach ihrem Basissegment.

(1) *Čaarmïš veziri ani saray yapmïštï.* Z 120
rufen:PERF Minister:AKK ani Schloß machen:PLUPERF3
'Er rief den Minister, der das Schloß erbaut hatte.'

(2) *Da düšündä göreer düvesini, ani vermiš Allah.* M 6
undTraum:POSS3-LOK seh:PRÄS Kalb:POSS-AKK ani geb:PERF Gott
'Und in seinem Traum sieht er sein Kalb, das Gott ihm geschenkt hat.'

In den Texten von Moškov finden sich allerdings, wenn auch selten, Beispiele für eine Durchbrechung der Kontaktstellung, indem Konstituenten des übergeordneten Satzes zwischen Basissegment und Relativsatz treten. Der attributive Satz folgt dann in der Regel dem kompletten Hauptsatz. In den Beispielen (3) und (4) steht das Prädikat des übergeordneten Satzes jeweils nach dem Basissegment, und der Relativsatz schließt sich daran an. In Beispiel (5) ist der Relativsatz wahrscheinlich wegen seiner Länge vom Basissegment getrennt, das selbst Attribut zum nach ihm stehenden direkten Objekt des übergeordneten Satzes ist. Bei Kontaktstellung zwischen Basissegment und Relativsatz wäre möglicherweise die Entfernung zwischen Prädikat und unmarkiertem direkten Objekt und zwischen Attribut und diesem andererseits zu groß.

(3) */.../ yölä- da bir gargayï doyurmuš, ani ačlïïndan kesilmiš, /.../* M 71
so auch ein Krähe:AKK sättig:PERF ani Hunger:POSS3-ABL entkräftet sein:PERF3
'/.../ so hat er auch eine Krähe gefüttert, die vom Hunger geschwächt war /.../'

(4) */.../gideyim o büük adamlan ǰeňk yedeyim, ani altï aršïn*
geh:OPT-1SG DEM groß Mann:mit Krieg HV:OPT-1SG ani 6 Aršin
boyu var, otuz čeki- da giimi var. M 21
Größe:POSS3 es gibt 30 Gewicht PTKL Kleidung:POSS3 es gibt
'/.../ ich will mit dem großen Mann kämpfen, der 6 Aršin groß ist und der 30fache Kleidung hat [wrtl.: dreißig Gewicht Kleidung hat].'

(5) */.../getirsin o yanïk aačtan bir dal, ani Avraam oolunu*
bring:OPT3 DEM verbrannt Baum:ABL ein Ast ani Abraham Sohn:POSS3-AKK
kurban keseǰeykan čïkardï firïn ičindän. M 23
Opfer schneid:FUT-KONV herauszieh:PRÄT3 Ofen PP:POSS3-ABL
'/.../ daß er einen Ast von dem verbrannten Baum, den Abraham, als er seinen Sohn opfern wollte, aus dem Ofen gezogen hatte, bringen solle.'

Auch in den schriftsprachlichen Texten herrscht in der Regel Kontaktstellung zwischen Basissegment und Relativpartikel vor, die aber durchbrochen werden kann, wenn, wie im u. a. Beispiel (22), das Basissegment Genitivattribut in einer Genitivverbindung ist oder das Hauptsatzprädikat dem Basissegment folgt, und der Relativsatz diesem folgt.

Im allgemeinen wird der Relativsatz durch *ani* eingeleitet und alle seine Konstituenten folgen der Partikel. Es besteht darüber hinaus eine deutliche Neigung, das Relativsatzprädikat an letzter Stelle des Nebensatzes zu haben (vgl. aber Beispiel (2) und (12)). In den gagausischen Texten aus Bulgarien wird die Kontaktstellung von Basissegment und Relativpartikel in zwei Beispielen ((6) und (7)) durchbrochen, in denen Teile des Relativsatzes vor ihm stehen. Die Extraktion eines Elementes aus dem Relativsatz und seine Voranstellung vor die satzeinleitende Partikel dient u.E. der Fokussierung (vgl. hierzu auch die Extraktion fokussierter Elemente in mit *ačan* eingeleiteten Temporalsätzen, siehe Kapitel 2.2.3.3.1). Eine derartige Extraktion von Elementen aus dem Relativsatz ist uns allerdings ausschließlich in den Texten aus Bulgarien begegnet.

(6) *čojuun anasï ve bobasï bašlïyorlar bakšišleri geline*
Junge:GEN Mutter:POSS3 und Vater:POSS3 anfang:PRÄS-3PL Geschenk:PL-AKK Braut:DAT
ani verilejekler hazïrlamaya. Z 92
ani geb:PASS-FUT-3PL vorbereit:VN
'Mutter und Vater des Jungen beginnen, die Geschenke, die der Braut gegeben werden sollen, vorzubereiten.'

(7) *Ordan kayrï erkes baašišini gelin ani verdi*
dort:ABL nunmehr jeder Geschenk:POSS3-AKK Braut ani geb:PRÄT3
alïr panerden /.../ Z 92
nehm:AOR3 Korb:ABL
'Von dort nimmt nunmehr jeder sein Geschenk, daß die Braut ihm gegeben hat, aus dem Korb /.../.'

Die Partikel signalisiert nur das attributive Verhältnis zwischen Basissegment und Relativsatz. Welche Funktion die mit dem Basissegment korreferentielle Größe im Relativsatz hat, wird durch die Partikel nicht angezeigt. Mit dem Basissegment korreferentielle Aktanten oder Ergänzungen des Relativsatzes bleiben in der Regel unausgedrückt, d.h. sie werden nicht durch ein resumptives Personalpronomen im entsprechenden Kasus wiederaufgenommen (siehe Beispiele (8) und (9)). Diese Eigenschaft ist dem postnominalen Relativsatz mit Partikel und dem pränominalen Relativsatz nach türkischem Muster somit gemeinsam.

In den iranisch-beeinflußten Türksprachen, die zur Einleitung der Relativsätze die aus dem Neupersischen kopierte Partikel *ki* verwenden, werden mit dem Basissegment korreferierende Aktanten und Ergänzungen im Relativsatz oftmals durch Personalpronomina in den entsprechenden Kasus wiederaufgenommen, vgl. etwa die u.a. gagausischen Beispiele mit Beispiel (10) aus dem Chaladsch, zitiert nach Doerfer & Tezcan 1994: 249, oder aus dem unten S. 97 zitierten Beispiel aus dem Tschagataischen.

(8) *O daayïn ičindän čiktï o jänavar,*
DEM Wald:GEN PP:POSS3-ABL herauskomm:PRÄT3 DEM Wolf
ani yahnï vermiš Küljü. M 72
ani Fleisch geben:PERF3 K.
'Aus diesem Wald kam der Wolf heraus, dem Küljü Fleisch gegeben hatte.'

(9) *Güveyin tarafï kalkar sofradan ani yiyerlerdi.* Z 94
Bräutigam:GEN Seite:POSS3 aufsteh:AOR3 Tafel:ABL ani ess:AOR-3PL-VERGKOP
'Die Angehörigen des Bräutigams erheben sich von der Tafel, an der sie gegessen haben.'

(10) "män ï´na o´-rsam ki bï̄ loɣma hikmäk isti´čä <u>undï´la</u> toɣuštuy."
"Ich bin eben jener, mit dem du dich um einen Bissen Brot geprügelt hast."

Hier folgen die türkischen Sprachen dem persischen Muster, in dem die Aufnahme des mit dem Basissegmenten korreferierenden Zweitaktanten mittels Personal- oder Demonstrativpronomen im Relativsatz möglich, ab dem Drittaktanen jedoch, so Lehmann 1984: 86, obligatorisch ist. In den von Reichl 1983: 484 f. aufgeführten Relativsätzen aus dem Afghan-Usbekischen wird das Basissegment im Relativsatz mittels des Personalpronomens auch bei Korreferenz mit Erst- und Zweitaktanten wiederaufgenommen.

Men bïr ådamdï taniyman ki u̲ ketåbχånaga išläidï.
'I know a man who works in a library.'

Kurzová 1981: 80 gibt für die mit Partikel eingeleiteten Relativsätze in slawischen und balkanischen Sprachen dieselben Verhältnisse an, wie Lehmann sie für das Persische ausführt. Eine Ausnahme bilde hier insbesondere das Russische, insofern, als die Verwendung von mit Partikel eingeleiteten Relativsätzen beschränkt ist auf die Fälle, in denen Korreferenz zwischen Basissegment und Erstaktant oder unbelebtem Zweitaktanten besteht. Jensen 1931: 292 bemerkt aber, besonders für das moderne Neupersische, daß "vielfach die Relativpartikel *keh* allein (genügt), um präpositionale Verhältnisse auszudrücken." Daß dieses Muster der neupersischen Vorlage auch in die von ihm beeinflußten Türksprachen kopiert wurde, illustriert ein Beispiel aus dem Afghan-Usbekischen aus Menges 1949: 696:

heč bÿr koča qalmadi, ki oγri bargan-bolmasa
'Es gab keine Straße, auf der der Dieb nicht gegangen wäre.'

Mit dem Basissegment korreferierende Drittaktanten oder freie Angaben müssen jedoch in neupersischen Relativsätzen pronominal aufgenommen werden. Dies gilt im Prinzip ebenso für mit *deto* eingeleitete Relativsätze im gesprochenen Bulgarischen. Rudin 1986: 129 bemerkt hierzu, daß "deletion (of the resumptive pronoun A. M.) is obligatory if the pronoun is nominative, optional if it is accusative, impossible for many speakers if it is dative, and impossible for all speakers if it is in a prepositional phrase". Für das Gagausische von Bulgarien allerdings gelten diese Regularitäten wie oben bereits ausgeführt, nicht.

Die Aufnahme eines mit dem Basissegment der Relativkonstruktion korreferierenden Elements im Relativsatz in Form eines Pronomens findet sich in dem von uns analysierten Material nur in einem einzigen Beispiel (11).

(11) *čaarïyor /.../ gelin evine ani gelin čikmïš* *__ordan__.* Z 96
rufen:PRÄS3 Braut Haus:POSS3-DAT ani Braut herausgeh:PERF3 dort:ABL
'(Der Vater der Braut) lädt (sie) ins Brauthaus, aus dem die Braut herausgegangen ist, ein.'

Es findet sich auch nur ein Beispiel (12), in dem das Basissegment nach dem Relativsatz im Hauptsatz pronominal wiederaufgenommen wird. Hier steht allerdings der Relativsatz in unmittelbarer Kontaktstellung zu dem in Spitzenstellung stehenden Basissegment, und das Prädikat des übergeordneten Satzes folgt erst im Anschluß an den Relativsatz, so daß das Basissegment zur Verdeutlichung wiederaufgenommen wird.

(12) *O ǰevizden ani baaladï ärïnïn ensesine ondan*
DEM Walnuß:ABL ani bind:PRÄT3 Biene:GEN Nacken:POSS3-DAT sie:ABL
oldu bir āč ǰeviz aaǰï. Z 128
werd:PRÄT3 ein Baum Walnuß Baum:POSS3
'Aus der Walnuß, die er an den Nacken der Biene gebunden hatte, aus ihr wurde ein Baum, ein Walnußbaum.'

Im schriftsprachlichen Gagausischen ist der Gebrauch der Partikel *ani* als Relativpartikel beschränkt auf solche Relativkonstruktionen, deren Basissegment mit dem Erst- (Beispiel (13)) oder Zweitaktanten (14) des Relativsatzes oder mit dem "Besitzer" des Erst- oder Zweitaktanen korreferiert (15). Eine solche Einschränkung der Verwendung der Partikel als relativsatzeinleitendes Element findet sich in den Texten aus Bulgarien und den von Moškov präsentierten Materialien nicht, vgl. etwa die Beispiel (8) und (9).

(13) O affikslerä, ani eni maanalï laf kurërlar, laf
DEM Affix:PL-DAT ani neu Bedeutung:ADJ.DER Wort bild:PRÄS-3PL Wort
düzüǰü affix deniler. GD7 64
bild:NOM.DER Affix nenn:PASS-PRÄS3
'Die Affixe, die Wörter mit neuen Bedeutungen bilden, nennt man Wortbildungsaffix.'

(14) Ayïrdïm sade bir professija ani beendim, /.../ BS 26
wähl:PRÄT-1SG nur ein Beruf ani mög:PRÄT-1SG
'Ich habe nur einen Beruf gewählt, der mir gefällt, /.../.'

(15) /.../ Moškov čïkardï bir kiat, ani adï "Bender./.../" BS 6
M. herausbring:PRÄT-1SG ein Buch ani Name:POSS3 B.
'/.../ Moškov brachte ein Buch heraus, dessen Name "Bender /.../" ist.'

Auch in unseren Daten finden sich ausschließlich Beispiele für Erst- und Zweitaktantenkorreferenz sowie Possessivverhältnisse zwischen Bezugsnomen und Subjekt des Relativsatzes, siehe Beispiele (16) bis (18). Da aber nach unseren Beobachtungen in der Sprache der älteren Generation nur *ani* und nicht das unten zu besprechenden Relativpronomen verwendet wird, ist nicht auszuschließen, daß diese Informanten auch bei Drittaktantenkorreferenz und Korreferenz mit freien Angaben *ani* verwenden würden.

Die, zumindest in der modernen Schriftsprache eingeschränkte Verwendung der Relativpartikel *ani* auf Relativkonstruktionen, deren jeweiliges Basissegment mit dem Erst- oder Zweitaktanten des Relativsatzes korreferiert, deckt sich mit der Verwendung der Relativpartikel *čto* im Russischen. *Čto* kann, besonders in der Umgangsprache, Relativsätze einleiten, deren Basissegment mit dem Erstaktanten oder mit einem unbelebten Zweitaktanten des Relativsatzes korreliert, siehe Müller 1970: 111. Die Beschränkung auf unbelebte Zweitaktanten findet sich im Gagausischen nicht, da diese für das Russische charakteristische Kategorie im Gagausischen keine Rolle spielt.

(16) /.../ *ama o komšumuz ani gelmišti* /.../ T7 62
aber DEM Nachbar:POSS1 ani kommen:PLUPERF3
•• '/.../ aber unser Nachbar, der gekommen war /.../.'

(17) *onnar alerlar bizim Moldavyanïn o šarabïnï ani biz*
sie kauf:PRÄS-3PL wir:GEN Modawien:GEN DEM Wein:POSS3-AKK ani wir
ičmeriz T2 293
trink:NEG-PRÄS-1PL
•• 'Sie kaufen den[jenigen] Wein aus unserem Moldawien, den wir nicht trinken.'

(18) /.../ *alsïn adam bir inek ani az südü var* T3 97
kauf:OPT3 Mann ein Kuh ani wenig Milch:POSS3 existiert
•• '/.../ der soll eine Kuh kaufen, die wenig Milch hat.'

Die Verwendung des Pronomens *o* in Beispiel (17) vor dem Basissegment des Relativsatzes dient der Identifizierung, welcher Bestandteil der Possessivverbindung Basissegment des restriktiven Relativsatzes ist. Ohne das Demonstrativpronomen wäre die ganze Possessivkonstruktion *Moldavyanïn šarabïnï* Basissegment des in diesem Falle appositiven Relativsatzes. Vgl. hierzu ein schriftsprachliches Beispiel (19), in dem das Pronomen dazu dient, das Genitivattribut einer Possessivkonstruktion als Basissegment des Relativsatzes zu identifizieren.

(19) /.../ nerdä yazërlar o kolxozčularïn laabïnï xem
wo schreib:PRÄS-3PL DEM Kolchose:NOM.DER-PL-GEN Nachname:POSS3-AKK und
adïnï, ani daa islä išleer. BS 19
Name:POSS3-AKK, ani mehr gut arbeit:PRÄS3
'/.../ wo man die Nachnamen und Namen der Kolchosbauern hinschreibt, die besser arbeiten.'

Das Pronomen dient allerdings nicht der Markierung des Unterschiedes restriktiv vs. appositiv, wie seine Verwendung in Beispiel (16) zeigt, in dem es vor dem durch Possessivssufix determinierten Bezugswort eines appositiven Relativsatzes steht.

Auch in den Texten von Moškov finden sich auffällig häufig Relativkonstruktionen, deren Basissegment ein Demonstrativpronomen, in der Regel *o*, voransteht. Das Pronomen hat hierbei augenscheinlich nicht die Funktion, das Basissegment zu determinieren, da es auch solchen Basissegmenten vorausgeht, die aus sich heraus bzw. durch den Kontext schon identifiziert sind. Stellt man die Sätze um in Relativsätze nach türkischem Muster, so entfällt bei der Umstellung das Demonstrativpronomen. Setzt man es, so wird eine starke Emphase ausgedrückt. In präpositiven Relativsätzen erscheint das Demonstrativpronomen nur als Determinator vor dem Relativsatz, d.h. es determiniert die gesamte Konstruktion (siehe unter 2.2.2.1.1 Beispiel (6) *o Hajïlaa gidän adamlar*).

(20) *Šindi čojük yineer yerä /.../ da gideer o padišaa, ani*
dann Junge hinabsteig:PRÄS Boden:DAT und geh:PRÄS3 DEM Padischah:DAT ani
kïzï hastaymïš. M 86
Tochter:POSS3 krank:INFKOP3
'Dann steigt der Junge herab /.../ und geht zum Padischah, dessen Tochter krank ist.'

kïzï hasta olan padišaa gideer <> kïzï hasta olan o padišaa gideer

(21) *Šindi padišahïn oolu yattïrayor o kïzï, ani kahïrï*
dann Padischah:GEN Sohn:POSS3 leg:PRÄS3 DEM Mädchen:AKK ani Kummer:AKK
gečirmeyjek, xem aalamayjek. M 33
erleid:NEG:FUT3und wein:NEG:FUT3
'Dann bringt der Sohn des Padischahs das Mädchen, das keinen Kummer erleiden und nicht weinen wird, zu Bett.'

kahïrï gečirmeyän kïzï yattïrayor <>kahïrï gečirmeyän o kïzï yattïrayor

Das Pronomen erscheint nicht vor Basissegmenten, vor denen der unbestimmte Artikel steht oder die possessivisch markiert sind. In allen anderen Fällen aber steht ein Pronomen vor dem Basissegment. Die Funktion des Demonstrativpronomens scheint somit eine rein kataphorische, auf einen folgenden Relativsatz, unabhängig davon, ob er restriktiv oder appositiv ist, hinweisende zu sein. In unserem Material kann das Pronomen jedoch, wie Beispiel (16) zeigt, diese hinweisenden Funktion auch vor possessivisch markierten Bezugsworten haben. In den Texten aus Bulgarien ist eine solche ausgeprägte Verwendung des Demonstrativpronomen nicht zu beobachten. Auch gänzlich unbestimmten Basissegmenten geht kein kataphorisches Demonstrativpronomen voran.

In dem Text von Ciachir 1934 finden sich nur solche mit Partikel eingeleiteten Relativsätze, deren Basissegment korreferentiell identisch mit dem Erstaktanten des Relativsatzes ist. In dem u.a. (Beispiel 22) ist der Bezug des Relativsatzes auf das Genitivattribut *türk uygurlarïn* durch die Kongruenz des Relativsatzprädikates eindeutig signalisiert.

(22) /.../ pek ei benzeer türk uygurlarïn dilinä, hani yašerlar šindi
sehr gut ähn:PRÄS3 Türke Uigure:PL-GEN Sprache:POSS3-DAT ani leb:PRÄS-3PL jetzt
Aziyanïn Altai bayïrlarïnda /.../ C 22
Asien Altai Berg:PL-POSS3-LOK
'/.../ sie ähnelt sehr der Sprache der türkischen Uiguren, die jetzt in den Altaibergen Asiens leben /.../.'

In den Texten aus Bessarabien finden sich auch mit *ani* eingeleitete Relativsätze, die ihrem Basissegment voranstehen, vgl. die Beispiele (23) und (24). Diese Konstruktionsmöglichkeit, die überaus selten ist, ist aber beschränkt auf Relativkonstruktionen, in denen Korreferenz von Basissegment und Erstaktant des Relativsatzes vorliegt. Diese Restriktion gilt auch für das moderne Gagausische. In unserem Materialien findet sich kein Beispiel eines vorangestellten, mit Partikel eingeleiteten Relativsatzes.

(23) *O, ani doksan-dokuz kürk giimiš, deer Yuvana:* /.../ M 107
DEM ani 99 Pelz anzieh:PERF3 sag:PRÄS3 Y.:DAT
'Derjenige, der 99 Pelze angezogen hatte, sagte zu Juvan: /.../'

(24) *Ani iki muntä mamaliga aazïnda varmïš, o deer:* M 107
ani 2 Berg Maisbrei Mund:POSS3-LOK es gibt:INFKOP er sag:PRÄS3
'Derjenige, der zwei Berge Maisbrei im Mund hatte, sagte: '

Gajdarži 1981: 19 f. verzeichnet ebenfalls voranstehende Relativsätze mit der Partikel *ani*. Dies habe aber umgangssprachlichen Charakter und sei beschränkt auf die Fälle, in denen das Basissegment Subjekt im Hauptsatz ist und mit dem Erstaktanten des Relativsatzes korreferiert.

2.2.2.2.2 Postpositive Relativsätze, eingeleitet mit kongruierendem Relativpronomen

Die Verwendung eines Relativpronomens findet sich erstmals in den Texten von M. Ciachir aus den 30er Jahren dieses Jahrhunderts.

Am prominentesten ist in dieser Rolle das Indefinit-/Interrogativpronomen *angï* 'welche'. Die Eigenschaft, Relativsätze einleiten zu können, wurde hier von dem russischen Indefinit-/Interrogativpronomen *kotoryj* auf das entsprechende gagausische Pronomen kopiert. Diese Teilstrukturkopie findet sich auch in anderen, besonders durch das Russische dominierten Türksprachen, wie das Karaimische und das Chakassische, siehe Schönig 1993b: 185 f. Auch hier wird die Möglichkeit des Indefinit-/Interrogativpronomens, Relativsätze einzuleiten, auf entsprechende vom atü. **qa:ño* zurückgehende Indefinitpronomina kopiert. Das Pronomen erfüllt im Gagausischen dieselben Funktionen wie etwa das Relativpronomen im Deutschen oder im Russischen. Es signalisiert die Subordination des Relativsatzes in Bezug auf das Basissegment und repräsentiert dieses im

Gliedsatz. Darüber hinaus tritt es immer mit Possessivsuffix markiert auf und kongruiert so in Bezug auf Singular oder Plural mit seinem Basissegment und dient so der Identifizierung des Relativsatzes mit seinem Basissegment. Desweiteren nimmt es den Kasus desjenigen Aktanten des Relativsatzprädikats an, mit dem das Basissegment korreferiert.[57] Dies sind neben der postnominalen Stellung des Satzes signifikante Unterschiede zum Relativsatz "türkischen" Typs, in dem die Partizipien lediglich der Subordination des Relativsatzes dienen, das Basissegment im Relativsatz jedoch nicht repräsentiert wird, und die syntaktische Funktion des mit dem Basissegment korreferierenden Aktanten des Relativsatzprädikats zumeist nicht ausgedrückt wird.

Es besteht jedoch ein signifikanter Unterschied zwischen dem russischen und dem gagausischen Relativpronomen. Die Subordination des Relativsatzes wird jeweils durch das betreffende Lexem des Pronomens ausgedrückt. Die Identifikation des Relativpronomens mit dem Basissegment mittels Kongruenz und die syntaktische Position der mit dem Basissegment korreferierenden Größe mittels des entsprechenden Kasus wird jedoch im Gagausischen gemäß der türkischen Wortstruktur (siehe hierzu Johanson 1974: 82 ff.) durch die Juxtaposition zweier Suffixe (Possessiv- und Kasussuffix) markiert. Im Russischen hingegen verschmelzen diese beiden Funktionen in einem Morphem.

Das Basissegment mit Relativpronomen konstruierter Relativsätze kann korreferentiell identisch mit jedem Aktanten oder freier Angabe des Relativsatzes sein. Beispiel (1) zeigt darüber hinaus, daß das Relativpronomen auch dann im Plural steht, wenn das Bezugswort formal nicht pluralmarkiert aber generisch zu verstehen ist.

(1) bulunuz örnek, angïlarï gösterer, ki /.../ GD7 15
find:IMP-2PL Beispiel REL.PRON:PL zeig:PRÄS3 ki
'Findet Beispiel, die zeigen, daß /.../ '

(2) hem dil nišanlarïnï, hangïlarïndan ačik görüneer, ki /.../ C 8
und Sprache Zeichen:PL-POSS3-AKK REL.PRON-PL-ABL offen seh:PASS-PRÄS3 ki
'und die Sprachzeichen, aus denen man deutlich erkennt, daß /.../'

(3) /.../čïkardïydï bir türkü, angïsï ičin lääzïm olsundu
herausbring:PLUPERF ein Lied REL.PRON PP nötig werden:OPT3-vergkop
zeet čeksin. SB 85
Qual zieh:OPT3
'/... / hatte ein Lied herausgebracht, für das er Qualen erleiden sollte.'

57 Der einzige Unterschied besteht somit in der fehlenden Genuskongruenz des Gagausischen.

Die kopierten postpositiven Relativsätze mit Relativpronomen im Gagausischen kommen in den meisten Fällen, wie in den o.g. Beispielen (1) bis (3), den von Kurzová 1981: 17 aufgestellten Merkmalen für die idealisierte Relativsatzkonstruktion sehr nahe. Das Basissegment ist im übergeordneten Satz explizit vorhanden, der Relativsatz ist nachgestellt, Basissegment und Relativpronomen stehen in Kontaktstellung, Basissegment und Relativpronomen weisen die ihrer Position im jeweiligen Satz entsprechende Markierung auf, der Relativsatz ist ein finiter Verbalsatz. Sie entsprechen damit sowohl im Hinblick auf die Funktion des Pronomens als auch die Ausgestaltung des Satzes in vielen Einzelheiten dem russischen Relativsatzmuster.

Korreferiert allerdings das Basissegment mit dem "Besitzer" eines Komplements oder einer Ergänzung des Relativsatzprädikats, so steht im Russischen das Relativpronomen *kotoryj* im Genitiv nach dem Possessum.[58] Dieses Muster findet sich im Gagausischen nicht, das Relativpronomen bleibt hier in unmittelbarer Kontaktstellung mit dem Basissegment.

učitel', syn kotorogo rabotaet v teatre
Lehrer Sohn REL.PRON:GEN arbeit:PRÄS3 in Theater:Präpositiv

üürediji, angïsïnïn oolu išleer teatrada
Lehrer REL.PRON:GEN Sohn:POSS3 arbeit:PRÄS3 Theater:LOK
'der Lehrer, dessen Sohn im Theater arbeitet'

In der Regel tritt der Relativsatz unmittelbar hinter sein Basissegment, die Kontaktstellung kann aber unter bestimmten Bedingungen durchbrochen werden. Bezieht sich beispielsweise der Relativsatz auf ein Basissegment, das Genitivattribut in einer Possessivverbindung ist, so steht das Basissegment des Genitivattributs zwischen ihm und dem Relativsatz, siehe Beispiel (4). In diesem Beispiel ist durch die Kongruenz des Relativpronomens in Bezug auf Numerus klar, daß sich der Relativsatz auf *halk* bezieht. Sollte ein Bezug zu *čoǰuklarï* und *kïzlarï* hergestellt werden, müßte das Pronomen im Plural stehen. In den Fällen, in denen Genitivattribut und Basissegment im selben Numerus stehen, entscheidet der Kontext bzw. die Semantik des Relativsatzes.

(4) bir küčük halkïn čoǰuklarï xem kïzlarï, angïsïna sade šindi
ein klein Volk:GEN Junge:PL-POSS3 und Mädchen:PL-POSS3 REL.PRON:DAT nur jetzt
ačïlër yol /... / BS 27
öffn:PASS-PRÄS3 Weg
'Die Jungen und Mädchen eines kleinen Volkes, dem sich erst jetzt der Weg /.../ öffnet.'

58 Nicht so bei Verwendung des weitgehend auf die Schriftsprache beschränkten Pronomens *čej*.

Soll in solchen Konstruktionen ein eindeutiger Bezug hergestellt werden, auf welchen Teil der Genitivkonstruktion sich der Relativsatz bezieht, kann, wie in den mit Partikel konstruierten Relativsätzen, dem entsprechenden Element der Genitivverbindung ein kataphorisches, auf den Relativsatz hinweisendes Demonstrativpronomen vorausgehen (vgl. Beispiele (5) und (6)). Dieses Pronomen kann allerdings nicht zusammen mit dem unbestimmten Artikel *bir* auftreten.

(5) Sintaksis deniler grammatikanïn o bölümünä, angïsïnda
Syntax nenn:PRÄS3 Grammatik:GEN DEM Teil:POSS3-DAT REL.PRON:LOK
üreniler: GD 8/9 3
lern:PASS-PRÄS3
'Syntax nennt man denjenigen Teil der Grammatik, in dem man lernt:'

(6) čizin /.../ hem da o laflarïn altïnï, angïlarïnï onnar
streich:IMP2PL und PTKL DEM Wort:PL-GEN PP:POSS3-AKK REL.PRON:AKK sie
tamannëërlar. GD 8/9 44
vervollständ:PRÄS-3PL
'Unterstreicht /.../ und auch diejenigen Wörter, die diese vervollständigen.'

Als kataphorische Elemente dienen die Pronomina *o* (manchmal auch *tälte o*, s.o.) und *ölä* (Gajdarži 1981: 18), wenn das Basissegment ein Nomen ist. Ist das Basissegment ein Pronomen, so dient als kataphorisches Element *tälte*. Im Russischen können als kataphorische Elemente *tot* oder *takoj* fakultativ nur vor Basissegmente restriktiver Relativsätze treten, siehe Birkenmaier 1977. In der gagausischen Schriftsprache folgen allerdings nur auf *ölä* + Basissegmente ausschließlich restriktive Relativsätze (Beispiel 7). Auf *o* + Basissegment können auch appositive Relativsätze folgen (Beispiel 8).

(7) /.../ deniler ölä ǰümleyä, angïsïnda var baš ǰümlä xem dal ǰümlä.
nenn:PRÄS solch Satz:DAT REL.PRON:LOK es gibt Haupt Satz und Ast Satz
'[Satzgefüge] nennt man einen solchen Satz, in dem es einen Haupt- und einen Nebensatz gibt.' GD8/9 87

(8) Kïzgïn sa yatardï o tozlu yapaalar ičindä, angïlarï
K. PTKL lieg:AOR:VERGKOP3 DEM staubig Fell:PL PP:POSS3-LOK REL.PRON:PL
kokardï koyun terinä da /.../ SB 31
riech:AOR-VERGKOP3 Schaf Schweiß:POSS3-DAT PTKL
'Kïzgïn aber lag in den staubigen Fellen, die nach Schafschweiß rochen, und /.../'

Der Relativsatz kann auch dem kompletten Matrixsatz, dessen Prädikat die letzte Position im Hauptsatz einnimmt, folgen. Dies ist allerdings, wie auch bei mit Partikel konstruierten Relativsätzen, selten, da das Hauptsatzprädikat häufig nicht an letzter Stelle im Satz steht (siehe Kapitel 2.1.4).

(9) Ozamandan da yazï dili kullanïlër, angïsï büük yardïm
seitdem PTKL Schrift Sprache:POSS3 verwend:PASS-PRÄS3 REL.PRON groß Hilfe
oldu literatura ilerlemesinä. GD7 9
HV:PRÄT3 Literatur Fortschritt:POSS3-DAT
'Seitdem wird die Schriftsprache verwendet, die eine große Hilfe für den literarischen Fortschritt ist.'

Mehrere mit dem Pronomen *angï(sï)* eingeleitete Relativsätze können, wie in Beispiel (10), mit *xem* 'und' koordiniert werden und unterscheiden sich damit qualitativ von mit Konjunktoren oder Relativpartikeln eingeleiteten Nebensätzen in anderen Türksprachen (vgl. Johanson 1975 und 1993). In Beispiel (11) ist der Relativsatz Attribut zu einem Element eines Objektsatzes, ist also mit diesem zusammen dem Matrixsatz *bilerim* untergeordnet. Der ganze komplexe Satz ist allerdings rechtsverzweigend. Eine weitere Unterordnung eines rechtverzweigenden Relativsatzes mit genuin türkischen, also linksverzweigenden satzsubordinierenden Mitteln, haben wir bis jetzt in den Texten nicht angetroffen.

(10) Ašaadakï laflara bulunuz otürlü formalar, angïlarïnda
unten:LOK-ADJ.DER Wort:PL-DAT find:IMP2PL solch Form:PL REL.PRON:PL-LOK
K konsonu bitkidä düšmeer xem angïlarïnda düšer. GD7 54
K Konsonant:POSS3 Ende:LOK fall:NEG-PRÄS3 und REL.PRON:PL-LOK fall:PRÄS3
'Findet für die unten [angegebenen] Wörter solche Formen, bei denen der Konsonant K im Auslaut ausfällt, und bei denen er nicht ausfällt.'

(11) Bilerim, ani var bir pioner žurnalï, angïsïnï sana adadï
wiss:PRÄS-1SG ani es gibt ein Pionier Journal:POSS3 REL.PRON:AKK du:DAT schenk:PRÄT3
Aljoša dostun. GD7 56
A. Freund:POSS2
'Ich weiß, daß es ein Pionierjournal gibt, das dir dein Freund Aljoscha schenkte.'

In unserer Materialien treten solche mit Relativpronomen eingeleiteten Relativsätze (Beispiel (12) und (13)) ausschließlich bei jüngeren Informanten mit einem hohen Maß an formaler Bildung auf. Informanten der älteren Generation, mit geringen Russischkenntnissen, verwenden nach unseren Beobachtungen *angï* nicht als Relativpronomen.

(12) *hen büük iilik angïsïnï diyjez allā verdi /.../* T5 16
SUP groß Güte REL.PRON:AKK sag:FUT-1PL Gott geb:PRÄT3
•• 'Die beste Sache, die sagen wir mal, Gott gegeben hat /.../'

(13) *komunistlär angïlarï čalïšardï komunist partisinä karšï*
Kommunist:PL REL.PRON:PL arbeit:AOR-VERGKOP3 Kommunist Partei:POSS3-DAT PP
•• 'Kommunisten, die gegen die kommunistische Partei arbeiteten' T6 291

Es handelt sich also um eine sehr rezente Teilstrukturkopie aus dem Russischen.

2.2.2.2.3 Postpositive Relativsätze, eingeleitet mit nicht-kongruierendem Relativpronomen

Neben der Verwendung des Indefinit-/Interrogativpronomens in der Funktion eines Relativpronomens ist die Verwendung der Lokaladverbien *nereyi/yä* 'wohin', *ner(e)dä* 'wo' und *ner(e)dän* 'woher' häufig, wenn das Basissegment eine Ortsbezeichnung ist. Dies deckt sich mit dem Gebrauch der russischen Pronominaladverbien *gde*, *kuda* und *otkuda* in relativsatzeinleitender Funktion. Wenn das Basissegment keine Ortsangabe darstellt, aber mit einem Aktanten oder einer Ergänzung des Relativsatzprädikats korreferiert, der seiner Funktion entsprechend mit Dativ, Lokativ oder Ablativ markiert würde, erscheint in der Regel das Pronomen *angï(sï)* im entsprechenden Kasus (s. o. Beispiel 10).

(1) Taliga, nerdä oturardï Yorgi /.../ girdi kasabaya. SB 97
Karren wo:LOK sitz:AOR-VERGKOP3 Y. eintret:PRÄT3 Stadt:DAT
'Der Karren, auf dem Yorgi saß, fuhr /.../ in die Stadt ein.'

(2) Sokakta, neredän götürärdilär Türküǰüyü, insan
Straße:LOK wo:ABL bring:AOR-VERGKOP-3PL Liedermacher:AKK Mensch
görünmäzdi. SB 79
seh:PASS:NEGAOR-VERGKOP3
'Auf der Straße, von wo sie den Liedermacher wegbrachten, war kein Mensch zu sehen.'

Das Interrogativpronomen *ne* ist selten vertreten. Es kann bei Korreferenz des Basissegments mit dem Erst- oder Zweitaktanten des Relativsatzes als Partikel oder als Pronomen auftreten und erscheint hauptsächlich in Relativkonstruktionen, deren Basissegment ein Pronomen ist, das auf Unbelebtes referiert. Beispiel (4) zeigt, daß auch mit *ne* eingeleitete Relativsätze miteinander koordiniert werden können.

(3) o hep düšünärmiš nasïl yapsïn onu ne sïmarladï padišah. BS 131
er immer denk:AOR-INFKOP3 wie mach:OPT3 es:AKK ne befehl:PRÄT3 Padischah
'Er hat ständig darüber nachgedacht, wie er das, was der Padischah ihm befohlen hat, machen sollte.'

(4) /.../da genä čeketti aklïndan gečirmää onu, ne
PTKL wieder anfang:PRÄT3 Verstand:POSS3-ABL durchgeh:KAUS-VN es:AKK ne
oldu onunnan xem ne var nijä čïksïn bundan /.../ GD8/9 14
werd:PRÄT3 er:GEN-mit und ne möglich herauskomm:OPT3 dies:ABL
'/.../ und er fing wieder an, sich das durch den Kopf gehen zu lassen, was mit ihm geschehen war und was daraus entstehen könnte /.../.'

In einigen balkantürkischen Dialekten findet sich ebenfalls *ne* als relativsatzeinleitendes Element. So etwa im türkischen Dialekt von Vidin, in dem es neben den Relativsätzen "türkischen" Typs auch postnominale Relativsätze gibt. Hier dient ausschließlich *ne* als einleitende Partikel, unabhängig davon, ob das Basissegment belebt oder unbelebt ist. *Ne* funktioniert dabei ähnlich wie *ani* im Bulgarisch-Gagausischen, es scheint allerdings auch eine Form der attractio inversa zu geben, siehe Németh 1965: 111, Beispiel 8. Die pränominalen Relativsätze "türkischen" Typs überwiegen allerdings in diesem Dialekt, ibid., 108. In dem von Matras 1991 untersuchten balkantürkischen Dialekt findet sich ebenfalls *ne* als relativsatzeinleitende Partikel.

Kim erscheint als Relativpronomen in Relativkonstruktionen, deren Basissegment ein Pronomen ist, das auf Personen referiert. Daneben kann es auch in solchen Relativsätzen erscheinen, deren Basissegment das Indefinitpronomen *hepsi* vorausgeht, das dann aber ebenfalls auf Personen referiert.

(5) Korkma o dušmandan, angïsïnï gözünnän görersin,
fürcht:NEG-IMP2SG DEM Feind:ABL REL.PRON-AKK Auge:POSS2-mit seh:PRÄS-2SG
kork ondan, kim arkadan saklï geler. GD7 117
fürcht:IMP2SG er:ABL wer hinten:ABL heimlich komm:PRÄS3
'Fürchte dich nicht vor dem Feind, den du mit deinen Augen siehst, fürchte dich vor dem, der heimlich von hinten kommt.'

(6) bän tanïërïm onu, kiminnen lafa durdun. Gajdarži 1973: 16
ich kenn:PRÄS1SG er:AKK wer:GEN-mit Gespräch:DAT bleib:PRÄT-2SG
'Ich kenne denjenigen, mit dem du dich unterhalten hast.'

Beispiel (6) zeigt deutlich, daß es sich bei *kim* im Gagausischen nicht um eine Partikel sondern um ein flektierendes Pronomen handelt. In anderen, vor allem älteren Türksprachen, kann *kim* in satzeinleitender Funktion keine Kaussuffixe annehmen. Es handelt sich also um eine Partikel. Die Identität des Fragepronomens mit der satzeinleitenden Partikel ist darüber fraglich, möglicherweise handelt es sich lediglich um Homonymie. Vgl. hierzu das Beispiel (zit. nach Schönig 1995, 465) aus dem Babur-nama, in dem der mit dem Basissegment korreferierende Aktant des Relativsatzprädikats durch ein Personalpronomen im entsprechenden Kasus ausgedrückt wird.

Ogli Muhammad Sultan Mirza dur kim bu tarixda Qanavc vilayatini anga berib tur men
Ihr Sohn ist Muhammad Sultan Mirza, dem ich in heutiger Zeit die Qanavc-Provinz verliehen habe.

Der bei dem Gebrauch der Relativpronomina *kim* und *ne* zu beobachtende Unterschied in der Verwendung bezüglich Belebtheit oder Unbelebtheit der Größe, auf die das Pronomen als Basissegment referiert, deckt sich mit der im Russischen vorliegenden Distinktion bei Relativsätzen deren Basissegment ein Pronomen ist; *tot*, *kto* und *vse*, *kto* vs. *to*, *čto* und *vse*, *čto*, d.h., daß diese im Russischen vorhandene, dem Türkischen eigentlich nur in der pronominalen Verwendung eigene Distinktion auf die Verwendung als Relativpronomen kopiert wurde.

2.2.2.3 Zusammenfassung

Wie oben gezeigt, sind die präpositiven Relativsätze nach türkischem Muster im Gagausischen weitgehend zugunsten der nach slawischem Muster konstruierten postpositiven Relativsätze zurückgegangen. Während sich immerhin in einigen Textsorten auch in der Schriftsprache noch linksverzweigende Relativkonstruktionen, deren Basissegment mit dem Erstaktanten des Relativsatzes korreferiert, finden, so sind linksverzweigende Relativkonstruktionen, deren Basissegment mit anderen Aktanten oder Ergänzungen des Aktorensatzes korreferiert, zumindest in der modernen Schriftsprache und der gesprochen Sprache von Moldawien, gänzlich verschwunden. Während sich in den 1904 von Moškov veröffentlichten Texten, wenn auch vereinzelt, solche Aktorensätze finden, sind sie in dem 1934 von M. Ciachir verfaßten Geschichtswerk schon nicht mehr vorhanden.

Im Bulgarisch-Gagausischen sind immerhin derartige Konstruktionen noch etwa gleich stark vertreten, wie diejenigen mit Erstaktantenkorreferenz. Diese etwas größere Frequenz könnte einerseits mit der Nachbarschaft türkischer Dialekte zusammenhängen. So findet sich im türkischen Dialekt von Varna *ani* zwar als Einleitungspartikel für Komplementsätze, nominale Aktorensätze werden aber ausschließlich nach türkischem Muster gebildet, siehe Németh 1943. Auch in den Materialien zu den türkischen Dialekten Nord-Ost-Bulgariens von Dallı 1976 finden sich keine postnominalen finiten Relativsätze.

Daneben könnte auch die Existenz der "sekundären" Relativsatzstrategie mittels pränominaler Partizipien im Russischen und Bulgarischen das vollkommene Verschwinden der pränominalen Relativsätze im Gagausischen verhindert haben. Allerdings werden diese pränominalen Partizipialkonstruktionen für beide Sprachen als markiert "schriftsprachlich" bezeichnet, siehe Scatton 1984: 383 und Tauscher & Kirschbaum 1962: 321 ff. Die Tatsache, daß partizipiale Konstruktionen im Russischen und Bulgarischen nur auftreten können, wenn das Basissegment mit dem Erstaktanten des Relativsatzes korreferiert, hat allerdings sicherlich stabilisierend dabei mitgewirkt, daß eben dieser Relativsatztyp im Gagausischen auch in der Schriftsprache nicht vollständig verschwunden ist.[59]

Der infinite Relativsatztyp hat im übrigen auch in der Schriftsprache eine genuin türkische Eigenart bewahrt, insoweit als Komplemente und

59 Zum Einfluß des Russischen bei der Erhaltung und Weiterentwicklung partizipialer Konstruktionen im Tadschikischen siehe Lorenz 1964: 139.

Ergänzungen des Relativsatzprädikats gemäß der rectum-regens-Struktur fast ausschließlich präpositiv zu diesem stehen.

Unter dem starken und langwährenden Einfluß der dominanten slawischen Sprachen Bulgarisch und Russisch haben sich im Gagausischen postnominale Relativsätze etabliert. Da die Texte von Moškov nur mit Partikeln eingeleitete Relativsätze aufweisen, kann man wohl davon ausgehen, daß diese sich zuerst entwickelt haben, wahrscheinlich schon in der Zeit vor der Auswanderung eines großen Teils der Gagausen in russisches Territorium. Dafür spricht, daß die kombinatorische Eigenschaft der von dem Fragewort für [wo" abgeleiteten Partikel *deto*, besonders in der bulgarischen Umgangsprache Relativsätze einzuleiten, auf das gagausische Element *ani* 'wo, wo ist denn' übertragen wurde.

Die Bevorzugung der postnominalen Konstruktion in der dominierenden Sprache hat dann zu einer weitgehenden Aufgabe der pränominalen Konstruktionen im Gagausischen geführt. In Bulgarien entwickelte sich das Gagausische gewissermaßen "ungesteuert", es fanden keine bewußten Eingriffe in die Sprache statt. Aus der Umgangsprache des Bulgarischen wurde das Muster für die Relativkonstruktion Basissegment + Partikel + Finitprädikation kopiert. Ein Unterschied allerdings zu der Konstruktion im Bulgarischen ist das fast vollständige Fehlen eines Resumptivum in Form eines Personalpronomens im entsprechenden Kasus auch bei Korreferenz des Basissegments mit Drittaktant oder Ergänzungen des Relativsatzes. Ein Resumptivum findet sich auch in den postpositiven Relativsätzen des türkischen Dialekts von Vidin nicht, siehe Németh 1965: 111.[60] Brendemoen 1993: 52 merkt im Zusammenhang mit der Frage der Null-Anaphern im Türkeitürkischen und den türkeitürkischen Schwarzmeerdialekten an, daß Sprachen die eine relativ feste SOV-Anordnung und eine relativ feste Valenz der Verben haben, eher zu Null-Anaphern neigen. Die relativ feste Valenz der Verben, die das Gagausische mit dem Türkeitürkischen gemein hat, könnte möglicherweise eine Rolle dabei spielen, daß offensichtlich in postnominalen Relativsätzen auch Drittaktanten und Ergänzungen aus dem Kontext ergänzt werden können, ohne explizit oder als Resumptivum vorhanden zu sein. Dabei könnte auch das Muster der genuin türkischen Konstruktion, in der die mit dem Basissegment korreferierende Größe im Relativsatz regelmäßig unausgedrückt bleibt, mitgewirkt haben.

Die im Bulgarischen ebenfalls vorhandene Konstruktion mit kongruierendem Pronomen wurde nicht kopiert. Auch in den Texten von Moškov findet sich noch kein Relativpronomen. Dabei mag auf der einen Seite

60 In einem Beispiel ergänzt der Autor sogar das vermeintlich fehlende Resumptivum *ona*.

eine Rolle gespielt haben, daß die Kontakte mit dem Russischen zu dieser Zeit noch nicht so intensiv waren wie in der sowjetischen Zeit.

Zuerst zeigen sich Relativpronomina in den Texten von M. Ciachir in den 30er Jahren. Für die Zeit vom Beginn des 20. Jahrhunderts bis dahin liegen keine Texte vor. M. Ciachir hat auch einige, insbesondere religiöse, Texte aus dem Russischen und Rumänischen übersetzt, so daß es zumindest möglich ist, daß die Kopie der kombinatorischen Eigenschaften des russischen Relativpronomens auf das Indefinitpronomen *angï* auf seine Anregung zurückgeht. In den anderen Türksprachen auf russischsprachigem Territorium haben sich trotz intensivem Sprachkontakt nur im Karaimischen und Chakassischen Relativpronomina entwickelt, siehe Schönig 1993b: 185 f. Es handelt sich mithin um besonders kleine Sprachgruppen. Fraglich ist, inwieweit die Entwicklung solcher, der türkischen Sprache fremden Muster, künstlich eingeführt wurden. So ist in der russischen Grammatikbeschreibung des Gagausischen bei der Beschreibung der präpositiven Relativsatzkonstruktionen ausschließlich von attributiven Formen die Rede, nie aber von Sätzen. Als "echte" oder "eigentliche" Nebensatzkonstruktionen werden ausschließlich finite Relativsätze bezeichnet, siehe Dmitriev 1962a und Pokrovskaja 1978.

Im Gegensatz zu mit *ki* eingeleiteten Relativsätzen in den vom Neupersischen beeinflußten Türksprachen zeigen die gagausischen Relativsätze Anzeichen für tatsächliche Subordinierung, die funktional der Subordination indo-iranischen Typs in den slawischen Kontaktsprachen entspricht. Einerseits ist der Relativsatz zumindest in der Umgangssprache umstellbar, d.h, er kann seinem Basissegment auch vorangehen. Ebenso sind mehrere Relativsätze miteinander koordinierbar.

Obwohl es sich u. E. bei den gagausischen Relativsätzen um eine dem Original recht nahekommende Kopie slawischer Muster handelt, haben sich doch spezifisch türkische Eigenarten auch in diesem Muster erhalten. In mit Partikel eingeleiteten Relativsätzen ist dies das Fehlen eines Resumptivum, in den mit Relativpronomen eingeleiteten Sätzen die juxtaponierende Struktur des Pronomens und der Erhalt der Kontaktstellung zwischen Basissegment und Relativsatz, auch in Konstruktionen in denen das russische Muster dem Relativpronomen ein Element des Relativsatzes vorangehen läßt.

2.2.3 Adverbiale Aktionssätze

2.2.3.1 Finalsätze

Adverbiale Gliedsätze des Zwecks oder Ziels können im Gagausischen durch drei verschiedene subordinierte Konstruktionen gebildet werden. Als Ergänzung zu Bewegungsverben wird ausschließlich das Verbalnomen oder der sogenannte Infinitiv auf *-mAA* verwendet. Als Ergänzung zu anderen Verben basieren die Nebensätze auf dem Verbalnomen oder dem Optativ und werden häufig durch die Partikel *deyni* abgeschlossen. Schließlich gibt es noch die Konstruktion mit einleitendem Element *ani* oder *ki* und dem Nebensatzprädikat im Optativ oder Verbalnomen. In der letztgenannten Konstruktion ist die Verwendung von *deyni* fakultativ.

2.2.3.1.1 Verbalnomen auf *-mAA*

Adverbiale Ergänzungen zu Bewegungsverben, die einen Zweck oder ein Ziel ausdrücken, werden in der Regel mit dem Verbalnomen auf *-mAA* (< *-mAk* + *A* bzw. *-mAk* + *I*) konstruiert. Sie stehen im allgemeinen postpositiv zu ihrem Basisverb (siehe Beispiele (1) - (3)). Diese Konstruktion ist in der gesprochenen Sprache, sowohl in unserem Corpus als auch in Moškovs Materialien, überaus frequent.

(1) *da o gelmiš bulušmaa ama geč geldi* T3 227
und er komm:PERF3 treff:VN aber spät komm:PRÄT3
•• 'Und er ist gekommen, um [sie] zu treffen, aber er ist zu spät gekommen.'

(2) *šindi biz gittik dut yemää* T7 58
nun wir geh:PRÄT-1PL Maulbeere ess:VN
•• 'Nun sind wir gegangen, um Maulbeeren zu essen.'

Ttü: "imdi biz dut yemeye gittik.

(3) *gittilär komšularï čaïrmaa* T7 75
geh:PRÄT-3PL Nachbar:PL-AKK ruf:VN
•• 'Sie gingen, um die Nachbarn zu rufen.'

Innerhalb der Nebensatzkonstruktion stehen Komplemente und Ergänzungen meist präpositiv zum Prädikat, siehe Beispiel (2) und (3). Der einzige Unterschied zu der türkeitürkischen Konstruktion dieses Typs liegt somit in der postpositiven Stellung des Nebensatzes insgesamt, innerhalb dieses jedoch ist die Wortstellung in der Regel linksverzweigend, siehe hierzu die türkeitürkische Entsprechung von Beispiel (2).

In unserem Corpus findet sich nur bei einem Informanten, dessen formale Bildung und Kompetenz im Russischen sehr hoch ist, ein Beispiel für ein nachgestelltes Komplement (4).

(4) *bän geldim görmää ii insannarï* T5 61
ich komm:PRÄT-1SG seh:VN gut Mensch:PL-AKK
•• 'Ich bin gekommen, um die guten Menschen zu sehen.'

In der Schriftsprache hingegen finden sich gelegentlich Beispiele für postpositive Elemente des Nebensatzes. Meist handelt es sich dabei um Direktivangaben, wie etwa in Beispiel (5).[61]

(5) Čorbaǯï yollamïštï onu kïšïn un üütmää dermenä. SB 13
Herr schick:PLuPERF3 er:AKK im Winter Mehl mahl:VN Mühle:DAT
'Der Herr hatte ihn im Winter zur Mühle geschickt, um Mehl zu mahlen.'

In den Texten von Zajączkowski aus Bulgarien finden sich neben Konstruktionen mit Verbalnomen auch Finalsätze als Ergänzung zu Bewegungsverben mit dem Prädikat im Optativ.

(6) *Gelmiš gene alsïn piličleri.* Z 128
komm:PERF3 wieder nehm:OPT3 Hühnchen:PL-AKK
'[Der Fuchs] ist gekommen, um wieder Hühnchen zu stehlen.'

2.2.3.1.2 Optativ oder Verbalnomen *-mAA* + *deyni*[62]

Ein weiteres Muster zur Bildung von Finalsätzen, das sich ähnlich auch im Türkeitürkischen findet, ist die Verwendung des Elements *deyni*, eine petrifizierte Gerundialform des Verbs *de-* 'sagen' nach dem Nebensatzprädi-

61 Zur generellen Tendenz Direktivangaben postpositiv, nach ihrem Prädikat, zu haben siehe Kapitel 2.1.4.

62 *Deyni* entspricht hier funktional dem türkeitürkischen Konverb *diye*, ist aber wohl formal mit dem atü. Konverb *tiyin* (siehe Gabain 1974[3]: 142) identisch, das schon im Alttürkischen mit dem Prädikat im Optativ zur Finalsatzbildung oder im Indikativ zur Kausalsatzbildung verwendet wurde. Das Wörterbuch verzeichnet auch eine Variante *dein* (136 a), die uns aber weder in unserem Material noch in der Schriftsprache begegnet ist. In Moškovs Materialien findet sich dagegen außer *deyi* auch *deyin*, wohingegen die methatetische Form *deyni* nicht vertreten ist. Pokrovskaja 1964: 282 verzeichnet ein Beispiel aus einer Handschrift, dessen Autor aus Vulkanešti stammt, es könnte sich also um ein dialektalisches Merkmal handeln. Funktional kann *deyni* auch als Postposition nach Substantiven in der Bedeutung 'für' auftreten, dies ist bei *diye* im Türkeitürkischen nicht der Fall. Für *deyni* trifft auch die von Boeschoten 1990: 125 für *diye* gemachte Beobachtung zu, daß keine paradigmatische Beziehung zwischen *de-* 'sagen' und *diye* besteht, da es im Gagausichen sonst keine Konverbformen auf -*(y)In*, die allerdings schon im Alttürkischen wohl beschränkt waren, mehr gibt.

kat. Nebensatzprädikator ist entweder das Verbalnomen auf *-mAA* bei gleichen Erstaktanten in Haupt- und Nebensatz, oder der Optativ bei verschiedenen Erstaktanten. Im Nebensatz findet sich bei geeignetem Kontext in der Regel auch bei Erstaktantenverschiedenheit kein Subjekt (vgl. unten Beispiel (4) ohne und (5) mit eigenem Subjekt).

Bei geeignetem Kontext kann auch der reine Optativ, ohne *deyni*, final interpretiert werden, siehe Beispiel (1).

(1) */.../ isteyim yapmaa birazǯïk bulunsun biraz* T3 135
woll:PRÄS-1SG mach:VN etwas:DIM vorhanden sein:OPT3SG etwas
•• '/.../ möchte ich etwas [Käse] machen, es soll ein bißchen da sein.' bzw. 'möchte ich etwas [Käse] machen, damit ein bißchen da ist.'

Im Türkeitürkischen finden sich zur Bildung von Finalsätzen die Konstruktionen mit Optativ + *diye*, etwa *gitsin diye* 'damit sie geht' oder Verbalnomen auf *-mAk* bzw. *-mA* + Poss. + Postposition *için* 'für, wegen', etwa *gitmek için* 'um zu gehen', *gitmesi için* 'damit er geht'. Die Postposition *ičin* 'für, wegen, über' findet sich im Gagausischen überaus selten und in Kombination mit Verbalnomina zur Bildung von Nebensätzen ausschließlich in Zajączkowskis Materialien aus Bulgarien (s. etwa 1966b: 91). Im Gagausischen von Moldawien wird *ičin* lediglich als Postposition nach nominalen Elementen verwendet (Pokrovskaja 1964: 266-267). Auch in dieser Funktion tritt *ičin* selten auf, meist wird hier auch *deyni* mit dem Nomen im Dativ verwendet, etwa *bana deyni* 'für mich'. Möglicherweise hat *deyni*, nachdem es auch als Postposition verwendet wurde, *ičin* auch als Teil des Nebensatzprädikators verdrängt. *Deyni* wird im Gagausischen nicht wie sein türkeitürkisches Gegenstück *diye* als Zitierpartikel zur Markierung wörtlicher Rede verwendet.

In unserem Corpus sind Finalsätze mit Optativ oder Verbalnomen und *deyni* in der Regel präpositiv, entsprechen mithin genau der türkischen rectum-regens-Struktur, siehe hierzu die Beispiele (2) und (3). Sie weisen darüber hinaus meist Korreferenz zwischen den Erstaktanten des Haupt- und Nebensatzprädikats auf und basieren auf dem Verbalnomen *-mAA*.

(2) *šindi oturmaa deyni metroya bir boyunda kalmamïš kopeka da* T2 252
nun setz:VN deyni Metro:DAT ein bei bleib:neg-PERF3 Kopeke auch
•• 'Nun hatte keiner mehr auch nur eine Kopeke übrig, um sich in die Metro zu setzen.'

(3) *prost olmaa deyni laam yapmaa ilkin üč mitanye* TX
Segen HV:VN deyni es ist nötig mach:VN zuerst drei Verbeugungen
•• 'Um den Segen zu erhalten, ist es zuerst nötig, sich dreimal zu verbeugen.'

Beispiel (4) ist Moškovs Texten entnommen, hier ist der Nebensatz ebenfalls präpositiv. Interessant ist hier, daß eine Konstituente des Satzes zwischen dem finiten Nebensatzprädikat und *deyni* steht. In entsprechenden Konstruktionen im Türkeitürkischen besteht immer Kontaktstellung zwischen finiten bzw. infinten Verbalform und *ičin* oder *diye*.

(4) *Šindi ayïrsïnnar Xristozun kručasïnï deyi, koymušlar*
nun trenn:OPT-3PL Christus:GEN Kreuz:POSS3-AKK deyi leg:PERF-3PL
üčünüda üč yölü üstünä. M 24
drei.POSS3-AKK:auch drei Toter PP:POSS3-DAT
'Damit sie nun das Kreuz von Christus unterscheiden konnten, legten sie auf die drei [Kreuze] drei Tote.'

Hier zeigt sich ebenfalls, daß sporadisch auch bei Erstaktantengleichheit der Optativ am Nebensatzprädikat auftreten kann. Dies findet sich in unserem Corpus nicht, ist aber gelegentlich in der Schriftsprache anzutreffen. Das Beispiel von Moškov demonstriert auch, daß neben *deyni* und *deyin* auch *deyi* vorkommt. Während es in unserem Corpus nur sporadisch auftritt, ist es in Moškovs Materialien die frequentere Variante. Auch der Eintrag in seinem Wörterbuchanhang *deyin = deyi* läßt darauf schließen, daß seiner Meinung nach *deyin* eine Nebenform ist. In der modernen Sprache hat sich aber sowohl in der Schriftsprache, in der ausschließlich *deyni* erscheint, als auch in der gesprochenen Sprache das Verhältnis umgekehrt.

Bei Moškov und auch bei Gajdarži 1981: 81 finden sich auch vereinzelte Beispiele für eine postpositive Stellung des Nebensatzes. Gajdaržis Beispiele entstammen alle der Schriftsprache, wobei ebenfalls auffällt, daß ein Großteil dieser Beispiele (sechs von acht) von ein und demselben Autor stammen. Es sei hier eines dieser Beispiele (5) zitiert, da hier sowohl der Nebensatz postpositiv ist, als auch eine Konstituente von ihm nach *deyni* erscheint. Dies ist das einzige Beispiel dafür, daß *deyni* nicht satzabschließend steht.

(5) Vakït sansïn durgunmuštu, aklïnda kalsïn deyni, bekim,
Zeit als ob stehenbleib:PLUPERF3 Verstand:POSS3-LOK bleib:OPT3SG deyni vielleicht
bu kïzgïn harman vakïdï.
DEM heiß Dreschen Zeit:POSS3
'Vremja budto ostanovilos', čtoby, vidimo, zapomnilas' ėta gorjačaja pora obmolota.'
Zit. nach Gajdarži 1981: 82.

Auch in den Texten aus Bulgarien findet sich dieses Finalsatzmuster häufig. Hier läßt sich allerdings eine deutliche Tendenz zur Trennung zwischen der Konstruktion mit einem Bewegungsverb als Matrixsatzprädikat + untergeordnetes Verb in der Form des Verbalnomens - selten Optativs - auf der einen Seite und einem anderen Verb als Matrixsatzprädikat und dem untergeordneten Prädikat im Optativ + *deyni* auf der anderen Seite beobachten. Schon die Tatsache, daß die adverbiale Ergänzung zu Bewegungsverben im Optativ stehen kann, zeigt einen Einfluß des Bulgarischen, in dem Finalsätze immer auf einem finiten Prädikat basieren. Die bulgarische Konstruktion *da* + finites Verb wird als mit dem Optativ äquivalent empfunden und ihre Eigenschaften als Nebensatzprädikat auf diese übertragen. Dies zeigt sich auch in einer Reihe anderer Konstruktionen, in denen das Gagausische, entsprechend der Vorlage im Bulgarischen, Optativkonstruktionen verwendet, siehe etwa das Kapitel über modale Konstruktionen. Auch bei Komplementkonstruktionen von Verben wie *bašlamaa* 'anfangen' und *čalïšmaa* 'versuchen, sich bemühen' findet sich in den Texten von Manov und Zajączkowski neben Verbalnomina, wenn auch selten, der Optativ (manchmal + *deyi*). Diese Konstruktion ist im Gagausischen in Moldawien nicht, oder nicht mehr, vorhanden. Als Komplemente zu solchen Verben sind ausschließlich Konstruktionen mit dem Verbalnomen vertreten.

Im Bulgarischen besteht in Finalsätzen die Tendenz, anstelle der reinen *da*-Konstruktion, die ja auch in zahlreichen anderen Konstruktionen zum Einsatz kommt, eine semantisch eindeutiger final zu interpretierende Konstruktion, meist mit der Präposition *za* 'für' zu verwenden, siehe Buchholz 1991: 98. Dies könnte sich insofern unterstützend auf die gagausischen Finalsatzkonstruktionen ausgewirkt haben, als auch hier eine mit *deyni* deutlicher semantisch markierte Konstruktion vor dem reinen Optativgebrauch bevorzugt wird.

2.2.3.1.3 *Ki/ani* + OPTATIV/VERBALNOMEN *-mAA (+ deyni)*

Neben den beiden oben besprochenen Mustern finden sich auch Konstruktionen, in denen der Finalsatz auf Optativ oder Verbalnomen + fakultativem *deyni* basiert und darüber hinaus mit den Junktoren *ani* oder *ki* eingeleitet ist. In unserem Corpus tritt hier ausschließlich *ani* auf, in der Schriftsprache ist *ki* frequenter[63]. Darüber hinaus zeigt sich in der gesprochenen Sprache eine deutlich höhere Frequenz des Elements *deyni* als in der Schriftsprache, in der *deyni* in eingeleiteten Finalsätzen eher selten auftritt. Es zeigt sich auch in diesen nach slawischem Muster eingeleiteten Finalsätzen eine ziemlich deutliche Trennung zwischen Erstaktantengleich- oder -verschiedenheit durch die Verwendung des Verbalnomens *-mAA* im ersten und die Verwendung des Optativs im zweiten Fall. Dies entspricht somit der Verteilung im Russischen, in dem Finalsätze mit der Konjunktion *čtoby* eingeleitet werden und bei Erstaktantengleichheit das Prädikat

63 Wir konnten an unserem Material auch feststellen, daß ein Informant, der in seinen literarischen Texten immer *ki* als finalsatzeinleitende Partikel verwendet, *ani* in der gesprochenen Sprache gebraucht, z.B. *laflar koyulur ani taa interes olsun* SB 'Es werden (fremde) Worte eingesetzt, damit es interessant ist.'

des Nebensatzes im Infinitiv bei Erstaktantenverschiedenheit dagegen in der Vergangenheit haben. Im Bulgarischen hingegen, das seinen Infinitiv praktisch vollständig durch die Konstruktion *da* + finites Verb ersetzt hat, enthält der Finalsatz immer, auch nach Bewegungsverben, ein finites Verb (siehe Buchholz 1991).

(1) *bän bulerïm ordan bir partal sarïveririm hïzlïja*
ich find:PRÄS-1SG dort:ABL ein Lappen wickel:KONV-HV-AOR-1SG schnell:DER.ADV
ayaïma ani yanïnda gečmää o görmesin deyni T1 278
Fuß:POSS1-DAT ani Seite:POSS3-LOK vorbeigeh:VN er seh:neg-OPT3 deyni
•• 'Ich finde dort einen Lappen, ich wickle ihn schnell um meinen Fuß, um an ihm vorbeizugehen, damit er es nicht sieht.'

(2) *Centralisovani bir gosudarstva upravlyat etsin bizimnän ani biz*
zentralisiert ein Staat regieren HV:OPT3 wir:GEN-mit ani wir
yašïyalïm deyni TX
leb:OPT-1PL deyni
•• 'Ein zentraler Staat soll uns regieren, damit wir leben [können].'

(3) *onu alardïk da atardïk aazïmïza ani*
dies:AKK nehm:AOR-VERGKOP und werf:AOR-VERGKOP Mund:POSS1PL-DAT ani
ölmemää deyni T4 65
sterb:NEG-VN deyni
•• 'Dies haben wir genommen und uns in den Mund gesteckt, um nicht zu sterben.'

Steht das Prädikat des Finalsatzes im Optativ, so kann das Element *deyni* auch in der gesprochenen Sprache, wie in Beispiel (4), fehlen. In den Texten aus Bulgarien sind mit *ki* eingeleitete Finalsätze sehr selten. Das Prädikat steht im Optativ, ohne *deyni*, siehe Beispiel (5).

(4) */.../ama yärdi ani bitsin onun dilimjïi* T3 8
aber ess:AOR:VERGKOP3 ani zu Ende geh:OPT3 sie:GEN Scheibe:DIM-AKK
•• '/.../ aber sie hat gegessen, damit ihre Scheibe zu Ende geht.'

(5) *Al yirmi napoleyon vereyim sana ki kïzïnï*
nehm:IMP2SG 20 Napoleon geb:OPT1SG du:DAT ki Tochter:POSS3-AKK
alasïn hamama getiresin. Z 119
nehm:OPT-2SG Hamam:DAT bring:OPT2SG
'Nimm, ich will dir 20 Napoleon geben, damit du deine Tochter nimmst und ins Haman bringst.'

Während in unserem Material alle mit *ani* eingeleiteten Finalsätzen postpositiv sind, finden sich in der Schriftsprache sporadisch Beispiele für präpositive Finalsätze, etwa Beispiel (6).

(6) Ki duysun bu duyguyu Vladi hep düšünärdi, ne yapsïn. SB 60
ki spür:OPT3 DEM Gefühl:AKK Vladi immer denk:AOR-VERGKOP3 was mach:OPT3
'Um dieses Gefühl zu verspüren, dachte Vladi die ganze Zeit, was er machen sollte.'

Bei Gajdarži 1981: 24 findet sich neben schriftsprachlichen Beispielen auch ein Beispiel aus der gesprochenen Sprache, in dem der Finalsatz präpositiv zu seinem übergeordneten Satz steht.

Die Frequenz präpositiver Finalsätze ist aber auch in der Schriftsprache sehr gering. Es handelt sich mithin um eine marginale Erscheinung. Dennoch ist dies ein qualitativer Unterschied zu den im Türkeitürkischen vorhandenen Konstruktionen für Finalsätze mit *ki* + Optativ, die ausschließlich postpositiv zu ihrem übergeordneten Satz stehen können.

Im Türkeitürkischen stellen diese ihrerseits schon Teilstrukturkopien eines iranischen Musters dar. Finalsätze mit *ki* + Optativ sind im Türkeitürkischen allerdings wesentlich weniger frequent als im Gagausischen. Auch kann hier bei Erstaktantengleichheit kein Infinitiv auftreten, und *diye* wird in diesem eingeleiteten Satztyp nicht verwendet.

Auffällig ist darüber hinaus, daß bei Auftreten der semantisch unscharfen Einheiten *ani/ki* die Finalsätze überwiegend postpositiv, ansonsten Finalsätze die auf Optativ/Verbalnomen (+*deyni*) normalerweise präpositiv stehen. Somit ergibt sich ein syntaktischer Unterschied zwischen beiden Konstruktionen.

2.2.3.1.4 Zusammenfassung

Zusammenfassend läßt sich feststellen, daß in den gagausischen Finalsatzkonstruktionen allgemein eine Tendenz besteht, wie im Türkeitürkischen Erstaktantengleichheit oder -verschiedenheit dadurch zu unterscheiden, daß im ersten Fall eine für Person unmarkierte, im zweiten eine für Person markierte Form auftritt. Diese Tendenz ist in Bulgarien etwas schwächer, da es in der sozial dominanten Kontaktsprache Bulgarisch keinen Infinitiv gibt und die kombinatorischen Eigenschaften der *da*-Konstruktion auf den Optativ übertragen werden. Im Gagausischen von Moldawien hingegen, wo die sozial dominante Sprache Russisch ist, das bei Erstaktantengleichheit in Finalsätzen Infinitivkonstruktionen verwendet, wird bei Erstaktantengleichheit bis auf wenige Ausnahmen eine unmarkierte Form verwendet. Das Vorhandensein dieses Kombinationsmusters wirkt sich somit unterstützend auf die Infinitivkonstruktion im Gagausischen aus. Neben der Wahl des Prädikators zeigt sich der Einfluß der slawischen Sprachen auch auf die Reihenfolge der Elemente in diesen Konstruktionen. Die bevorzugte postpositive Stellung des reinen Infinitivs bzw. des mit Junktor eingeleiteten Nebensatzes stellt ebenfalls eine Kopie der slawischen Satzstellungsmuster dar. Einzig der nicht–eingeleitete Nebensatz mit *deyni* hat hier die für Gerundialsätze auch im Gagausischen weitgehend typische (s.u.) türkische rectum-regens Struktur bewahrt.

Als einleitende Einheit ist in der gesprochenen Sprache *ani* bei weitem frequenter als *ki*; diese Tendenz läßt sich auch bei anderen semantischen

Typen von Nebensätzen feststellen. Die Verwendung von *ki* ist weitestgehend auf die Schriftsprache beschränkt.

2.2.3.2 Kausalsätze

Auch für die Bildung von Nebensätzen mit kausaler Implikation gibt es im Gagausischen mehrere, syntaktisch verschiedene Typen. Diese sollen an dieser Stelle näher beleuchtet werden. Sie werden hier in Anlehnung an die von Johanson 1993c aufgestellten formalsyntaktischen und semantischen Parameter beschrieben. Es wird daher unterschieden zwischen einverleibten Kausalsätzen "türkischen Typs" auf der einen Seite und gekoppelten, durch Kopieren slawischer Muster entstandenen Kausalsätzen andererseits. Daneben kann zwischen zwei einfachen juxtaponierten Hauptsätzen ein kausaler Zusammenhang bestehen, der u.U. durch einen einleitenden Adjunktor im zweiten, das Ereignis schildernden Satz explizit gemacht werden kann. Juxtaponierte Sätze ohne Kausaladjunktor, die aus dem Kontext heraus kausal interpretiert werden können, werden an dieser Stelle nicht behandelt (als Beispiel siehe etwa Satz 2, Text 4). Bei den zur Kopplung verwendeten einleitenden Einheiten, den Konjunktoren, wird darüber hinaus der Grad ihrer semantischen Schärfe und ihrer Komplexität besprochen.

An den Nebensätzen dieses semantischen Typs zeigt sich ein stärkerer Einfluß der slawischen Syntax als bei den Finalsätzen. Einverleibte linksverzweigende Kausalsätze nach "türkischem Muster" basieren meist auf komplexen Subjunktoren, gebildet aus infiniten Verbformen und einer Kausalität signalisierenden Einheit. Da diese einverleibten Sätze linksverzweigend sind, ist die Reihenfolge hier in der Regel Grund - Ereignis (siehe Johanson 1993c: 237-249). Der einzige im Gagausischen von Moldawien noch vorhandene einverleibte Kausalsatztyp ist der auf finitem Verb im Indikativ + *deyni* basierende. Die finale bzw. kausale Interpretation des einverleibten Satzes ergibt sich also nur durch den Gebrauch des indikativischen bzw. nichtindikativischen Prädikators.[64]

In unserem Corpus findet sich für den einverleibten Typ mit *deyni* nur ein Beispiel, in der Schriftsprache jedoch ist er nicht selten. Dominierend ist sowohl in der Schrift- als auch in der gesprochenen Sprache der gekoppelte Kausalsatztyp, bestehend aus einem semantisch mehr oder weniger scharfen Kopplungselement und finitem Prädikat. Im Gagausischen finden sich zur Kausalsatzeinleitung eine Vielzahl von verschiedenen Kopplungselementen, die sich sowohl in Hinblick auf ihre Struktur als auch ihre semantische Schärfe voneinander unterscheiden. Es handelt sich z.B. um

64 So auch in den Balkansprachen, siehe Buchholz 1991: 104.

globalkopierte einfache Konjunktoren wie *zerä(m)* (⇐ pers. *zīrā*) 'denn' , *čünkü* (⇐ pers. *čon keh*) 'weil, denn' und *ki* (⇐ pers. *keh*), deren Gebrauch schon im Altosmanischen belegt ist, dem Konjunktor *ani*, oder komplexe als Ergebnis von Teilstrukturkopieren entstandene Konjunktoren, die aus Adjunktoren (s.u.) und den Elementen *ani* oder *ki* bestehen, wie *nečin ki/ani onuštan ki/ani*, *ondan ki/ani* etc. Es sollen im folgenden der einverleibte Kausalsatztyp und diejenigen mit Ad- und Konjunktoren gebildeten Konstruktionen näher besprochen werden, die in unserem Corpus vertreten sind; nur sporadisch wird auf andere, in der Schriftsprache auftretende Einleitungselemente hingewiesen.

2.2.3.2.1 FINITES VERB + *deyni*

Der Typ des einverleibten Kausalsatzes mit finitem Verb und dem semantisch unscharfen Junktor *deyni* ist schon im Alttürkischen vorhanden und findet sich auch in zahlreichen modernen Türksprachen. Im Türkeitürkischen ist er ein, besonders in der gesprochenen Sprache, frequenter Typ, siehe Boeschoten 1990: 121. Im Gagausischen ist seine Frequenz allerdings zugunsten des nach slawischem Muster kopierten gekoppelten Kausalsatztyps stark zurückgegangen. So findet sich in unseren Materialien der modernen gesprochenen Sprache nur ein Beispiel für diesen Typ. In den Materialien von Moškov und in der Schriftsprache läßt er sich allerdings belegen. Die Nebensätze können, im Unterschied zu der Stellung im Türkeitürkischen, auch postpositiv stehen. Die Reihenfolge ist also Ereignis - Grund, wie etwa Beispiel (1), das Moškovs Daten entnommen ist, also aus der gesprochenen Sprache stammt. Beispiel (2) ist das einizige in unserer Datensammlung vorhandene Beispiel für einen nach türkischem Muster einverleibten Kausalsatz. Hier ist die Reihenfolge der Elemente "kanonisch", der Grund wird vor dem Ereignis genannt.

(1) */.../da gideer nänï gözü görü-sa, karïsï gülmeer deyi* M 260
und geh:PRÄS3 wohin Auge:POSS3 seh:AOR-KOND3 Frau:POSS3 lach:neg-PRÄS3 deyi
'/.../und er geht wohin auch sein Auge schaut, weil seine Frau nicht lacht.'

(2) *ama onnarïn familyasï X. deyni onu fronda čaarïyorlar* T7 152
aber sie:GEN Nachname X. deyni er:AKK Front:DAT ruf:PRÄS-3PL
•• 'Weil aber ihr Nachname X. ist, rufen sie ihn an die Front.'

In Zajączkowskis Texten finden sich auch einige Beispiele für die Konstruktion Verbalnomen *-DIK* + Possessivsuffix + Postposition *ičin*. Da diese Konstruktion sich sonst im Gagausischen nicht findet, soll sie an dieser Stelle nicht besprochen werden. Es sei nur darauf hingewiesen, daß sie in Zajączkowskis Texten immer postpositiv steht. Ihr Vorhandensein zeigt aber u. E., daß sich im Gagausischen von Bulgarien, möglicherweise unter dem erhaltenden Einfluß der umgebenden türkischen Dialekte, einige auf Verbalnomina basierende Nebensatzmuster erhalten haben, die im moldawischen Gagausischen, wo dieser erhaltende Einfluß fehlt, geschwunden sind. Auch in anderen türkischen Dialekten Bulgariens finden sich noch komplexe einverleibte Konstruktionen mit einem Nomen actionis und Ablativ oder der Postposition *ičin*, siehe Németh 1965: 123, Kakuk 1958: 248.

2.2.3.2.2 Einverleibte Kausalsätze + Ad-/Konjunktor

Einverleibte Kausalsätze mit *deyni/deyi* können zusätzlich mit einem semantisch mehr oder weniger scharfen Element eingeleitet sein. Als einleitende Einheit tritt hier häufig *nečin* (Moškov meist *ne'ičin*) auf. Beispiel (2), das der Schriftsprache entstammt, zeigt den semantisch unscharfen Konjunktor *ani* sowie im zweiten Satz den komplexen, semantisch schärferen Konjunktor *onun ičin ani*. Nach prädikativem *diil* 'ist nicht' wird der Subjektsatz ohnehin regelmäßig mit *ani* eingeleitet.

(1) *Sveti Petri - da urayor ona bir šamar, ne'ičin okadar*
Heiliger Petrus PTKL schlag:PRÄS3 er:DAT ein Ohrfeige denn so
haylaz-miš deyi. M 17
faul:INFKOP3 deyi
'Der heilige Petrus aber gibt ihm eine Ohrfeige, weil er so faul ist.'

(2) Hem korkarlar, diil ani o kaavi adamdï deyni,
und fürcht:AOR-3PL nicht ani er stark Mann:VERGKOP3 deyni
ama saade onun ičin, ani o annamazdï DK 24
aber nur deswegen ani er versteh:negAOR-VERGKOP3
'Und sie fürchteten [ihn], nicht weil er ein starker Mann war, sondern deshalb, daß er [sie] nicht verstand.

In Beispielen dieser Art könnte das einleitende Element getilgt werden, der durch das indikativische Prädikat + *deyni* explizite kausale Bezug bliebe erhalten. Bei einer Tilgung von *deyni* hingegen ist die kausale Interpretation kontextabhängig.

Gajdarži 1981: 84 verzeichnet ebenfalls Beispiele für ein zusätzliches Element *ani* bei auf *deyni* basierenden prä- und postpositiven Kausalsätzen. In unseren Daten finden sich solche Konstruktionen nicht.

Beispiele für nach türkischem Muster auf infiniten Prädikatoren basierenden Kausalsätzen, die zusätzlich mit einem Adjunktor eingeleitet werden, finden sich auch in den Materialen von Zajączkowski 1966b. Siehe hierzu das unten angeführte Beispiel (3), in dem die Postpositionalphrase *sebebi ičin* 'wegen des Grundes' als Adjunktor zusammen mit dem Subjunktor *-DIK* + Possessiv + Ablativ verwendet wird.

(3) */.../ karar vermiš padišaa atsïnnar*
Entscheidung HV:PERF3 Padischah:AKK werf:OPT-3PL
sebebi ičin čoǰuu olmadïïndan /.../ Z 108
Grund:POSS3 PP Sohn:POSS3 werd:NEG-VN-POSS3-abl
'/.../ hat man beschlossen, den Padischah zu stürzen, aus dem Grunde, daß er keine Söhne hatte.'

2.2.3.2.3 Juxtaponierte Kausalsätze mit Adjunktor

Im Gagausischen finden sich die auf Demonstrativa basierenden Adjunktoren *onun ičin* und *onuštan*.[65] Die mit diesen Einheiten eingeleiteten Sätze schildern das sich aus dem vorhergehenden Grund ergebende Ereignis. Die Adjunktoren weisen somit zurück auf den vorher geschilderten Grund, die Reihenfolge ist also ausschließlich Grund - Ereignis. In unserem Corpus findet sich in der Regel *onuštan*, siehe Beispiel (1):

(1) *bouldum zär ne onuštan bän korkiim hep sudan* T1 313-314
untergeh:PRÄT-1SG wirklich was deshalb ich fürcht:PRÄS-1SG immer Wasser:abl
•• 'Ich bin untergegangen, wirklich, was denn, deshalb fürchte ich mich immer vor Wasser.'

Wie an folgenden beiden schriftsprachlichen Beispielen (2) und (3) zu sehen ist, können *onuštan* und *onun ičin* mit koordinierenden Konjunktionen, hier *da* 'und', kombiniert werden.

(2) o bütün yol hep düšünärdi evi da onun ičin
er ganz Weg immer denk:AOR-VERGKOP3 Haus:AKK und deswegen
savašardï taa tez dönmää geeri. DK 28
sich bemüh:AOR-VERGKOP3 mehr schnell umkehr:VN zurück
'Er dachte auf dem ganzen Weg an das Haus, und deswegen bemühte er sich schneller zurückzukehren.'

(3) Ozaman yokmuš diplomat baalantïsï Romïnieylän da
damals gibt nicht:INFKOP3 Diplomat Verbindung:POSS3 Rumänien:mit und
onuštan A. Federovna hem M. Genova gečerlär Sovet Birliynä /.../
deshalb A.F. und M.G. hinübergeh:PRÄS-3PL S.U.:DAT
'Damals gab es keine diplomatischen Beziehungen mit Rumänien und deshalb gehen A. F. und M. G. /.../ in die Sowjetunion. SB2 21

65 Zur Etymologie von *onuštan* siehe Johanson 1993: 227.

2.2.3.2.4 Gekoppelte Kausalsätze

Im folgenden werden die zur Kopplung zweier finiten Sätze mit kausalem Bezug verwendeten Konjunktoren besprochen. Hierzu wird als semantisch unscharfes Kopplungselement *ani* verwendet. Daneben gibt es verschiedene semantisch schärfere Konjunktoren, in unserem Material etwa die aus dem Persischen globalkopierten Konjunktoren *zerä(m)* und *čünkü*. Ferner sind die auf der Basis türkischen morphologischen Inventars durch das Kopieren der in den slawischen Sprachen Bulgarisch und Russisch vorhandenen kombinatorischen Eigenschaften enstandenen Konjunktoren vertreten. Dies ist auf der einen Seite der morphologisch einfache, aus dem Fragewort *nečin* 'warum' enstandene Konjunktor, auf der anderen Seite die aus Adjunktoren in Kombination mit den Einheiten *ani* oder *ki* entstandenen komplexen Konjunktoren.

ani

Bei *ani* zur Einleitung von Kausalsätzen handelt es sich um eine semantisch völlig unscharfe Einheit; der kausale Zusammenhang ist eigentlich nur durch den Kontext gegeben. *Ani* dient hier dazu, zwei Sätze miteinander zu koppeln, siehe Beispiel (1). Die kausale Implikation, daß dem Sprecher nichts getan wird, weil man sich vor ihm fürchtete, ergibt sich hier auch bei einfacher Juxtaposition, d.h. auch ohne die Einheit *ani*.

(1)	*ey*	*bir*	*baarïš*	*bana*	*yok*	*bišey*	*ani*	*korkardïlar*	*bändän*	T1 153
	hej	ein	Geschrei	ich:DAT	nicht existent	etwas	ani	fürcht:AOR-VERGKOP-3PL	ich:abl	

•• 'Hej, ein Geschrei, mir (passiert) nichts, denn sie fürchteten sich vor mir.'

In der Regel ist die Reihenfolge in diesen gekoppelten Sätzen Ereignis - Grund. Sie kann aber auch umgekehrt Grund - Ereignis sein, wie etwa in Beispiel (2)

(2)	*ani*	*gagauz*	*yinan*	*yok*	*onnara*	T6 6
	ani	Gagause	Vertrauen	es gibt nicht	sie:DAT	

•• 'Weil (sie) Gagausen (sind), hat man kein Vertrauen zu ihnen.'

In unserem Corpus finden sich allerdings nur recht selten Beispiele für eine semantisch derart unscharfe Kopplung mit kausaler Nuance.

Es sei aber darauf hingewiesen, daß bulgarisch *deto* ebenfalls, neben anderen, sowohl Komplement- als auch Kausalsätze einleiten kann, siehe

Buchholz 1991: 107.[66] In den Texten von Németh 1965: 207 findet sich auch ein Beispiel mit *ki*, die Reihenfolge ist hier Ereignis - Grund. Auch hier ergibt sich der kausale Bezug aus dem Kontext. Darüber hinaus impliziert die Notation von Németh (*/.../ gütureyim-ki sen fena olmi·şın* '/.../ ich bringe, weil du schlecht geworden bist'), daß *ki* eher ein Element des ersten, das Ereignis schildernden Satzes ist.

Wesentlich häufiger jedoch als diese Konstruktionen mit semantisch praktisch ganz leerem Kopplungselement sind Konstruktionen mit semantisch schärfere Kopplungselemente (s.u.).

nečin

Einen in der gesprochenen Sprache frequenten Kausalsatzkonjunktor stellt das Fragewort *nečin* 'warum' dar. Innerhalb der gesamten Konstruktion steht der *nečin*-Satz in unserer Datensammlung postpositiv. Sie entspricht somit ziemlich genau dem bulgarischen Muster der kausalen Verknüpfung mittels des von dem Fragewort *zašto* 'warum' abgeleiteten Subordinator *zaštoto*. Der einzige Unterschied zwischen der gagausischen und der bulgarischen Konstruktion besteht darin, daß im Bulgarischen das satzeinleitende Element morphologisch markiert ist, was bei *nečin* nicht der Fall ist (siehe aber unten *nečin ki/ani*).

(1) *kesmää bän onu bu sïrada istemärdim nečin bütün*
schlacht:VN ich es:AKK DEM Fest:LOK woll:NEG-AOR-VERGKOP-1SG denn ganz
kïša sora katïk läzïm T3 176
Winter:DAT danach Nahrunges ist nötig
•• 'Ich wollte es bei diesem Fest nicht schlachten, denn später ist für den ganzen Winter Nahrung nötig.'

(2) gelmer nečin vermerlär X.yï T3 214
kommen:neg-PRÄS denn geben:NEG-PRÄS3PL X:AKK
•• 'Er kommt nicht, denn sie geben X. nicht.'

(3) */.../nedän familyasï čoban dadunun familyasï čoban*
weshalb Nachname:POSS3 Schäfer Großvater:GEN Nachname:POSS Schäfer
nečin čok koyunlarï varmiš ondan T6 66
denn viel Schaf:PL:POSS3 es gibt:INFKOP deshalb
•• 'Warum ist sein Nachname Schäfer? Der Nachname des Großvaters ist Schäfer, weil er *viele Schafe hatte, deshalb.*'

66 Buchholz 1991: 108 führt weiterhin aus: "Der auch in den übrigen Balkansprachen mögliche Einsatz bestimmter Elemente als Kausal- und Kompletivsatzeinleitung kann auf internen Entwicklungen beruhen, aber die "flächendeckende" Ausbreitung ist sicherlich durch wechselseitige Beeinflussungen der miteinander in Kontakt stehenden Idiome gefördert worden."

ačan und *raz*

Auch der Temporalsatzkonjunktor *ačan* 'wenn, als' kann als Kausalsatzkonjunktor auftreten, siehe Johanson 1993c: 260. In unserem Corpus findet sich nur ein Beispiel, siehe Beispiel (1). Auch in der Schriftsprache ist dies ebenfalls nicht häufig anzutreffen. Zu unten angeführtem Beispiel sei noch angemerkt, daß der Kontext eine konditionale Deutung von *ačan* ausschließt, siehe Textanhang Text 3. Hier sind u.E. die semantischen Kombinationseigenschaften der russischen konditionalen Konjunktion *raz* auf den türkischen Konjunktor kopiert worden.

(1) *ama ačan soluk pek süt yok nijä yapmaa bišey* T3 123
aber wann dünn sehr Milch nicht möglich mach:VN nichts
•• 'Aber da die Milch sehr dünn ist, kann man nichts machen.'

Das von Gajdarži 1981: 94-95 aufgeführte, aus dem Russischen globalkopierte *raz,* ist in unserem Material nur ein einziges Mal bei einem Sprecher belegt, dessen Kompetenz im Russischen höher war als im Gagausischen, siehe Beispiel (2). Auch in der Schriftsprache ist uns dieser globalkopierte Konjunktor bisher nicht begegnet.

(2) *raz siz böle biz dä böle* TX
da ihr so wir auch so
•• 'Da ihr so seid, sind wir auch so.'

Es handelt sich wahrscheinlich um eine Kopie, deren Konventionalisierungsgrad insgesamt im Gagausischen nicht sehr hoch ist. Es ist als einleitende Einheit von Kausalsätzen mit geringer semantischer Schärfe, etwa 'da' bei Gajdarži 1981: 94-95 mit wenigen Beispielen belegt. Neben der Einleitung von Kausalsätzen kann *raz* auch der Einleitung von Sätzen mit konditionaler Nuance dienen.[67] Nach Gajdaržis Auffassung enspricht *raz* semantisch meist *ačan*, selten *čünkü*. Die mit *raz* eingeleiteten Kausalsätze sind meist, wie im Russischen, präpositiv. Die Mehrzahl der von Gajdarži angeführten Beispiele für den Gebrauch von *raz* stammen darüber hinaus von Informanten aus der Ukraine, es handelt sich hierbei also, wie von Gajdarži 1981: 94 auch angedeutet, um eine Globalkopie, die nur in einem bestimmten Dialektgebiet konventionalisiert wurde.

67 *Raz* dient auch im Russischen sowohl zur Einleitung von Konditionalsätzen mit der Bedeutung 'wenn' als auch von Kausalsätzen mit der Bedeutung 'da, da nun mal'.

zerä(m)

Die schon im Osmanischen aus dem Persischen globalkopierte Einheit *zīrā* ist im Gagausischen in der Form *zerä* bzw. *zeräm*[68] vorhanden. In den Texten von Moškov ist es das weitaus frequenteste Element zur Kopplung zweier Sätze mit kausalem Bezug, siehe Beispiel (1). Auch in unserem Corpus ist *zerä(m)* häufig belegt und stellt einen semantisch nicht sehr scharfen Kausalbezug, ähnlich wie etwa "denn" im Deutschen, her, siehe Beispiel (2) und (3).

(1) */.../da atalïm suya /.../, zerem kïyamayorus yöldürmää* M 13
und werf:OPT-1PL Wasser:DAT denn hack:(y)ama-PRÄS-1PL töt:VN
'/.../ und laß (ihn) uns ins Wasser werfen, denn wir bringen es nicht übers Herz, (ihn) zu töten.'

(2) *iiliin bana önemli zeräm bän sendän üürenirim* T5 52
Güte:POSS2 ich:DAT wichtig denn ich du:abl lern:AOR-1SG
•• 'Deine guten Eigenschaften sind für mich wichtig, denn ich lerne von dir.'

(3) *sora insan kolxoza girdi hepsi zerä yok* T4 86
später Mensch Kolchose:DAT eintret:PRÄT3 alle denn es gibt nicht
•• 'Später traten alle Menschen in die Kolchose ein, denn es gab nichts.'

Daneben erscheinen Fälle, in denen wie in Beispiel (4) der mit *zerä(m)* eingeleitete Satz die mögliche Folge der sich aus dem ersten Satz ergebenden Handlung ankündigt. In diesem Falle steht das Prädikat des ersten Satzes im Imperativ, das Prädikat des zweiten Satzes steht im Futur oder Aorist (siehe auch Gajdarži 1981: 74 f.). Die Reihenfolge ist immer Ereignis - mögliche Folge.

(4) */.../šindi brak buyu zerä gideǰez orayï* T1 367
jetzt lass:IMP2SG Boje:AKK sonst geh:fut-1PL dorthin
•• 'Laß sofort die Boje los, sonst kommen wir dorthin!'

Dieselbe semantische Differenzierung, die übrigens im Osmanisch-Türkeitürkischen und auch im Persischen nicht vorkommt, findet sich auch im türkischen Dialekt von Vidin, siehe etwa Németh 1965: 156.

In den Texten von Moškov finden sich auch Kombinationen von *zerä(m)* mit dem Fragewort *nečin*, so daß, wie in Beispiel (5), nach dem kombinierten Konjunktor mit der wörtlichen Bedeutung 'denn weshalb?' die Begründung für den im ersten Satz stehenden Sachverhalt folgt.

68 An einigen Funktionswörtern findet sich im Gagausischen ein angefügtes unetymologisches *m*: *sora*(*m*), *sade*(*m*), *belki*(*m*), *zerä*(*m*), *čünkü*(*m*). Diese Erscheinung findet sich auch in türkeitürkischen Dialekten.

(5) *Da šindi hepsiǰi karezleneerlar Yuvana, zerä ne'ičin o bukadar*
und jetzt alle:DIM beneid:PRÄS-3PL J.:DAT denn warum er so
vakït yašadï fukārä, da šindi zeŋginnemiš /../ M 14
Zeit leb:PRÄT3 arm und jetzt reich werd:PERF3 /.../
'Und jetzt beneiden alle Juvan, denn er lebte so lange Zeit arm, und jetzt ist er reich geworden.'

čünkü

Ein weiterer ursprünglich aus dem Persischen kopierter Konjunktor ist *čünkü*. In unserem Material sind mit *čünkü* eingeleitete Sätze meist postpositiv. Gajdarži 1981: 78 verzeichnet aber auch präpositive Sätze mit *čünkü*. Im Gegensatz zum Osmanischen ist im Türkeitürkischen eine präpositive Stellung von *čünkü*-Sätzen nicht möglich, siehe Johanson 1993c: 259.

(1) *ey gidärdin avšam oldu / čünkü ozamanbutakïm*
INT geh:AOR:VERGKOP-2SG Abend werd:PRÄT3 denn damals diese Art
čalmardïlar mal tarafï nijä šindi čalerlar T1 200-201
stehl:neg-AOR-VERGKOP-3PL Vieh Seite:POSS3 wie jetzt stehl:PRÄS-3PL
•• 'Na, du bist gegangen [wenn] es Abend wurde. Denn damals haben sie nicht soviel an Vieh gestohlen, wie sie jetzt stehlen.'

(2) *onnar isterlär girmää čok yanlarïnda da*
sie woll:PRÄS3PL hineingeh:VN viel Seite:PL-POSS-LOK auch
čünkü o vakït her bir šey diildi paalï T2 21
denn DEM Zeit jede eine Sache nicht:VERGKOP3 teuer
•• 'Sie wollen auch an vielen Seiten hineingehen, denn damals war nicht jede einzelne Sache teuer.'

In den Texten aus Vidin sind *çunki* Sätze meist präpositiv, *çunki* bedeutet hier etwa 'da, da ja', siehe das unten angeführte Beispiel aus Nemeth 1965: 123.

çunki sen munàsib g'ordun, ben-da munàsib g'ordum.
'Da du es für richtig hälst, halte ich es auch für richtig.'

Diese semantische Nuance, die im heutigen Türkeitürkischen beispielsweise mit *mademki* ausgedrückt wird, konnte *čünki* (und auch *čün*) schon im Altosmanischen ausdrücken. Auch im Gagausischen kann sich bei geeignetem Kontext diese Nuance ergeben, siehe Gajdarži 1981: 79 f.

Eine Besonderheit stellen die von Gajdarži 1981: 80 aufgeführten mit *čünkü* oder der Kombination *ki čünkü* eingeleiteten Objektsätze nach verba dicendi dar. Zu der Kombination *ki čünkü* führt Gajdarži aus, daß die Intonationskurve darauf schließen lasse, daß *ki* zum Hauptsatz und *čünkü* zum Nebensatz gehöre und zwischen beiden Elementen eine Pause bestehe (vgl. aber seine Kommasetzung S. 80).

nečin ki/ani

An morphologisch komplexen Konjunktoren tritt in unserem Material nur *nečin ki* bzw. *nečin ani* auf. Dieser Konjunktor stellt eine Teilstrukturkopie des russischen Konjunktors *potomu čto*, bestehend aus Adverb und Konjunktor, dar, siehe Johanson 1993c: 256. Die Reihenfolge ist immer Ereignis - Grund. Dies trifft nicht nur für unser Material zu, sondern ist im Gagausischen generell so, siehe Gajdarži 1981: 76. Diese Eigenschaft haben auch mit *potomu čto* eingeleitete Kausalsätze, die im Gegensatz zu mit anderen Konjunktionen eingeleiteten Kausalsätzen nur postpositiv stehen können, siehe Gabka 1976 (3): 281. Somit ist neben der Ausgestaltung eines komplexen Konjunktors nach russischem Vorbild aus Adverb und Konjunktor mit türkischem Material auch die kombinatorische Eigenschaft der russischen Vorlage, ausschließlich postpositive Kausalsätze einzuleiten, mitkopiert worden.

(1) */.../varïz diy^e^jez nečin ki taa birimiz da ölmedik* T1 3
exisiert:1PL sag:fut-1PL denn noch ein:POSS1PL auch sterb:neg-PRÄT-1PL
•• '/.../ wir sind, müssen wir sagen, denn noch ist keiner von uns gestorben.'

Während Gajdarži nur die Kombination *nečin ki* verzeichnet, findet sich in unserem Material auch die Kombination *nečin ani*, siehe Beispiel (2) und (3).

(2) *bu nasïl demišim bir zōr sorušun nečinani šindi kendini*
dies wie sag:PERF-1SG ein schwer Frage:POSS2 denn ani jetzt selbst:AKK
metetmää ii iš diil T6 244
lob:VN gut Sache nicht
•• 'Dies ist, wie ich gesagt habe, eine schwierige Frage, denn sich selbst zu loben, ist keine gute Sache.'

(3) */.../ komunist sistemi yïkïldï nečin ani internacionalism bitti*
Kommunist System:POSS3 einreiß:PASS-PRÄT3 denn ani Internationalismus end:PRÄT3
•• '/.../ ist das kommunistische System gestürzt worden, denn der Internationalismus hat aufgehört .' T6 322

Der der russischen Vorlage *potomu čto* formal noch näher kommende komplexe Konjunktor *onuštan ani/ki* 'deshalb daß', der ebenfalls ausschließlich postpositive Kausalsätze einleitet, ist von uns nur in der Schriftsprache angetroffen worden.

2.2.3.2.5 Zusammenfassung

Insbesondere die gekoppelten Kausalsätze weisen eine Vielfalt von verschiedenen Kopplungselementen auf, wobei eine deutliche Bevorzugung semantisch schärferer Junktoren zu beobachten ist. Auffällig ist weiterhin, daß keine rezenten konventionalisierten Globalkopien von Junktoren aus dem Bulgarischen oder Russischen vorliegen. Die Einheit *raz* stellt u.E. keine konventionalisierte Kopie dar. Dies mag in anderen Dialektgebieten allerdings der Fall sein.

Die aus türkischem Material gebildeten Junktoren stellen dahingegen meist Teilstrukturkopien aus dem Bulgarischen oder Russischen dar. Neben der Art ihrer Zusammensetzung, etwa Adverb + Konjunktor, wurden hier zum Teil auch die kombinatorischen Eigenschaften der Vorlage, wie etwa die ausschließlich postpositive Stellung von mit *nečin ani* und *onuštan ani* eingeleiteten Sätzen, mitkopiert. Die kausale Umdeutung des eigentlich temporalsatzeinleitenden Junktors *ačan* zeigt eine Tendenz, die in vielen Sprachen vorhanden ist, siehe Johanson 1993c: 239.

Die mit ursprünglich aus dem Persischen globalkopierten Junktoren *čünkü* und *zerä(m)* eingeleiteten Kausalsätze haben die kombinatorische Eigenschaft der Möglichkeit der präpositiven Stellung ihrer Vorlage, die sie ebenfalls noch im Osmanischen hatten (siehe Bulut 1997: 119) im Türkeitürkischen aber verloren haben, erhalten. Günstig hierauf hat sich sicherlich der unterstützende analogische Einfluß der slawischen Sprachen ausgewirkt, in denen ebenfalls eine Reihe von mit Konjunktionen eingeleiteten Kausalsätzen präpositiv stehen können. Anhand des Junktors *zerä(m)* zeigt sich beispielsweise, daß eine Globalkopie, nachdem sie einmal mitsamt ihrer kombinatorischen Eigenschaften kopiert wurde, im A-Kode eigenständige Entwicklungen durchmachen und neue Kombinationsmuster entwickeln kann.

Unter dem Einfluß der slawischen Sprachen wurden die typisch türkischen linksverzweigenden Sätze in ihrer Frequenz stark zurückgedrängt; die auf ausschließlich infiniten Prädikatoren basierenden Sätze sind sogar vollständig verdrängt worden. Die Konstruktion mit *deyni* hingegen konnte sich möglicherweise halten, weil ihr komplexer Prädikator neben *deyni* eine finite Verbform enthält.

2.2.3.3 Temporalsätze

Ein Großteil sowohl der in unserem Material als auch in den von uns gesichteten schriftsprachlichen Texten vorhandenen Temporalsätze sind nach slawischem Muster gebildete, mit Junktoren eingeleitete, auf finiten Prädikaten basierende Temporalsätze. Überaus frequent sind hierbei mit der

Einheit *ačan* eingeleitete Temporalsätze, auf die im folgenden näher eingegangen werden soll. Daneben finden sich auch mit anderen Fragewörtern eingeleitete Temporalsätze, etwa *nijä* und *nasïl* in der Bedeutung 'seit, wenn, sowie' (⇐ russ. *kak*) oder *nezaman* in der Bedeutung 'wenn, als' (⇐ russ. *kogda*), die, da sie in unserem Material nicht belegt sind, hier nicht weiter besprochen werden.[69]

Neben diesen finiten Temporalsätzen finden sich auch infinte, nach türkischem Muster gebildete Temporalsätze, die auf gerundialen Formen basieren, siehe hierzu das Kapitel "Gerundialsätze".

2.2.3.3.1 *ačan*

Das sowohl in unserem Material als auch in den Materialien Moškovs und der Schriftsprache verbreitetste Temporalsatzmuster ist der mit *ačan* 'wenn, als' eingeleitete Temporalsatz. *Ačan* als temporalsatzeinleitende Einheit ist aus dem temporalen Frageadverb *qačan* 'wann' entstanden, dient im Gagausischen aber nicht mehr als Fragewort. Als temporale Frageadverbien dienen im Gagausischen *nezaman*, *nevakït* etc. die ggf. auch als temporalsatzeinleitende Einheiten dienen können; dies ist jedoch nach unseren Beobachtungen nicht sehr frequent.

Qačan ist auch ein schon im Altosmanischen frequenter Temporalsatzjunktor, hier aber häufig mit Konditionalmarkierung am Nebensatzprädikat. Im heutigen Türkeitürkischen findet sich *hačan* (< *qačan*) in Schwarzmeerdialekten sowohl als Fragewort auch als temporalsatzeinleitende Einheit, siehe Brendemoen 1990: 60 f.

Der Temporalsatz geht in unseren Daten in der Regel seinem Matrixsatz voran; Gajdarži 1981: 49 führt jedoch aus, daß er sowohl prä- als auch postpositiv stehen kann. Die Mehrheit seiner Beispiele sind jedoch, wie in unserem und auch in Moškovs Material, präpositiv.

(1)	*ačan*	*gördü*	*ani*	*šindänsoram*	*yumušadïm*	*braktï*	*beni*	T1 352
	als	seh:PRÄT3	ani	bereits	weich werd:PRÄT-1SG	lass:PRÄT	ich:AKK	

•• 'Als er sah, daß ich bereits weich geworden war, ließ er mich los.'

Häufig finden sich in unserem Material Beispiele in denen *ačan* nicht das erste Element des Temporalsatzes ist, sondern ein Element des Satzes, häufig das Subjekt, ihm aus pragmatischen Gründen vorangestellt wird, siehe Beispiele (2) und (3).

69 Zu *nijä*/*nasïl* in temporaler Bedeutung siehe Gajdarži 1981: 69.

(2) *bän ačan bu papaz školasïndaydïm ozaman gelirdim*
ich als DEM Priester Schule:POSS3-LOK-VERGKOP-1SG dann komm:AOR-VERGKOP-1SG
evä T7 288
Haus:DAT
•• 'Als ich in dieser Priesterschule war, da kam ich immer nach Hause.'

(3) *ušak ačan elli günnük* T3 60
Kind wenn 50 Tag:NOM.DER
•• 'Wenn das Kind [schon] fünfzig Tage alt ist.'

Verglichen mit der neutralen Wortstellung, in der das Subjekt unmittelbar nach *ačan* stehen würde, ergibt sich eine deutlichere Betonung, daß es sich um das Satzthema handelt, vgl. etwa die beiden unten angegebenen unmittelbar aufeinanderfolgenden Sätze aus einem Text von Moškov, in denen das Subjekt einmal vor und einmal nach *ačan* steht.

(4) *Oollarï, ačan götüreerlar bobasïnï /.../*
Sohn:PL-POSS3 als bring:PRÄS-3PL Vater:POSS3-AKK
Ačan oollarï geleyorlar yevä /.../ M 125
als Sohn:PL-POSS3 komm:PRÄS-3PL Haus:DAT
'Als die Söhne ihren Vater wegbringen /.../. Als die Söhne nach Hause kommen /.../.'

Auch andere nominale Elemente des Temporalsatzes können *ačan* vorangehen, in Beispiel (5) ist es das Objekt. Im Russischen können topikalisierte Elemente dem eingeleiteten Nebensatz nur im Nominativ vorangehen, sie werden durch ein Pronomen im entsprechenden Kasus wiederaufgenommen, siehe Comrie 1980: 103.[70] Voranstellung eines topikalisierten Elementes in einem entsprechenden Kasus ist nur in Hauptsätzen und Infinitivkonstruktionen möglich. Im Bulgarischen hingegen ist die Position unmittelbar vor der nebensatzeinleitenden Einheit die Topik-Position, siehe Rudin 1985: 20

(5) *ilkin kolxoza ačan geldik ozaman ödärdilär pek islā*
zuerst Kolchose:DAT als komm:PRÄT-1PL dann zahl:AOR-VERGKOP-3PL sehr gut
•• 'Zuerst, als wir in die Kolchose kamen, bezahlten sie sehr gut.' T4 96

Mit *ačan* eingeleitete Nebensätze können bei geeignetem Kontext auch eine konditionale Nuance ausdrücken. In unserem Material findet sich ein Beispiel für einen solchen Nebensatz, siehe Beispiel (6). Hier ist das Prädikat des Bedingungssatzes gleichzeitig mit Konditionalsuffix markiert.

(6) *ačanvuruverirsan o topa čaker gözlerindä* T1 232
wenn schlag:KONV-HV-AOR-KOND-2SG DEM Ball:DAT blitz:PRÄS Auge:PL-POSS3-LOK
•• 'Wenn du gegen diesen Ball trittst, blitzt es vor deinen Augen.'

70 Vgl. auch Beispiel (8) und Fußnote 37 auf Seite 51.

Gajdarži 1981: 55 ff. zeigt aber, daß auch ohne Konditionalsuffix am Nebensatzprädikat mit *ačan* eingeleitete Sätze konditionale Bedeutung haben können. Entsprechende Konstruktionen mit der aus dem Persischen globalkopierten Einheit *eer* bzw. *heer* (⇐ pers. *agar*) hingegen verlangen, wie im Osmanischen und Türkeitürkischen, immer Konditionalmarkierung am Nebensatzprädikat.[71] Wie im Türkeitürkischen, so ist auch im Gagausischen eine einleitende Einheit im Bedingungssatz fakultativ, wenn das Prädikat Konditionalmarkierung trägt.

2.2.3.4 Gerundialsätze

Im Gegensatz zu infinten nominalen Aktoren- und Aktionssätzen haben sich infinite auf Konverbformen basierende Aktionssätze sowohl im modernen gesprochenen als auch geschriebenen Gagausischen in großer Zahl als auch Vielfalt erhalten.

So finden sich in unseren Daten zahlreiche Belege für die Verwendung morphologisch einfacher Gerundien wie -(y)*Ip*, -(*y*)*InǰA*(*k*), -(*y*)*ArAk*,[72] als auch morphologisch komplexer aus Verbalnomina und Kasus bzw. Postposition zusammengesetzter Gerundialformen. Die Verwendung verschiedener gerundialer Formen findet sich bei allen Informanten, unabhängig von dem Grad ihrer Russischkenntnisse, siehe Beispiel (1) aus den Daten eines Informanten mit sehr guten Russischkenntnissen und Beispiel (2) aus denen einer Informantin mit sehr geringen Russischkenntnissen.

(1) *bunnar toplanïp annašardï yapaǰiz böle* T6 293
dies:PL sammel:PASS-KONV verabred:AOR-VERGKOP mach:FUT-1PL so
•• 'Diese versammelten sich und verabredeten: Wir werden es so machen.'

(2) *bän uzandïynan aldï altïmdan škemneǰii* T3 86
ich sich strecken:KONV nehm:PRÄT3 Unterseite:POSS1-ABL Hocker:DIM-AKK
•• 'Als ich mich ausstreckte, nahm sie den Hocker unter mir weg.'

Besonders frequent sowohl in der gesprochenen Sprache als auch in der Schriftsprache sind neben dem koordinierenden -(*y*)*Ip*-Gerundium[73] die

71 Irreale Bedingung wird gebildet mit Optativ + *idi*, siehe Pokrovskaja 1964: 213 f.

72 Postverbialverbindungen des Typs lexikalisches Konverb + grammatikalisiertes Verb können im Rahmen dieser Arbeit nicht besprochen werden. Es sei aber darauf hingewiesen, daß solche Verbindungen, bis auf die Verbindung -*Iver*-, im Gagausischen fast nicht vorkommen.

73 Die Verwendung des -(*y*)*Ip*-Gerundiums ist übrigens, wie im modernen Türkeitürkischen, beschränkt auf Fälle von Erstaktantengleichheit von Haupt- und Nebensatzprädikat.

temporalsatzbildenden Gerundien *-DIynAn* (< *-DIK* + *-nAn* 'mit') und *-DII gibi* (< *-DIK* + POSS3 + *gibi* 'wie') 'als, sowie, sobald'.

Eine Besonderheit im Gagausischen, die sich auch in der gesprochenen Sprache findet, stellt die adverbiale Verwendung der ursprünglich adnominalen Form auf *-mAdIk* dar, siehe Beispiel (3).[74] In der Regel tritt diese Form, wie auch in dem u. a. Beispiel an Passivstämme, siehe Pokrovskaja 1964: 236.

(3) *ey ne išin sorulmadĭk gittin ey* — T2 131
INT warum frag:PASS-NEG-PART geh:PRÄT2SG INT
•• 'Na, warum bist du gegangen, ohne zu fragen, hm?'

In der Schriftsprache findet sich die Verwendung gerundialer Formen ebenfalls sehr häufig; hier begegnen darüber hinaus Verwendungen von zwei *-(y)Ip*-basierten Gerundialsätzen in einem komplexen Satz (Beispiel (4)), eine Verwendung, die im modernen Türkeitürkischen aufgrund des Einflusses europäischer Sprachen auf die Umgangssprache beschränkt und auch dort von nur geringer Frequenz ist, siehe Johanson 1992b: 208. Es ist zu vermuten, daß eine Aneinanderreihung von mehreren *-(y)Ip*-Gerundien in einem komplexen Satz auch in der gagausischen Umgangssprache nicht ausgeschlossen ist, in unseren Daten findet sich hierfür allerdings kein Beleg.

(4) O sansĭn küčük ušak uyumuštu kĭzĭp bajaklarĭnĭ,
er als ob klein Kind schlaf:PLUPERF3 zusammendrück:KONV Bein:PL-POSS3-AKK
koyup ellerini dizlerin arasĭna. — SB 14
leg:KONV Hand:PL-POSS3-AKK Knie:PL-GEN PP:POSS3-DAt
'Er war eingeschlafen wie ein kleines Kind, seine Beine zusammenpressend und die Hände zwischen die Knie legend.'

Gerundiale Formen begegnen sowohl im Russischen als auch im Bulgarischen. In beiden Kontaktsprachen des Gagausischen sind diese jedoch in ihrem Formeninventar, im Vergleich zum Gagausischen, sehr stark beschränkt (für das Russische, siehe Weiss 1995, zum Bulgarischen siehe Scatton 1993) und ihre Produktivität ist eingeschränkt, insofern als diese Formen nicht von allen Verben gebildet werden können. In beiden Sprachen ist die Verwendung von gerundialen Formen markiert schriftsprachlich; im Bulgarischen ist ihre Frequenz gegenüber dem Russischen noch stärker eingeschränkt, siehe Scatton 1993. Die Konverbform signalisiert jeweils nur die syntaktische Unterordnung, semantische Beziehungen verschiedener Art ergeben sich aus dem Kontext, siehe für das Russische

74 Vgl. hierzu auch die von Johanson 1995: 317 beschriebene adverbiale Verwendung des *-mIş*-Partizips im modernen Türkeitürkischen. Zwischen *-mIš* und *-mAdIk* bestehen im Gagausischen paradigmatische Beziehungen, siehe Pokrovskaja 1964: 236.

Gabka 1975: 196 ff. und für das Bulgarische Scatton 1993. Im Gagausischen hingegen werden verschiedene semantische Beziehungen durch jeweils unterschiedliche gerundiale Formen signalisiert, was nach Johanson 1992a: 105 einer der Vorzüge der gerundialen Formen ist, die sich stabilisierend auf ihren Erhalt auswirken können.

Gerundiale Sätze können in den slawischen Sprachen darüber hinaus kein eigenes vom Matrixsatz verschiedenes Subjekt haben, wohingegen im Gagausischen einige Konverbien Subjektswechsel erlauben, wie etwa oben in Beispiel (2). Es handelt sich hierbei im großen und ganzen um dieselben Konverbformen, die im Türkeitürkischen Subjektswechsel erlauben, d.h., diese Eigenschaft ist ebenfalls erhalten geblieben.

Literaturverzeichnis

Verzeichnis der untersuchten Texte

AD = *Ana Dili : Literatura okumaklarï hem grammatika* : 6-ğï klass ičin. Kišinev. 1991

BS = *Budğaktan seslär* : Literatura yazïlarï. Kišinev. 1959.

DK = Kara Čoban, Dimitri 1986. *Proza*. Kišinev.

GD7 = Gagauz dili : *Üürenmäk kiyadï : edinǰi klass ičin*. Kišinev, 1988.

GD8/9 = Baboglu, N. I. & Baboglu, N. N. 1991. *Gagouz dili : Sintaksis* : 8-9 klasslar ičin. Kišinev.

GD8 = Gagauz dili : *Üürenmäk kiyadï : sekizinǰi klass ičin*. Kišinev, 1987.

GL = Baboglu, N.I. & Baboglu, N.N. (Hgg.) 1992. *Gagouz literaturasï* : VIII - IX klasslar ičin (Üürenmäk kiyadï hem hrestomatija). Kišinev.

C = Ciachir, Mihail 1934. *Besarabiealâ Gagauzlarân istorieasâ*. Chişinau.

M = Moškov, V.A. 1904. *Narěčija bessarabskich gagauzov* (= Radloff, W.: Proben der Volkslitteratur der türkischen Stämme, X. Theil) St. Peterburg.

MA = Manov, Atanas I. 1938. *Potekloto na gagauzite i technite običai i iravi* : vă dve časti. Sofija.

OK = *Gagauz dilindä okumak kiyadï : edinǰi klass ičin*. Kišinev. 1986.

SB2 = Bulgar, Stepan 1988. *J̌an pazarï*. Kišinev.

SB = Bulgar, Stepan 1990. *J̌anavar yortularï* : Annatmaklar. Kišinev.

Z = Zajączkowski, Włodzimierz 1966b: *Język i folklor Gagauzów z Bułgarii*. Kraków.

Verzeichnis der verwendeten wissenschaftlichen Literatur

BASKAKOV, N. A. 1960. *The Turkic languages of Central Asia : Problems of planned culture contact. The Turkic peoples of the USSR : The development of their languages and writing*. Oxford.

BASKAKOV, N. A. (Hg.) 1966. *Jazyki narodov SSSR* 2. *Tjurkskie jazyki*. Moskva. 112-138.

BASKAKOV, N. A. 1978. The extent of multilayer influence on the Gagauz language. In: McCormack & Wurm 1978. 553-560.

BAZIN, Louis 1959. Le Turkmène. In: Deny et al. 1959. 308-317.

BEAULIEUX, Léon & MLADENOV, Stefan 1950. *Grammaire de la langue bulgare*. Paris.

BERTA, Árpád; Bernt BRENDEMOEN & Claus SCHÖNIG (Hgg.) 1996. *Symbolae Turcologicae : Studies in honour of Lars Johanson on his sixtieth birthday 8 March 1996*. (Swedish Research Institute in Istanbul. Transactions 6.) Stockholm.

BIRKENMAIER, Willy 1977. Restriktive und nicht-restriktive Relativsätze im Russischen. *IRAL*, XV/2. 127-141.

BOESCHOTEN, Hendrik E. 1983. Usbekisches aus Aibak (Samangan). (Utrechtse turkologische reeks 1.) Utrecht.

BOESCHOTEN, Hendrik, E. 1990. *Acquisition of Turkish by immigrant children : A multiple case study of Turkish children in the Netherlands aged 4 to 6*. (Turcologica 6.) Wiesbaden.

BOESCHOTEN, Hendrik 1996. Zur Charakterisierung des Kodekopierens. In: Berta et al. 1996. 31-39.

BOESCHOTEN, Hendrik E. & VERHOEVEN, Ludo Th. 1985. Integration niederländischer lexikalischer Elemente ins Türkische: Sprachmischung bei Immigranten der ersten und zweiten Generation. In: *Linguistische Berichte* 98, 1985. 347-364.

BOESCHOTEN, Hendrik E. & VERHOEVEN, Ludo Th. 1987. Language-mixing in children's speech: Dutch language use in Turkish discourse. In: *Language Learning* 37. 191-215.

BREMMER, Ian & TARAS, Ray (Hgg.) 1993. *Nation and politics in the Soviet successor states*. Cambridge.

BRENDEMOEN, Bernt (Hg.) 1990a. *Altaica Osloensia. Proceedings from the 32nd meeting of the Permanent International Altaistic Conference*. Oslo, June 12-16, 1989. Oslo.

BRENDEMOEN, Bernt 1990b. Laz influence on Black Sea Turkish dialects? In: Brendemoen 1990a. 49-64.

BRENDEMOEN, Bernt 1993. Pronominalsyntax in den türkischen Schwarzmeerdialekten: Syntaktische Innovation oder Archaismus? In: Laut & Röhrborn 1993. 51-73.

BRENDEMOEN, Bernt 1994. Some remarks on the copula in a "microdialect" on the eastern Black Sea coast. Forthcoming.

BUCHHOLZ, Oda 1991. Subordinatoren in Final- und Kausalsätzen der Balkansprachen. In: Kortmann 1991. 95-116.

BULUT, Christiane 1997. *Evliya Çelebis Reise von Bitlis nach Van. Ein Auszug aus dem Seyahatname*. [Diss. Univ. Mainz.]

CHVANY, Catherine V. & BRECHT, Richard D. (Hgg.) 1980. *Morphosyntax in Slavic*. Columbus, Ohio.

CHISHOLM, William S. Jr. & Milic, Louis, T. & Greppin, John A. C. (Hgg.) 1984. Interrogativity : a colloquium on the grammar, typology and pragmatics of questions in seven diverse languages,

Cleveland, Ohio, October 5th 1981 - May 3rd 1982. (Typological studies in language 4.) Amsterdam/Philadelphia.

COMRIE, Bernard 1980. Clause structure and movement constraints in Russian. In: Chvany & Brecht 1980. 98-113.

COMRIE, Bernard 1984. Interrogativity in Russian. In: Chisholm u.a. 1984. 7-46.

COMRIE, Bernard & CORBETT, Greville G. 1993. *The Slavonic languages*. London, New York.

CSATÓ, Éva Á. 1990. Non-finite verbal constructions in Turkish. In: Brendemoen 1990. 75-88.

CSATÓ, Éva Á. 1993. Türkische Relativsätze mit Bezugsnomen. In: *Diyalog - "Dialog" : Interkulturelle Zeitschrift für Germanistik*, Heft 2. 91-100.

CSATÓ, Éva Á. 1994a. Some typological features of the viewpoint aspect and tense system in spoken North-Western Karaim. Erscheint in: *Tense and aspect in the languages of Europe.*

CSATÓ, Éva Á. 1994b. On word order differences between Turkish and Karaim. In: *Dilbilim Araştırmaları* 1994, 54-61.

CSATÓ, Éva Á. im Druck. On word order in Karaim. Erscheint in den Akten des Seminars "On Turkish in Contact" Wassenaar, 5-6 February 1996.

DALLI, Hüseyin 1976. *Kuzeydoğu Bulgaristan Türk ağızları üzerine araştırmalar*. (Türk Dil Kurumu Yayınları 450.) Ankara.

DENY, Jean 1921. Grammaire de la langue turque (dialecte osmanli). Paris.

DENY, Jean & GRØNBECH, Kaare & SCHEEL, Helmuth & TOGAN, Zeki Velidi (Hgg.) 1959. *Philologiae turcicae fundamenta* 1. Aquis Mattiacis.

DMITRIEV, N. K. 1962. *Stroj tjurkskich jazykov*. Moskva.

DMITRIEV, N. K. 1962a. Gagauzskie ėtjudy. In: Dmitriev 1962. 251-270. [Nachdruck von 1939.]

DMITRIEV, N. K. 1962b. K voprosu o slovarnom sostave gagauzskogo jazyka. In: Dmitriev 1962. 271-293.

DMITRIJEV, N. K. 1932-33. Gagausische Lautlehre. I-III. In: *Archiv Orientálni* 4 (I S. 208-224, II S. 349-362) und 5 (III S. 96-113).

DOERFER, Gerhard 1959. Das Gagausische. In: Deny et al. 1959. 260-171.

DOERFER, Gerhard 1965. Zur "kiptschakischen" Schicht des Gagausischen. In: *Central Asiatic Journal*, 10. 21-127.

DOERFER, Gerhard 1987. *Lexik und Sprachgeographie des Chaladsch*. Textband. Wiesbaden.

DOERFER, Gerhard 1988. *Grammatik des Chaladsch*. (Turcologica 4.) Wiesbaden.

DOERFER, Gerhard 1990. Die Stellung des Osmanischen im Kreise des Oghusischen und seine Vorgeschichte. In: Hazai 1990. 13-34.

DOERFER, Gerhard 1993. Das türkische Suffix *-mIš* als Lehnelement. In: Laut & Röhrborn 1993. 87-92.

DOERFER, Gerhard & TEZCAN, Semih 1994. *Folklore-Texte der Chaladsch*. (Turcologica 19.) Wiesbaden.

DOĞRU, Abdülmecit & KAYNAK, İsmail (Rusçadan aktaranlar) 1991. *Gagauz Türkçesinin sözlüğü*. (Kültür Bakanlığı Yayınları 1294.) Ankara.

DRIMBA, Vladimir 1963. Remarques sur les parlers gagaouzes de la Bulgarie du Nord-Est. *Rocznik Orientalistyczny* 26, 2. 64-89.

DRON, I. V. 1984. Tjurksko-vostočnoromanskie jazykovye vzaimosvjazi. (Gagauzskaja terminologija po skotovodstvu Moldavskogo proischoždenija.) In: *Sovetskaja Tjurkologija* 4. 17-26.

ECKMANN, J. 1960. Dinler (Makedonya) Türk ağzı. In: *Türk Dili Araştırmaları Yıllığı Belleten 1960*. 189-204.

ECKMANN, J. 1962. The Turkish dialect of Edirne. In: Poppe 1962. 45-68.

ECKMANN, Johann 1943. Die türkische Mundart von Warna. In: *Kőrösi Csoma-Archivum*. III Kötet. 1941-1943. 144-214.

ERDAL, Marcel 1981. Turkish participles and the absence of reference. In: Young 1981. 21-49.

ERDAL, Marcel 1999. Das Nachfeld im Türkischen und im Deutschen. In: Johanson & Rehbein 1999. 53-94.

ERDAL, Marcel & TEZCAN, Semih (Hgg.) 1995. *Beläk Bitig: Sprachstudien für Gerhard Doefer zum 75. Geburtstag*. (Turcologica 23.) Wiesbaden.

EXTRA, Guus & VERHOEVEN, Ludo (Hgg.) 1993. *Immigrant languages in Europe*. Clevedon, Philadelphia, Adelaide.

FANE, Darai 1993. Moldova : breaking loose from Moscow. In: Bremmer & Taras 1993. 121-153.

FRAENKEL, Eran & KRAMER, Christina (Hgg.) 1993. *Language contact - Language conflict*. (Balkan Studies 1.) New York, San Francisco, Bern, Baltimore, Frankfurt am Main, Berlin, Wien, Paris.

GABAIN, Annemarie von 1974³. *Alttürkische Grammatik*. (Porta Linguarum Orientalium, Neue Serie 15.) Wiesbaden.

GABKA, Kurt (Hg.) 1975. *Die russische Sprache der Gegenwart* : Band 2 : Morphologie. Düsseldorf.

GABKA, Kurt (Hg.) 1976. *Die russische Sprache der Gegenwart* : Band 3 : Syntax. Leipzig.

GAJDARŽI, Gavril A. 1971. Složnye predloženija s pridatočnymi otnositel'nogo podčinenija v gagauzskom jazyke. In: *Sovetskaja Tjurkologija* 4. 50-56.

GAJDARŽI, Gavril A. 1971. Sposoby podčinenija i tipy pridatočnych predloženij v gagauzskom jazyke. In: *Sovetskaja Tjurkologija* 3. 43-59.

GAJDARŽI, Gavril A. 1973. *Gagauzskij sintaksis : Otnositel'noe i bessojuznoe podčinenie pridatočnych.* Kišinev.

GAJDARŽI, Gavril A. 1981. *Gagauzskij sintaksis : Pridatočnye predloženija sojuznogo podčinenija.* Kišinev.

GENCAN, Tahir N. 1975. *Dilbilgisi.* (Türk Dil Kurumu Yayınları 418) İstanbul.

GRANNES, Alf 1996. *Turco-Bulgarica : Articles in Englisch and French concerning Turkish influence on Bulgarian.* (Turcologica 30.) Wiesbaden.

GREENBERG, J. (Hg.) 1963. *Universals of language.* Cambridge.

GREENBERG, J. 1993. Some universals of grammar with particular reference to the order of meaningful elements. In: Greenberg 1963. 73-133.

GÜNGÖR, Harun & ARGUNŞAH, Mustafa 1991. *Gagauz Türkleri* (Tarih-dil-folklor ve halk edebiyatı). (Kültür Bakanlığı Yayınları 1300.) Ankara.

GÜNGÖR, Harun & ARGUNŞAH, Mustafa 1993. *Dünden bugüne Gagauzlar.* Ankara.

HANSER, O. 1974. Türkischer Satzbau. Die Nebensatzgrammatik des Türkischen, untersucht an ausgewählten Beispielen. In: *Wiener Zeitschrift für die Kunde des Morgenlandes* 65-66/1973-1974. 155-218.

HASPELMATH, Martin & KÖNIG, Ekkehard (Hgg.) 1995. Converbs in cross-linguistic perspective. Structure and meaning of adverbial verb forms—adverbial participles, gerunds. (Empirical approaches to language typology 13.) Berlin, New York.

HAZAI, György (Hg.) 1990. *Handbuch der türkischen Sprachwissenschaft.* Teil I. (Bibliotheca Orientalis Hungarica 31.) Budapest.

HETZER, A. 1983. Wortkundliche Probleme bei Sprachbünden unter besonderer Berücksichtigung des südosteuropäischen Areals. *Zeitschrift für Balkanologie* 19/1983. 16-47.

HUBER, Dieter & WORBS, Erika (Hgg.) 1998. *Ars transferendi. Sprache, Übersetzung, Interkulturalität.* Festschrift für Nikolai Salnikow zum 65. Geburtstag. Frankfurt .

JENSEN, H. 1931. *Neupersische Grammatik, mit Berücksichtigung der historischen Entwicklung.* (Indogermanische Bibliothek, Erste Abteilung, 1. Reihe, 22.) Heidelberg.

JIREČEK, Konstantin 1891. *Das Fürstenthum Bulgarien : Seine Bodengestaltung, Natur, Bevölkerung, wirthschaftliche Zustände, gei-*

stige Cultur, Staatsverfassung, Staatsverwaltung und neueste Geschichte. Prag, Wien, Leipzig.

JOHANSON, Lars 1974. Sprachbau und Inhaltssyntax am Beispiel des Türkischen. In: *Orientalia Suecana* 22/1973 (1974). 82-106.

JOHANSON, Lars 1975. Some remarks on Turkic "hypotaxis". *Ural-Altaische Jahrbücher* 47. 105-118.

JOHANSON, Lars 1977. Bestimmtheit und Mitteilungsperspektive im türkischen Satz. *Zeitschrift der Deutschen Morgenländischen Gesellschaft* Suppl. III: 2, 1977. 1186-1203.

JOHANSON, Lars 1990a. Subjektlose Sätze im Türkischen. In: Brendemoen 1990. 193-218.

JOHANSON. Lars 1990b. Studien zur türkeitürkischen Grammatik. In: Hazai 1990. 146-278.

JOHANSON, Lars 1991a. Die "problematischen" türkischen Nebensätze. In: *Türk Kültürü Araştırmaları* 28/1990 (1991). 201-209.

JOHANSON, Lars 1991b. Zur Typologie türkischer Gerundialsegmente. In: *Türk Dilleri Araştırmaları*, 1991. 98-110.

JOHANSON, Lars 1992a. *Strukturelle Faktoren in türkischen Sprachkontakten*. (Sitzungsberichte der Wissenschaftlichen Gesellschaft an der J. W. Goethe-Universität Frankfurt am Main, 29: 5.) Stuttgart.

JOHANSON, Lars 1992b. Periodische Kettensätze im Türkischen. In: *Wiener Zeitschrift für die Kunde des Morgenlandes* 82. 201-211.

JOHANSON, Lars 1993a. Code-copying in immigrant Turkish. In: Extra & Verhoeven 1993. 197-221.

JOHANSON, Lars 1993b. Typen kausaler Satzverbindungen im Türkischen. In: *Journal of Turkology* Vol. 1, 2. 213-267.

JOHANSON, Lars 1993c. Zur Anpassung von Lehnelementen im Türkischen. In: Laut & Röhrborn 1993. 93-102.

JOHANSON, Lars 1995. On Turkic converb clauses. In: Haspelmath & König 1995. 313-347.

JOHANSON, Lars 1998. Kopien russischer Konjunktionen in türkischen Sprachen. In: Huber & Worbs 1998. 115-121.

JOHANSON & REHBEIN (Hgg.) 1999. *Türkisch und Deutsch im Vergleich*. (Turcologica 39.) Wiesbaden.

KAKUK, S. 1958. Textes Turcs de Kazanlyk II. In: *Acta Orientalia Academiae Scientiarum Hungaricae* 8/3. 241-311.

KAKUK, S. 1960: Constructions hypotactiques dans le dialecte turc de la Bulgarie Occidentale. In: *Acta Orientalia Hungaricae* 11/1960. 249-257.

KAKUK, Suzanne 1972. Le Dialecte Turc d'Ohrid en Macédoine. In: *Acta Orientalia Academiae Scientiarum Hungaricae* 26/1972. 227-282.

KIRAL, Filiz 1997. *Syntaktische Einflüsse des Persischen im gesprochenen Aserbaidschanisch von Iran.* [Diss. Univ. Mainz.]

KIRAL-SHAHIDI ASL, Filiz 1991. *Persische Lehnsyntax im aserbaidschanischen Stadtdialekt von Täbriz.* [Unveröffentlichte Magisterarbeit. Univ. Mainz.]

KOLCA, E. K. 1973. Obrazovanie složnych slov v gagauzskom jazyke. In: *Studij di leksikografie ši leksiloložie : Issledovanija po leksikografii i leksikologii.* Kišiněu. 173-183.

KORTMANN, Bernt (Hg.) 1991. *Adverbial subordinators in the languages of Europe.* o. O.

KURZOVÁ, Helena 1981. *Der Relativsatz in den indoeuropäischen Sprachen.* Hamburg.

LAUT, Jens P. & RÖHRBORN, Klaus (Hgg.) 1993. *Sprach- und Kulturkontakte der türkischen Völker – Materialien der zweiten Deutschen Turkologen-Konferenz, Rauischholzhausen, 13.-16. Juli 1990.* (Veröffentlichungen der Societas Uralo-Altaica 37.) Wiesbaden.

LEHMANN, Christian 1984. *Der Relativsatz : Typologie seiner Strukturen; Theorie seiner Funktionen; Kompendium seiner Grammatik.* (Language Universals Series 3.) Tübingen.

LEMPP, Albrecht 1981. *Das zusammengesetzte Verbalprädikat mit "da" im Neubulgarischen.* (Slavistische Beiträge 141.) München.

LEWIS, Geoffrey L. 1985[5]. *Turkish grammar.* Oxford.

LORENZ, Manfred 1964. Die partizipialen Wendungen – ein Unterscheidungsmerkmal des Tâğikischen gegenüber dem Persischen. *Mitteilungen des Instituts für Orientforschung,* X. 133-139.

MANOV, Atanas, I. 1938. *Potekloto na Gagauzite: technite običai i nravi.* V dve časti. Sofija.

MCCORMACK, William C. & WURM, Stephen A. (Hgg.) 1978. *Approaches to language : Anthropological issues.* The Hague, Paris.

MENGES, Karl 1949: Zum Özbekischen von Nord-Afghanistan. In: *Anthropos* 41-44/1946-1949. 637-710.

MENZ, Astrid 1991. Studien zum Türkisch der zweiten deutschlandtürkischen Generation. [Unveröffentlichte Magisterarbeit, Univ. Mainz.]

MOLLOVA, Mefküre 1966. Quelques reflexions sur la grammaire de la langue Gagavuze de L. A. Pokrovskaja. In: *Linguistique balkanique* 11, 1. 139-144.

MÜLLER, Oskar 1971. *Untersuchungen zum Attribut in der russischen Gegenwartsprache.* [Habilitationsschrift, Univ. Rostock.]

NÉMETH, J. 1965. *Die Türken von Vidin : Sprache, Folklore und Religion.* (Bibliotheca Orientalis Hungarica 10.) Budapest.

ÖZKAN, Nevzat 1996. *Gagavuz Türkçesi grameri : Giriş – ses bilgisi – şekil bilgisi – cümle – sözlük – metin örnekleri.* (Türk Dil Kurumu Yayınları 657.) Ankara.

POKROVSKAJA, Ljudmila A. 1964. *Grammatika gagauzskogo jazyka. : Fonetika i morfologija.* Moskva.

POKROVSKAJA, Ljudmila A. 1966. Gagauzskij jazyk. In: Baskakov 1966. 112-138.

POKROVSKAJA, Ljudmila A. 1971. Osobennosti struktury složnopodčinennogo bessojuznogo predloženija v gagauzskom jazyke i balkano-tureckich dialektach. In: *Sovetskaja Tjurkologija* 4. 37-42.

POKROVSKAJA, Ljudmila A. 1974. Musul'manskie ėlementy v sisteme christianskoj religioznoj terminologii Gagauzov. In: *Sovetskaja Ėtnografija* 1. 139-144.

POKROVSKAJA, Ljudmila A. 1977. Razvitie vnutristrukturnych izmenenij v balkano-tureckich dialektach pod vlijaniem slavjanskich jazykov. In: *Altaica : Proceedings of the 19th Annual Meeting of the Permanent International Altaistic Conference*, held in Helsinki 7-11 June 1976. (Mémoires de la Société Finno-Ougrienne 158.) Helsinki. 213-219.

POKROVSKAJA, Ljudmila A. 1978. *Sintaksis gagauzkogo jazyka v sravnitel'nom osveščenii.* Moskva.

POPPE, Nicholas (Hg.) 1962. *Altaic studies in the United States.* (American Studies in Altaic Linguistics 13.) The Hague.

REICHL, K. 1983. Syntactic interference in Afghan Uzbek. In: *Anthropos* 78. 481-500.

REHDER, Peter (Hg.) 1991. *Einführung in die slavischen Sprachen.* Darmstadt.

RUDIN, Catherine 1986. *Aspects of Bulgarian syntax: Complementizer and WH constructions.* Columbus, Ohio.

RUDIN, Catherine & EMINOV, Ali 1993. Bulgarian nationalism and Turkish language in Bulgaria. In: Fraenkel & Kramer 1993. 43-73.

SCATTON, Ernest A. 1984. *A reference grammar of Modern Bulgarian.* Columbus, Ohio.

SCATTON, Ernest A. 1993. Bulgarian. In: Comrie & Corbett 1993. 188-248.

SCHÖNIG, Claus 1993a: Attributive Partizipialkonstruktionen im Türkischen. In: *Materialia Turcica* 16 (1992) 74-104.

SCHÖNIG, Claus 1993b. Finitprädizierte Relativsätze in den sogenannten altaischen Sprachen. In: *Türk Dilleri Araştırmaları* 3. Talât Tekin Armağanı. 181-191.

SCHÖNIG, Claus 1994. Relativsatzbautypen in den sogenannten altaischen Sprachen. In: *Acta Orientalia Academiae Scientiarum Hungaricae* XLVI (2-3) (1992/93). 327-338.

SCHÖNIG, Claus 1995. **qa:ño* und Konsorten. In: Erdal & Tezcan 1995. 177-187.

SCHÖNIG, Claus im Druck. *Finite Prädikationen und Textstrukturen im Babur-name*. [Habilitationsschrift Univ. Berlin, Typoskript.]

SLOVAR' = GAJDARŽI, G. A. & KOLCA, E. K. & POKROVSKAJA, L. A. & TUKAN, B. P. (sostav.) 1973. *Gagauzsko russko-moldavskij slovar'*. Moskva.

TAUSCHER, E. & KIRSCHBAUM, E.-G. 1962. *Grammatik der russischen Sprache*. Berlin.

TIETZE, Andreas 1958. Der freistehende Genitiv im Türkeitürkischen. In: *Ural-Altaische Jahrbücher* 30. 183-194.

TIMBERLAKE, Alan 1993. Russian. In: Comrie & Corbett 1993. 827-886.

TUKAN, B. P. & Udler, R. Ja. 1972. Moldavsko-gagauzskie jazykovye vzaimootnošenija. In: *Sovetskaja Tjurkologija* 6. 55-67.

WEISS, Daniel 1995. Russian converbs : A typological outline. In: Haspelmath & König 1995. 239-282.

WITTEK, Paul 1952. Les Gagaouzes = Les gens de Kaykāūs. In: *Rocznik orientalistyczny* XVII, 1951-52. 12-24.

YOUNG, D.W. (Hg.) 1981. *Studies presented to H. J. Polotsky*. Beacon Hill, Mass.

ZAJĄCZKOWSKI, Włodzimierz 1952. Terminologia zwierzat domowych u Gagauzów. In: *Rocznik orientalistyczny* XVII, 1951-52. 386-392.

ZAJĄCZKOWSKI, Włodzimierz 1960. Gagauskie teksty folklorystyczne. In: *Festschrift in honour of academician St. Romanski*. 855-886.

ZAJĄCZKOWSKI, Włodzimierz 1966a. Vocabulaire gagaouze-français. In: *Folia Orientalia* 7. 29-73.

ZAJĄCZKOWSKI, Włodzimierz 1966b. *Język i folklor Gagauzów z Bułgarii*. Kraków.

ZAJONČKOVSKI, Vlodzimež 1964. Poslovcy i pogovorki gagauzov iz Bolgarii. In: *Folia Orientalia* 5. 127-163.

C Anhang

Vorbemerkungen zu den einzelnen Texten und ihren Informanten

An dieser Stelle sollen einige Informationen zu den jeweiligen Informanten sowie dem Inhalt der einzelnen Texte und, wo es für das Gesamtverständnis nötig erschien, zum Kontext gegeben werden.

Bei den Aufnahmen, denen Text 4 bis Text 7 entstammen, war außer mir auch eine Kulturanthropologin zugegen, die sich ebenfalls zu einer Feldforschung in Tomai befand. Die mit I: gekennzeichneten Fragen stammen von ihr. Die Aufnahmen zu Text 5 und 6 haben Interviewcharakter.

Die Texte stammen zum Teil aus sehr langen Aufnahmesitzungen, sie mußten daher für die Veröffentlichung im Rahmen dieser Arbeit sehr stark gekürzt werden. Dies betrifft nur die Texte 5 bis 7 des Anhangs. So besteht etwa Text 6 aus Teilen eines etwa 30seitigen Transkriptes. Es wurde versucht, durch die notwendigen Kürzungen keine Sinneinheiten zu unterbrechen.

Was die Identität der Sprecher betrifft, so beschränken sich die hier gegebenen Informationen auf ihr Alter, ihr Geschlecht, den Grad ihrer formellen Bildung und evtl. ihr Beruf sowie besonders ihre jeweiligen Sprachkenntnisse.

Text 1 stammt von einem 43jährigen männlichen Informanten aus dem Dorf Tomai. Der Informant hat Hochschulbildung, er verfügt über sehr gute Russischkenntnisse. Er schildert in diesem Text einige *Kindheits- und Jugenderlebnisse*. Im Hintergrund spricht manchmal seine Ehefrau. Ihre Äußerungen wurden ebenfalls transkribiert; um sie vom Haupttext zu unterscheiden, wurde ihnen ein F: vorangestellt. Wo sie nur einzelne Wörter einwirft, wurde auf eine Numerierung verzichtet. Da sie zudem sehr weit vom Mikrophon entfernt saß, konnten nicht alle ihre Äußerungen transkribiert werden. An zwei Stellen wurden von uns Fragen gestellt (I:), sie wurden ebenfalls transkribiert, weil sie für das Verständnis des folgenden wichtig sind, aber nicht numeriert.

Text 2 stammt von demselben Informanten wie Text 1, hier schildert der Informant eine *Klassenfahrt nach Moskau*, an der er als Klassenlehrer teilnahm.

Bei Text 3 handelt es sich um die Aufnahme eines *Gesprächs zwischen Mutter* (58 Jahre) *und Tochter* (38 Jahre). Die Mutter hat ca. vier

Jahre lang die rumänische Grundschule besucht, danach aber das Rumänische nicht mehr gepflegt. Sie verfügt auch über geringe Russischkenntnisse. Ihre Tochter hat Hochschulbildung und verfügt demzufolge über sehr gute Russischkenntnisse. Ihr Gespräch drehte sich in der Hauptsache um eine Verwandte, die mit ihrem neugeborenen Sohn im Krankenhaus lag, und um die Vorbereitungen für die Taufe des Neugeborenen. Einen wichtigen Bestandteil der Taufe stellt das Fest im Anschluß an die eigentliche religiöse Zeremonie dar. Dieses Fest wird im Kreise von Verwandten und Nachbarn gefeiert, wofür die Vorbereitung einer Menge Speisen und Getränke nötig ist. Dabei macht sich die Abwesenheit der Kindsmutter empfindlich bemerkbar. Daneben werden noch einige Abenteuer der kleinen, noch nicht zwei Jahre alten Enkelin berichtet.

In Text 4 berichtet die 70jährigen Informantin von ihrer Hochzeit und von den Nöten während *der großen Hungersnot* 1946-1947 und dem Beginn der Kolchoswirtschaft; von der Hungersnot, Gagausisch *ǟčlïk* und auch der Deportation der männlichen Gagausen nach Kasachstan im Verlaufe des Zweiten Weltkriegs berichteten mir während meines Aufenthalts in Tomai und Umgebung alle Informanten, die diese Zeit erlebt bzw. überlebt hatten. Die Informantin hat keine Schule besucht, spricht demzufolge nur Gagausisch. Russisch und Rumänisch versteht sie "etwas", wie sie selbst sagte.

Text 5 enthält einen kleinen Teil eines längeren Interviews mit einem Bildhauer aus Beşalma, in dem er hauptsächlich philosophische Betrachtungen zum Unterschied von *Gut und Böse* darlegt. Der Informant ist zum Zeitpunkt des Gesprächs 33 Jahre alt, er hat Hochschulbildung und sehr gute Russischkenntnisse.

Text 6 stammt von einem 43jährigen Informanten mit Hochschulbildung und sehr guten Russischkenntnissen. Er wurde in der Ukraine geboren und lebt heute in Ceadîr-Lunga in der Republik Moldau. Er berichtet im ersten Teil des Gesprächs von Erlebnissen seiner Jugend; der Heranziehung der Gagausen zur Zwangsarbeit in Kasachstan; seiner Entdeckung, daß er einer türkischsprachigen Volksgruppe angehört; den Märchen, die ihm sein Großvater erzählte und von seiner Militärzeit in der er die Bekanntschaft mit anderen türkischsprachigen Gruppen machte. Insbesondere trägt er das Märchen über den *kervan kïran yïldïzï* '*die Venus*' vor. Im zweiten Teil berichtet er über Ereignisse in der heutigen Republik Moldau während der Zeit der Auflösung der Sowjetunion und die Entstehung der gagausischen Autonomiebewegung. Der Informant war einige Male in der Türkei, was sich deutlich an seinem Wortschatz bemerkbar macht. Er verwendet an mehreren Stellen sowohl das türkische als auch das gagausische Wort, etwa *anne* und *mamu* in Satz (11) sowie manchmal das türkische -(*I*)*yor*-Präsens und die gagausische dialektale Präsensform auf -*Iy*.

Text 7 schließlich stammt von einem 67jährigen Informanten aus Copceac, der nach einer Zeit im rumänischen Priesterseminar ein Lehrerseminar besucht hat. Er lebt heute in Chişinău (Kišinev). Er ist der einzige unserer Informanten, der neben Russisch auch sehr gut Rumänisch sprach. Auch er berichtet von Erlebnissen seiner Kindheit und Jugendzeit. Eine dieser Episoden, *der Maulbeerbaum*, wurde von ihm in einem gagausischen Kinderbuch verarbeitet. Auch dieser Informant war in der Türkei gewesen, was sich ebenfalls an seinem Wortschatz bemerkbar macht.

Die Informanten der Texte 6 und 7 betätigen sich u.a. als Schriftsteller; sie schreiben hauptsächlich auf Gagausisch.

Text 1: Kindheits- und Jugenderlebnisse

(1) ušaklïï ne var annatmaa (2) ušaklïk o ušaklïk (3) biz vardïk [..] varïz diy^{e}ǰez nečinki taa birimiz da ölmedik anamïzda bobamïzda dokuz ušak (4) dokuz ušaktan beši čoǰuk dördü da kïz (5) akïna en büyügü kakumuz abu diy^{e}ǰek gibi hep o (6) soram ārdï ārdïna biz beš čoǰuk (7) beš čoǰuun ārdïna da üč kïz (8) en küčük kïzïmïz altmïsbeštän doomasï (9) büünkü gündä angïsï küüdä yašer angïsï ašïrïda (10) okadar čok bulušmeriz ama buluštuu gibi da biri birimizi unutmeriz (11) büün ey niǰä o vakïtlar niǰä (12) varlïk kimdä büük yoktu (13) āč gezmärdik ama demää gibi niǰäl almaa yetmišinǰi yïllarda yašamak seksen^{i}nǰi yïllarda ozaman deildi öle (14) var našey annatmaa anǰak čoǰuklarïn ne zaametleri olduydu (15) biz topluyduk ayrï bir ičerdä kufnenïn yanïnda (16) orada bizdä kutyor yanardï sïčak hepsiǰiinä (17) X. vardï düštüü oraya ičeri gördü orada (18) anǰak avšam oldu ekmek yidiktän sora yïkaner^{ï}z ne hepsiǰiinä (19) vardï gečärdi o vakït bobamïz bän kendim ateist ama bobamïz diyeverärdi (20) hepsiǰiiniz yatïǰikana dua yapersïnïz yukonaya karšï birär molitva da soram yatmaa (21) ey kabul edersin ne demiš boban demiǰen karšï (22) ey o gečer ičerinä biz kaleriz burada (23) bizdä yoktu otakïm demää te divan olsun olsun yatak kabaa niǰäsedi dä bizdä bir toprak patï (24) uzunluyu onun takïm nekadar F. bir üč dört metre var (25) genišlii da bir bučuk metre üstündä hasïr (26) hasïrïn üstündä döšedilärdi döšäk (27) yok ani čaršaf takïm olsun yoktu (28) döšäk (F: yapaa döšäk) (29) yapaa döšäk hem yorgan (30) orda paduškalar kïlïflarïnan (F: yastïklar) yastïklar (31) ey hadï šafk sündü sünmedï orada bobam ičerindä biz dä var mï nasïl uyku tutsun [.] genč (32) kurt bir tane kurt gibi gïzïkler (33) bu onu dürter bu bunu dürter (34) tuterim aklïmda bän (35) vardïr benim batüm ani polisdä büünkü gündä čalïšer (36) alïr da bir boldur nu (37) bilermisin ne o boldur (F: bašlï boldur) iynä gibi (38) alïr da o bolduru sapliverir onun buduna (39) vay lele o kalker bir šamata (40) bir dä boba oradan penčereyä vurir

(1) Was kann man über die Kindheit erzählen. (2) Die Kindheit ist die Kindheit. (3) Wir waren - sind sollten wir sagen, weil noch keiner von uns gestorben ist - bei unseren Eltern neun Kinder. (4) Von neun Kindern waren fünf Jungen und vier Mädchen. (5) Tatsächlich war die älteste unsere große Schwester - wie man [auch] *abu*[75] sagt - es ist alles dasselbe. (6) Danach [kamen] einer nach dem anderen wir fünf Jungen. (7) Nach den fünf Jungen dann drei Mädchen. (8) Unsere jüngste Schwester ist fünfundsechzig geboren. (9) Heutzutage lebt der eine im Dorf, der andere in der Fremde. (10) Wir treffen uns nicht so oft, aber wenn wir uns treffen, vergessen wir einander nicht. (11) Heute ist es so, wie es zu jener Zeit war. (12) Vermögen gab es bei keinem groß. (13) Wir sind nicht hungrig herumgelaufen, aber - wie man sagt - wie man einkaufte, das Leben in den siebziger Jahren (und) in den achtziger Jahren, so war es damals nicht. (14) Man kann nur erzählen, was die Kinder für Schwierigkeiten gemacht haben. (15) Wir waren in einem separaten Zimmer versammelt, neben der Küche. (16) Dort brannte bei uns ein Ofen, jedem war warm. (17) X. ist dort hingekommen, sie hat das Zimmer dort gesehen. (18) Nun wenn es abend wurde, nach dem Essen waschen wir uns und alles. (19) Damals hatte mein Vater das Sagen - ich selbst bin Atheist - aber mein Vater sagte: (20) Ihr alle, wenn ihr schlafen geht, [müßt] gegenüber der Ikone beten und jeder ein Gebet machen und danach schlafen. (21) Hej, du mußt einverstanden sein mit dem, was dein Vater gesagt hat, du kannst dagegen nichts sagen. (22) Na, er geht ins Zimmer und wir bleiben da. (23) Wir hatten nicht so etwas, was man, sei es Divan nennt sei es ein Bett, dick wie es auch sei, sondern wir hatten eine Bettstelle auf dem Boden. (24) Ihre Länge war ungefähr bis zu F., es waren wohl 3-4 Meter. (25) Ihre Breite anderthalb Meter, darauf war Stroh. (26) Auf dem Stroh haben sie Matratzen ausgelegt. (27) Es gab keine Bettlaken und so, so etwas gab es nicht. (28) [Es gab eine] Matratze. (F: eine Wollmatratze) (29) Eine Wollmatratze und Decken. (30) Da gab es Kissen mit Bezug (F: Kopfkissen[76]) Kopfkissen. (31) Ey, sobald das Licht gelöscht war - der Vater dort in seinem Zimmer - konnte uns etwa der Schlaf ergreifen? - [wir waren] jung. (32) Wolf, wie einen Wolf hat es [uns] gejuckt. (33) Der stößt den einen, der stößt den anderen. (34) Ich habe [es] in Erinnerung. (35) Ich habe eine Bruder, der heute bei der Polizei arbeitet. (36) Er nahm eine Sicherheitsnadel. (37) Weißt du was *boldur* ist? (F: eine Sicherheitsnadel mit Kopf) wie eine Nadel. (38) Er nimmt diese Nadel und sticht sie auf einmal in sein Bein. (39) Vay lele o, ein Geschrei geht los. (40) Auf einmal schlägt der Vater ans Fenster.

75 Die Formen *abu* und *abla* für 'ältere Schwester' sind im Gagausischen veraltet.
76 Seine Frau sagt ihm das gagausische Wort für Kopfkissen: *yastïk*.

(41) aaah čoǰuklar šindi bän gid^{e}ǰem sizä (42) bir dä bakmïšïn büük batümüz olan almïš yakmïš kibridi da dayer öbür batünün dayer buduna gänä (43) eeh yaner orada (44) bir dä šamata kalker gänä (45) čoǰuklar gel^{e}ǰem (46) ne gel^{e}ǰen šansora čoǰuklar - burda biri yandï (47) uuler ortalïk (48) bir dä aler bobamïz - o da askerlii gečirmišti rumïnyada o vakïtta kïrkïnǰï yïllarda da ona düšmüštü bir oficer kayïšï geniš takïm tokasïnnan (49) geldi kïzgïnčlïkta: (50) kim burada šamata yaper kim uyumaa istämir (51) ee küčük kardašïm da - dün gördün X. - diyeverir: X. batü (52) dedi gibi otakïm ey biz nasïl domalmïšïk dizǰä durersin orda patïn üstündä (53) kim bilär ne olaǰak ey (54) yarïmasïn bir kayïšï o buduna X. batünün (55) āz geldi ani ona sïrnïk dayadïlar taa üstünä ona kayïš da düštü (56) o nasïldï masalda var ani düülmüš düüldüü tašeer (57) yok düülmedik (58) düülmüš düülmedii tašeer (59) tilkilän yabanïda bu išä (60) vardï okuduun bu masalï? (61) te burada bu takïm oldu (62) bir da valili o da deilim bän (63) ey sänsin deilsin sän düüldün šindän sora sansïn uslu (64) bir dä gitti boba gene eyvah (65) hen büük kabaatlïsï yok görünmer (66) nasïl satïǰan onu yok niǰä satmaa (67) ondan sora anǰak düülersin (68) osaydï girdi patïnïn altïna (69) patïnïn altïna girdi onu satmer (70) bir dä gēri čïktï (71) gene ešeneriz (72) ey šindänsoram düülmüš düüldüynän kaldï (73) o bašladï gene sïrïtmaa güler (74) šindi nesoy bu ikinǰi batümüz düüldü (75) hadi aah biz de yïkeriz büük batümüzü (76) dört kiši bir kišiyä gider (77) islää o bir kiši ama o bizdän büük (78) bendän šindänsoram o anǰak yedi yaš büük (79) ey biri tuter kolundan öbürü tuter saa kolundan (80) bu tutmuš onun kafasïnï bastïrer (81) bän de därim: durun bän dä tutaǰam onun baǰaklarïnï bastïraǰam (82) ey sansïn bän bastïrdïm onun baǰaklarïnï (83) var mï nasïl bir šopor tutsun baǰaa (84) čekti čekti o saa ayaïnï gēri čekti (85) sora čekti sol ayaanï ačan birdän ittärdi da sïbïttï beni o kapu üstünä (86) o kapu zemperelerlän birär deil takïm o kapu ama zempere onda var

(41) "Aaah, Jungs, jetzt komme ich aber zu euch." (42) Auf einmal hast du geschaut, da hat unser großer Bruder ein Streichholz genommen und angezündet und hält es wieder an das Bein unseres anderen Bruders. (43) Hej, es brennt dort. (44) Wieder geht ein Geschrei los. (45) Jungs, ich komme. (46) Was heißt, du kommst, schon hat sich einer von den Jungen verbrannt. (47) Dic Mcngc hcult. (48) Da nimmt unser Vater - er hatte seinen Militärdienst in Rumänien geleistet zu der Zeit in den vierziger Jahren, und damals war ihm ein Offiziersgürtel zugefallen, breit und so mit einer Schnalle. (49) Er kam in seiner Wut: (50) Wer macht hier Krach, wer will nicht schlafen? (51) Na, und mein kleiner Bruder - gestern hast du ihn gesehen, X., - sagt: X. *batü*. (52) Sowie er so gesagt hat, na wie wir da knieten, man kniete dort auf dem Bett. (53) Wer weiß schon, was geschehen wird? (54) Läßt er da nicht den Gürtel genau auf das Bein von Bruder X. sausen. (55) Es war noch wenig, daß man ein Streichholz an ihn gehalten hat, darüber hinaus hat er auch noch den Gürtel zu spüren bekommen. (56) Es war, wie es in dem Märchen ist, der Geschlagene trägt den Geschlagenen (57) Nee, der, der nicht geschlagen wurde. (58) Der Geschlagene trägt den, der nicht geschlagen wurde. (59) Wie bei "Der Fuchs und der Wolf". (60) Du hast das Märchen sicher gelesen.[77] (61) Genauso war es auch hier. (62) Auf einmal: Vaylili, ich war das nicht! (63) Hej, du warst es oder du warst es nicht, du bist geschlagen worden, ab jetzt ist es ruhig. (64) Dann ist der Vater gegangen und dann wieder auweia! (65) Der größte Schuldige ist weg, er ist nicht zu sehen. (66) Wie kannst du ihn verraten, man kann ihn nicht verraten. (67) Dann wirst du nur geschlagen. (68) Er jedoch ist unter die Bettstelle geschlüpft. (69) Er ist unter die Bettstelle geschlüpft, er verrät ihn nicht. (70) Dann kommt er wieder raus. (71) Wir wirbeln wieder herum. (72) Na, dann ist nur noch der Geschlagene mit dem Geschlagensein geblieben. (73) Er fängt wieder an zu lächeln, er lacht. (74) Jetzt [erzähle ich], wie unser zweiter Bruder geschlagen wurde. (75) Auf los, wir werfen unseren großen Bruder um. (76) Vier Leute gehen auf einen los. (77) Na gut, er ist nur einer, aber er ist größer als wir. (78) Er ist doch sieben Jahre älter als ich. (79) Na, einer faßt ihn am Arm, der andere faßt ihn am rechten Arm. (80) Der hat seinen Kopf genommen und drückt [ihn] nach unten. (81) Und ich sage: wartet, ich nehme sein Beine und drücke [sie] nach unten. (82) Na, ich habe wohl seine Beine runtergedrückt. (83) Kann denn ein Ferkel seine Beine halten? (84) Er zog und zog, er zog sein rechtes Bein zurück. (85) Dann zog er sein linkes Bein zurück, als er [mich] dann plötzlich stieß und mich gegen die Tür warf. (86) Diese Tür war nicht mit Scharnieren, nicht je eins und so, diese Tür, aber ein Scharnier hat sie.

77 Eine Variante dieser Fabel findet sich bei Zajączkowski 1966: 131-132.

(87) o zemperedän böle čangïr čïktï (88) bi dä raametli ane baarer: git orda yölüm var git (89) ey ne ölüm varïz (90) a boba ačan geldi hič (91) ne tuz yemišlär ne tuzlanmïšlar (92) hepsiǰi yater bir dä ses yok (93) ne oldu burada (94) bi šey yok (95) ah čoǰuklar ha (96) bi dä sabā oldu erkenliin boba erken kalkardï (97) kalkersiniz hepsiniz kapu önü büük (98) sän süpüresin kapu önünü sän gidersin hayvanlarïn yerinä sän orayï burayï (99) inan ey biz geč vakïta kadar uyumadïk (100) sabā oldu gibi sabā uykusu datlï (101) eey uzanersin nasïl pali ama yok našey yapmaa čïktïk (102) išleriz (103) ey bu takïm vardï olduyu (104) soram gečmedi čok vakït haftasï mï bastï ne (105) aler da bizdä o vakïtlar yoktu te nasïl šindi gaz plitasï balonnan olsun buz dolabï olsun (106) yoktu öle išlär anǰak yimää yapardïn kotlonda (107) vardï kotlon (108) bekim da bilersin ne o kotlon (109) öle taštan kurulu bir parča demirǰik ičindä osaydï demir čïbïklan niǰä var koymušun čalïnïn üstünä koymušun (110) kapatersïn ey yaker tezek mi neseydi yaker orda da orda da yemek yaper su ïsïder nesedi (111) ee büük batüm da almïš bir parča tel sïkïštïrmïš o teli orayi (F: ateše) (112) atešе sïkïštïrmïš (113) kïzartmïš onu (114) ikinǰi batüm X. batüm da baker našey yaper bu (115) ey bu aler šindi o teli elinä kïzgïn tel (116) kotlon da ii yanmer (117) X. batü eilmiš da üfler o kotlonda kïzïšsïn ateš (118) bu da alïr da yavašïǰïk boynusuna didirer o teli (119) diidirdi gibi valilioo (120) tutmuš ensesini da öle kačer (121) ey čikti ane ne oldu (122) ey ne oldu (123) te batü o yaktï ensemi tellän (124) ey o da durmer al kïrmïzï o tel o bozarer kararer (125) anenin yok haberi ani o kïzgïn (126) te der bak šindi bän dä ne yapïǰam ona (127) aler o büük batünün elindän o teli da bu takïm uuer nasï kemenče farfušun uuer onun ensesinin boynusunda (128) šindi bu baarer (129) yet koper ārdïna anenin haberi olmer ani o zarar eder buna da (130) o sanmïš ani souk tel (131) ačan baker ehehey öbüründä anǰak kabarǰïk olmuš su dolmuš ama bunda yet gider telin ārdïna (132) ey naš yapsïn ilač yok

(87) Aus diesem Scharnier ist sie so *čangïr* herausgefallen. (88) Und da schrie meine [jetzt] verstorbene Mutter: Geh hin, dort gibt es Tote, geh hin! (89) Hej, von wegen Tote. (90) Aber als der Vater kam: nix. (91) Weder hatten sie Salz gegessen, noch waren sie gesalzen worden. (92) Jeder liegt [im Bett] und [gibt] keinen einzigen Ton [von sich]. (93) Was war hier los? (94) Nichts. (95) Ach, Jungens ach. (96) Und dann wurde es morgen, ganz früh, mein Vater stand immer früh auf. (97) Ihr steht alle auf, der Hof ist groß. (98) Du kehrst den Hof, du gehst in den Stall, du dorthin [du] hierhin. (99) Glaub [mir], wir haben bis zum späten Abend nicht geschlafen. (100) Sobald es morgen wurde, der Schlaf am Morgen ist süß. (101) Hej, du streckst dich wie ein Welpe, aber es war nichts zu machen, wir sind rausgegangen. (102) Wir arbeiten. (103) Hej, solche Geschehnisse gab es. (104) Danach ist nicht viel Zeit vergangen, eine Woche oder was. (105) Er nimmt - und bei uns gab es damals nicht wie heute, seien es Gasherde mit Gasflasche oder Kühlschrank. (106) Solche Sachen gab es nicht, das Essen hast du nur auf der Feuerstelle gemacht. (107) Es gab Feuerstellen. (108) Na, vielleicht weißt du auch, was eine Feuerstelle ist. (109) Sie ist so aus Steinen gebaut, ein Stück Eisen ist drin oder mit einem Eisenstab, wie es ist, [das] hast du auf den Dorn gelegt. (110) Du schließt sie, na, man verbrennt Mist oder was auch immer man verbrennt, dort macht man Essen oder Wasser heiß, was auch immer. (111) Na, mein großer Bruder hat ein Stück Draht genommen und hat das Stück Draht dort reingeklemmt (F: ins Feuer) (112) Er hat es ins Feuer geklemmt. (113) Er hat es rotglühend werden lassen. (114) Na, mein zweitältester Bruder X. guckt, was er da macht. (115) Na, der nimmt jetzt den Draht in die Hand; der Draht ist glühend. (116) Die Feuerstelle brennt nicht gut. (117) X. hat sich gebückt und geblasen, damit das Feuer in der Feuerstelle auflodert. (118) Der aber nimmt [ihn] und berührt mit dem Draht ganz vorsichtig seinen Nacken. (119) Sobald er ihn berührt: valiliho. (120) Er hält sich den Nacken und läuft so herum. (121) Na, meine Mutter kam heraus: Was ist los? (122) Was los ist? (123) Da der Bruder, er hat meinen Nacken mit einem Draht verbrannt. (124) Na, der bleibt nicht ganz rot, der Draht, er wird grau, er wird schwarz. (125) Die Mutter hat keine Ahnung, daß er glühend ist. (126) Da sagt sie: Jetzt schau mal was ich jetzt [mit] ihm mache. (127) Sie nimmt den Draht aus den Händen des großen Bruders und streicht so wie einen Geigenbogen, streicht sie ihn über seinen Nacken. (128) Jetzt schreit der. (129) Fleisch reißt ab danach, die Mutter hat keine Ahnung, daß sie dem auch Schaden zufügt. (130) Sie dachte, daß der Draht kalt ist. (131) Als sie schaut, heyheyhey, bei dem anderen ist nur eine Blase entstanden, [mit] Wasser gefüllt, aber bei dem geht das Fleisch weg, hinter dem Draht. (132) Na, was soll sie machen, es gibt keine Medizin.

(133) näandan alïǰan šindi ilač (134) aler don yaayï koyun yaayï aler yaaler bunun boynusunu (135) baaler takïm öbürün da baaler (136) avšam oldu boba geldi: ne oldu (137) ey ne oldu te te bu iš oldu (138) ne düüvärsin ne gülärsin ne aalarsïn (139) čok zulumdular čok (140) akïna bän dä deildim bal kušu ama istemiyorum annatmaa nečinki var nasïl yavrular seslesinnär (141) dey^{e}ǰeklär bändä nasïl bobamïš (142) bän čok sinsordum (143) bana dimäsinnär bana deedii gibi bän düüščüdüm taa islää demää (144) näanda bir düüš oradaydïm bän ilk bän oradaydïm (145) te polis olan batüm onda tepsesindä var beš altï yerdä diri kopuk (146) ölä lekelär biyaz lekelär kaldïlar (147) var vardï itirišäkana sobanïn yanïnda yukarda teknedä bizä takïm (148) ey kim oturer (149) te sobanïn ortalïk yerindä sïčak (150) oturušersin da sivišer siviš siviš ötää siviš ötäa bän dä orayï (151) ey čok tutmer āzǰïk arkana gelmää čektïm te bir kakma (152) uruldu o kavasï patïnïn köšesinä urdu patïnïn köšesinä bütün hal kan oldu (153) ey bir baarïš bana yok bi šey ani korkardïlar bändän (154) a X. batümüz o büün dä ölä zulum nasïl ozamandï (155) var mï nasïl sän čïkarsïn gider hïzlï gider sana karšï gider otomobil var nasïl onun önünä yatarsïn (156) onnar sa baas konerlar (157) yataǰan otomobil te gelir kaler bir iki metre kaler kačarak gider da yater onun önünä (158) lāzïm gitsin onun üstündän (159) bir zaman yater iki dört yater gečer hepsi šašer (160) a ozaman bizdä butakïm asfalt deildi (161) bizdä te öle dört beš parmak tozdu (162) mašina gečtiynän toz duman görünmärdi küü beš on minut görünmärdi (163) otakïm tozdu güzün hem dä ilkyazïn dizdän yukarda bataktï (164) čamur e ne deil nasïl šindi (165) da o nasï nasïlsa baas koner te neredä bizim kafe banya - vardï gečtiin oralardan - küün ortasï boba neredä yašer (166) iiler o niǰä o mašinanïn önünä (167) orada da o vakïtlar niǰä remont yapmak nerdän neredä tellän (168) o yerif orda bir tel unutmuš altïnda o mašinanïn (169) a o tel tuter onu batasïndan donnarïn batasïndan tuter o tel onu da sürer niǰä pali (170) i šofyor korkudan o durmïǰïk önünä yavru yatmïš (171) toz duman görünmer bi šey

(133) Wo sollst du jetzt Medizin herbekommen? (134) Sie nimmt Talg, Schafsfett und cremt seinen Hals ein. (135) Sie verbindet ihn und so, den anderen verbindet sie auch. (136) Es wurde abend, der Vater kam: Was ist passiert? (137) Na was ist passiert, so und so eine Sache ist passiert. (138) Weder kannst du sie schlagen, noch weinen, noch lachen. (139) Sie waren eine große Plage, eine große. (140) Tatsächlich war ich auch kein Honigvogel, aber das möchte ich nicht erzählen, denn es könnte sein, daß die Kinder es hören. (141) Sie werden sagen: Was habe ich denn für einen Vater? (142) Ich war sehr empfindlich. (143) Mich durfte man nicht berühren, sobald mich einer berührt hat, ich - war ein Rabauke besser gesagt. (144) Wo es eine Prügelei gab, da war ich, als erster war ich da. (145) Mein Bruder, der Polizist ist, er hat auf seinem Kopf an fünf, sechs Stellen Platzwunden. (146) Dort sind solche Flecken, weiße Flecken geblieben. (147) Einmal beim Schubsen neben dem Ofen, oben am Kübel, für uns und so. (148) Na, wer setzt sich [da] hin. (149) Na, gerade am Platz in der Mitte des Ofens ist es warm. (150) Du setzt dich zusammen hin und er rückt, rück mal, rück mal, rück weiter und ich dort - (151) Na, lang hält es nicht, ein bißchen nach hinten zu gehen, da habe ich ihm einen Schlag verpaßt. (152) Sein Kopf wurde an die Ecke des Bettgestells geschlagen, er schlug an die Ecke des Bettgestells, der ganze Raum war voll Blut. (153) Na, ein Geschrei, mir ist nichts [passiert], denn sie hatten Angst vor mir. (154) Aber unser Bruder X. ist heute noch so eine Plage. wie er damals war. (155) Ist es möglich, daß du herausholst, es kommt, es kommt schnell, dir entgegen, kommt ein Auto, ist es möglich, daß du dich vor es hinlegst? (156) Sie aber haben gewettet. (157) Du mußt dich hinlegen, das Auto kommt da, es bleiben 1-2 Meter, er rennt schnell hin und legt sich davor. (158) Es muß über ihn hinwegfahren. (159) Er legt sich einmal hin, zweimal, viermal, es geht über ihn hinweg, alle staunen. (160) Aber damals gab es bei uns nicht so einen Asphalt. (161) Es war so vier-fünf Finger [hoch] Staub. (162) Wenn ein Auto vorbeifuhr, gab es Staub und Nebel, das Dorf war für fünf bis zehn Minuten nicht zu sehen. (163) So war der Staub, im Herbst und im Frühling war es Matsch bis übers Knie. (164) Schlamm oder was, nicht so wie jetzt. (165) Aber er, wie auch immer, hat gewettet, gerade da, wo unser Café und Bad ist - du bist daran sicherlich schon vorbeigekommen - in der Mitte des Dorfes, wo der Vater wohnt. (166) Er bückt sich vor das Auto. (167) Dort aber, wie man in dieser Zeit reparierte, von wo, wo [alles] mit Draht. (168) Der Kerl hat da einen Draht vergessen an der Unterseite des Autos. (169) Aber dieser Draht hält ihn an seinem Bund, an dem Bund seiner Hose hält ihn der Draht und schleift ihn mit wie einen Welpen. (170) Und der Fahrer hält vor Angst nicht an; ein Kind hat sich vor ihn hingelegt. (171) [Vor] Staub und Nebel ist nichts zu sehen.

(172) da yesap almïšlar o banya uurïnda ozaman o anda tükänlar vardïlar maazalar vardï eey niǰä adamlar šarap ičer mi alïš veriš yaper mï (173) yesap alerlar ani altïnda mašïnanïn asïlï bu yavru kaldï (174) čïkïverirler durguterlar o šoforu (175) durgut.. durguttuu gibi bu bošanerlar teldän da papšoyluklar ičinä šoför da ārdïna (176) zulumdu čok zulumdu (177) Vasi batü okaa deildi zulum ama te biz ikimiz zulumduk /*F unverständlich/ (178) koyunnarnan bizdä gidärdi subordinaciya (179) āzǰïk kabardïn sän diy^{e}ǰiz čïrak olersin kendi batündä (180) ah hizmet eder čuvap eder o a hizmet edersin sän (181) git čiver git o bu gitmersin lobut oler (182) tekerlek döndü (183) čeketii gibi büük batümüzdan bitirmää küǰük kardašïmnan hepsiǰii gittik koyunnara (F: (184) X. da gitti koyunnara?) (185) X. dä gitti zär ne (186) ey kač zaman vardï kačïrdïï kač zaman vardï baalarlar ičinä kolverdiydik onnarï (187) zararǰïdïk o baalarda (188) ama koyun ey koyun gütmäk bizdä maalilän gidärdik (F: (189) o vakïtta mï maalilän gidärdiniz) (190) o vakïtta maalilän gidärdik (F: (191) bän pek šaštïm ani sän beegir (??) sabāleyn neredän beegir getirmää) (192) o dooru (F: küčükkän) (193) bän altï yedi yašïndaydïm (194) bän oturardïm ama o vakïdïn beegirleri šindi beegirler - beegir demäa at türkčä - o vakïdïn beegirleri čok zabundular onnar (195) niǰä aul üstündä atlï gidärdin (196) var beegir gitmer öle niǰä ani atlanmaa gitsin (197) düüer yerindä (198) yortun gider (199) da öle dönersin da böle o kuyruǰaïn kirïlardï (200) ey gidärdin avšam oldu (201) čünkü ozaman butakïm čalmardïlar mal tarafï niǰä šindi čalerlar (202) alardïn önünä ee köstekleri gidärdin (203) a nekadar orda karšida te nasïl te o karšï paylar biz diyeverir^{ı}s bu karšïda bayïrda neredä ot var meedan yerlär kolverärdin mallarï (204) baalardïn onnarï (205) ayaklarïnï kösteklärdin da o beegir kačmardï o anǰak atlardï pančalarïnï atïp ta gezärdi (206) ii o hayvan toksadï (207) gittiysä da avšamdan tok o taa āz gezer āč gitsä dä o taa čok gezer (208) da olardï takïm čii sabālen düšer (209) olardï duman tarafï bütünnän dozdolayï boz

(172) Aber [dann] haben sie begriffen, vor dem Bad waren damals Läden und Geschäfte, na wie die Männer Wein trinken oder einkaufen. (173) Sie bemerken, daß ein Kind unter dem Wagen festhängt (174) Sie kommen schnell heraus und bringen den Fahrer zum Halten. (175) Sobald sie ihn angehalten haben, machen sie ihn vom Draht los, und [er] in die Maisfelder und der Fahrer hinterher. (176) Er war eine Plage, eine große Plage. (177) Bruder X. war nicht so eine Plage, aber wir beide, wir waren eine Plage. [Seine Frau sagt etwas Unverständliches.] (178) Ach mit den Schafen, da gab es bei uns Unterordnung. (179) Sobald du ein bißchen vorlaut wurdest, sagen wir mal, wirst du Lehrling bei deinem eigenen Bruder. (180) Aber er bedient, er ist verantwortlich, aber du mußt die Arbeit tun. (181) Geh und wechsle da dies und das, wenn du nicht gehst, gibt es Schläge. (182) Das Rad dreht sich. (183) So wie es bei unserem ältesten Bruder anfängt, so hört es bei meinem kleinen Bruder auf, wir alle sind zum Schafehüten gegangen. (184) F.: X. ist auch zu den Schafen gegangen? (185) X. ist auch gegangen, was denn sonst. (186) Hej, wie oft haben wir sie weglaufen lassen, wie oft kam es vor, daß wir sie in die Weingärten gelassen haben. (187) Wir waren Schädlinge in den Weingärten. (188) Aber die Schafe, also das Schafehüten haben wir bei uns mit dem [ganzen] Viertel gemacht. (189) F: Seid ihr damals auch mit dem Viertel gegangen? (190) Damals gingen wir mit dem Viertel. (191) F: Ich habe mich sehr gewundert daß du Pferd (??), morgens das Pferd woher zu bringen. (192) Das ist richtig. (193) Ich war sechs, sieben Jahre alt. (194) Ich habe [drauf-]gesessen, aber die damaligen Pferde, die jetzigen Pferde - Pferd heißt *at* auf Türkisch - die damaligen Pferde waren sehr dürr. (195) Man ist auf ihnen geritten, wie auf einem Zaun. (196) Es gibt Pferde, [die] gehen nicht so, wie daß es zum Springen geht. (197) Es schlägt auf der Stelle. (198) Es trabt. (199) Und du wendest dich so und so, und dein Steißbein wurde gebrochen. (200) Na, du bist gegangen, [wenn] es Abend wurde. (201) Denn damals haben sie nicht soviel Vieh gestohlen, wie sie jetzt stehlen. (202) Du nahmst sie vor dich, na [und] die Fußfesseln, und gingst. (203) Aber wie weit, dort auf der gegenüberliegenden Seite, aber wie wir es nennen die gegenüberliegende Seite, dort auf der gegenüberliegenden Seite am Hügel, wo es Gras gibt, Weide, dort fressen sie; du hast das Vieh freigelassen. (204) Du hast ihre Füße festgebunden. (205) Du hast seinen Füßen Fußfesseln angelegt, und dieses Pferd ist nicht weggelaufen, es ist nur seine Hufe ausschlagend herumgesprungen und herumgelaufen. (206) Gut, wenn das Tier satt war. (207) Wenn es abends satt hingegangen ist, dann läuft es ziemlich wenig herum, wenn es aber hungrig hingegangen ist, dann läuft es mehr umher. (208) Und es ist vorgekommen, morgens fällt der Tau und so. (209) Es war Nebel und so, alles [war] ganz grau.

(210) yedi metredän ötäa görünmer (211) iki metredän ötää görünmer (212) gidersin semtčesinä (demek: karanlïkta kurersin karar) semtlän gidersin sansïn burada braadïn hayvanï (213) gezersin gezersin yok yok olmuš (214) šindänsoram altïda kalkmïšïn olmuš šindänsoram sekiz dokuz bašler aaranmaa (215) ačan bakersïn gene gelersin yerinä ačan bakersïn čok sere o hergele nijä yatmïš (216) yemiš tok yatmïš tok dinlenir o sana ses etmer (217) a baksada dozdolayï yerleri gezersin aarersïn haadi bulersïn getirersin (218) ama yok neyä güčenmää o öbür yašamaa (219) öbür yašamakta vardi čok insteres nuanclar vardï čok interes nuanclar vardï (220) šindiki genčlär onnar nasïsïydï suudu insan bu te öle te suuk tuterlar kendilerini (221) a evelki pokaleniye onnar taa girgindi (222) biz bilmärdik našey o ayakkabï (223) yaz geldi ayakkabï deil lāzïm (224) a tabanïn olardï bir parmak kalïn (225) ey dikennik ičindän kačarak gidärdin hič bišey da gelmärdi (226) futbol oynamak (227) ket mi giiyeǰen bi šey eyva yalïnayak (228) top toplar deil butakïm šindi nijä toplar tïkarerlar ey deridän takïm (229) öörme top (230) partaldan düüme top (231) kimersedi bir toplan oynerlar bir da ikinǰii sïbïdïrlar onun ičindä taš var (232) ačan vuruverirsan o topa čaker gözlerindä (233) ey o taša vurmaa (234) ey bän bilmiräm ama deil salt bändä kardašlarïmda dolayïda nekadar vardï dostlarïmïz maaliyǰä bašparmaaïnda ayaïnda senin tïrnak ani olsun bu takïm saa mï (235) olmaa ušak o durer te öle dikinä nijä pelivan burnusu o kozoro durer te böle dikinä durer (236) a ilač da yerindä (237) toz šükür her erdä vardï ey doldurersïn bir auč toz sïktïn (238) a šindi düsünersin ey bakteriya infeksya ozaman bir de infeksya almardï bizi (F: (239) her bir kopaa bir toz) (240) toz dökärdik (241) aah bu oldu bändä gaz čok zaman gaz o hen islää ilač sayïlardï hen isläa ilač (242) he gaz evdä ozaman biz lampaya koyardïk gaz (243) sän taa zeedä gaz almiǰeydin (244) ta diyeveririz ani otlar varmïš petrol čok ama yoktu t'exnika okadar yoktu t'exnika (245) tuterim aklïmda bu iš da oldudu

(210) Man kann nicht weiter als sieben Meter sehen. (211) Man kann nicht weiter als zwei Meter sehen. (212) Du gehst nach Gefühl [wrtl.: richtungsmäßig] mit der Richtung gehst du, scheinbar hast du doch das Tier hier gelassen. (213) Du läufts herum [und] läufst herum, es ist nicht da, es ist verschwunden. (214) Du bist schon um sechs aufgestanden, jetzt ist es schon acht, neun [Uhr geworden], es fängt an, hell zu werden. (215) Plötzlich siehst du [wrtl. wenn du schaust], wieder kommst du an den Platz, da siehst du, oft ist die Herde [da], wie sie sich hingelegt hat. (216) Sie hat gefressen, und sich satt hingelegt, und ruht sich satt[-gefressen] aus, sie ruft dich nicht. (217) Aber manchmal [wrtl. wenn er auch schaut] läufst du die ganze Umgebung ab, du suchst, endlich findest du sie und bringst sie [zurück]. (218) Aber es gibt nichts, worüber man sich ärgern könnte, wegen dieses anderen Lebens. (219) In dem anderen Leben gab es interessante Nuancen, es gab sehr interessante Nuancen. (220) Die heutige Jugend, wie diese auch seien, die Menschen sind kalt geworden, es ist so, daß sie voneinander distanziert sind [wrtl. sie halten einander kühl]. (221) Aber die frühere Generation, die waren temperamentvoller. (222) Wir wußten nicht, was das ist: Schuhe. (223) Der Sommer kam, Schuhe braucht man nicht. (224) Aber deine [Fuß-]Sohlen wurden einen Finger dick. (225) Hej, du bist durch die Disteln gelaufen, und nichts ist passiert. (226) Fußball spielen. (227) Willst du Schuhe anziehen oder was, auweia, barfuß. (228) Der Ball, die Bälle waren nicht so wie sie jetzt, Bälle stopfen, na aus Leder und so. (229) Gestrickte Bälle. (230) Aus Lumpen geknotete Bälle. (231) Manchmal spielen sie mit einem Ball, auf einmal werfen sie eine zweiten [ins Spiel], in dem sind Steine. (232) Wenn du gegen diesen Ball trittst, blitzt es in deinen Augen. (233) Hej, gegen diesen Ball zu treten. (234) Hej, ich weiß nicht, aber nicht nur bei mir, auch bei meinen Brüdern, und wieviele Freunde wir auch hatten in der Umgebung, das ganze Viertel am großen Zeh an deinem Fuß, war der Nagel etwa so gesund? (235) Kind sein [bedeutete], er steht so aufgerichtet wie ein Pelikanschnabel, genau so steht er aufrecht. (236) Und die Medizin ist auf der Erde. (237) Staub gab es [Gott sei] dank überall, hej du füllst eine Handvoll mit Staub und drückst sie drauf. (238) Aber jetzt denkst du Bakterien, Infektion, damals hat keiner von uns eine Infektion bekommen. (239) F: Auf jede einzelne Wunde [kam] Staub. (240) Wir haben Staub draufgegeben. (241) Ach, und das ist mir passiert: Petroleum, oft Petroleum, das galt als das beste Medikament, das beste Medikament. (242) Hej, Petroleum war im Hause, damals haben wir Petroleum in die Lampen getan. (243) Du brauchtest nicht mehr Petroleum zu kaufen. (244) Wir sagen, daß es Kräuter gab, Petroleum gab es viel, aber es gab keine Technik, soviel Technik gab es nicht. (245) Ich erinnere mich, daß noch einmal eine Sache geschehen ist.

(246) deildim sansïn hïrsïz ama bir yerif gözümdän čïktïydï čok (247) baščedä čalïšardï bekleyiǰi bekči (248) da günün biri bän gečerim yolča ey ušak mï ušak (249) boba čalïšer baščedä alma baščesindä (250) a bän geldim da kopardïm te orda bir mi osam da iki harmut mu kopardïm ne (251) bu da gidir dä beni hamazler brigaderä ki bän aykïrïdan gezerim zarar yaperïm (252) boba dayadï orda brigaderä da bu bekčiyä dä (253) bän te ič yandan kïzgïn čoǰuk (254) deim ha bän seni domaldaǰam (255) kollerim bän onu (256) vardï tüfää vardï takïm patronnarï uzun patlatmaa onaltïnǰï kaliberdan (257) patronun bašïna ani bilirsin ki ani patlasïn deyni koyarlar kapsül (258) giderim da alerim onun bütünän ne bir koropka vardï kapsül orda ikiyüzelli üstündä bešyüz mi ne vardï (259) alerïm o kapsülleri hepsiǰiini bu döndüynän yok neynen patlatmaa (260) kapsül yok (261) a bän dä aldïm evä da koydum bir parča rels (262) bu tren ani gezer üstündä vardï bir parča rels (263) aldïm čekiči koyerim sabālen čaaak patler ne efekt var (264) bir dä boba čoǰuk našey sän yapersïn orda (265) ha yok bän bišey yapmerïm (266) šindi gel ii da hïzlïǰa išä (267) bizdä yoktu ani te nasïl olsun te ušaklar gezinerler (268) sabā oldu sän išä (269) iš bulunardï hepsiǰinä iš bulunardï (270) āz čok kazanč da vardï kazan[č] vardï altmïš yetmiš rublaya da [..] ama iš da vardï (271) ey uurmayïm bän te o bitkinǰi kapsülü alïr da te orda te te ayaaïmda te buralarda niǰä vurdu parča kapsüldan vurdu da kesti damarï (272) dövir böle te sïnkïrer koyu kïrmïzï kan (273) ey bastïrdïm böle (274) našey sän yapersïn orda bän šindi sana naš dedim (275) a boba sert (276) o bir kerä da iki iki ikinǰi kerä ikilemesin lafïnï (277) aha šindi (278) bän bulerïm ordan bir partal sarïveririm hïzlïǰa ayaïma ani yanïnda gečmää o görmesin deyni (279) nereyä bän giderim ya dooru maazaya (280) maazada gaz (281) gaz kazanïna ayaïmï gaz hizlï sïker bak (282) düsünermisin ani var ordan anǰa gaz girsin sana yok (283) bana salt dursun kan (284) durdu durmadï kan ee iyǰek (285) yapardï sabālen takïm güzlemä čok zaman yapardïk bilermisin ne o güzlemä pazï

(246) Ich war wohl kein Dieb, aber ein Kerl ist bei mir sehr in Ungnade gefallen. (247) Er hat in den Gärten gearbeitet, als Wärter, als Wächter. (248) Und ich bin eines Tages des Wegs vorbeigegangen, na ein Kind. (249) Der Vater arbeitet im Garten, im Apfelgarten. (250) Und ich bin gekommen und habe dort gepflückt, eine oder zwei Birnen oder so gepflückt, na was. (251) Er aber geht hin und verpetzt mich beim Brigadier, daß ich auffällig herumlaufe, daß ich Schaden anrichte. (252) Mein Vater glaubte da dem Brigadier und dem Wächter. (253) Und ich [war] ein innerlich aufsässiges Kind. (254) Ich sage: Ha, ich werde mit dir abrechnen. (255) Ich lauere ihm auf. (256) Er hatte eine Waffe, er hatte solche Patronen, lang, zum Platzen vom Kaliber sechzehn. (257) An dem Kopf der Patrone, du weißt ja, daß, damit sie platzt, sie Kapseln [dorthin] machen. (258) Ich gehe und nehme sein, alles was [er hatte], es gab eine Schachtel Kapseln dort, mehr als zweihundertfünfzig, fünfhundert oder so (259) Ich nehme die Kapseln, alle, wenn er zurückkommt, hat er nichts, womit er [die Patronen] platzen lassen kann. (260) Weg sind die Kapseln. (261) Und ich habe sie mit nach Hause genommen und ein Stück Schiene hingelegt. (262) Das ist, wo der Zug drauf fährt, es gab ein Stück Schiene. (263) Ich nahm einen Hammer, ich lege sie hin, morgens, *tschaak* platzen sie, was hat das für einen Effekt. (264) Auf einmal der Vater: Junge was machst du da hmm? (265) Nichts, ich mache nichts. (266) Komm sofort und iß und dann schnell an die Arbeit! (267) Bei uns gab es das nicht, daß die Kinder spazieren gehen können. (268) Es wurde morgen; du [gingst sofort] an die Arbeit. (269) Es fand sich für jeden Arbeit, es fand sich Arbeit. (270) Es gab auch etwas Gewinn, es gab Gewinn, sechzig, siebzig Rubel aber, [..] aber es gab auch Arbeit. (271) Hej, schlag ich da nicht auf die allerletzte Kapsel, sie nimmt genau da dort an meinem Fuß, es war genau dort, als ein Stück von der Kapsel traf, es traf und schnitt in die Ader. (272) Sie schlägt so und ?? dickes rotes Blut. (273) Na, ich habe so draufgedrückt. (274) Was machst du dort, was habe ich dir gerade gesagt? (275) Aber der Vater war hart. (276) Er hat einmal, aber zwei, zwei, das zweitemal sollte er sein Wort nicht wiederholen. (277) Ja, sofort. (278) Da finde ich dort einen Lappen, ich wickle ihn schnell um meinen Fuß, um an ihm vorbeizugehen, damit er es nicht sieht. (279) Wo gehe ich hin? Direkt in den Keller. (280) Im Keller ist Petroleum. (281) Hej, in den Petroleumbehälter meinen Fuß, Petroleum schließt [die Wunde] [wrtl. drückt] schnell, nicht wahr. (282) Denkst du daran, daß von dort Petroleum in dich eindringen kann? Nein. (283) Für mich soll nur das Blut stocken. (284) Sobald das Blut aufgehört hat, hej, er muß essen. (285) Man machte morgens solche Pfannkuchen, oft haben wir das gemacht. Weißt du was *güzleme* ist? Teig.

(286) oloyda kavurdardïlar (287) kapïveririm bän benim güzlemelärim dä kačerïm išä (288) ey čeketmesin šišmää ištä azdï čeketdi šišmää (289) a oynada oynada tïkandï o delik i baaladïm takïm (290) da bän onu tašïdïm bir on yïlïn üstünä ayakkabï yoktu nijä giimää nečin olduydu bir düünük damar ičindä öle bir düünük oldudu (291) soram soram soram o düünük kaybeldi nečinki oldu baalantï kolateralni (292) dolayïndan oldu baalantï da gešti (293) ozaman o kapsülleri bän yok ettim ama o yerifä öle dä vermedim bir tane kapsülleri (294) ey zulumnuk vardï (295) čok zaman büük batümüz diyeverärdi bän dir annayamïrem bän šoför čalïšerïm (296) bendä bir motorda altï poršin (297) sendä bir dä sän yakersïn iki bak bän yakerïm bir onu da yakamerïm (298) näanda sän gezersin (299) ey deim bana o da yetišmir (300) čïkarsïn küün bu tarafïnï bizi aarar o yanda a gelejez öbür taraftan (301) vardï benzin hererdä vardï bol (302) gezärdik (303) kim bilärdi ani evlendii gibi bän čïkmïy^{a}jam bir yanjaa (304) her bi šey erdä gezdim (305) Russiyada čok gezdim ama deniz tarafïna ayaïmnan taa basmadïm (306) Odessa vardï gittiim (307) išidiler šamata denizdän gelir gitmäm (308) Nikalayada askerliktä deniz te ne yanda (309) gitmäm hazetmärim bän sudan hazetmärim bän (F: (310) korker) (311) iki üč kere bouldum (312) bän yok gözüm göreim suyu (sän bouldun mu) (313) bouldum zär ne (314) onuštan bän hep korkïïm sudan (315) yok gözüm göreim suyu bana topuktan yukarï su olmasïn (F: (316) sän išitmersin biz nekaa layederiz yikan yikan yikan?) (317) at bana beni učaktan at tepesi üstü baala parašutu bajaïma gene in^{e}jem sakatlanmïyjam (318) ama ilkin bän ne kamera üstündä balonda ne tekne üstündä bir erdä bän olmiyim (319) bana deil lāzïm o su (I: näända bouldun) (320) näanda bouldum (321) te na yanïmïzda te burada te aldï gibi te bu stadiyonun ārdïnda ey yandaki yanašïk küüyä kadar bizdä büük vardï bir dere (322) o dere tutulmuštu

(286) Man hat sie in Öl gebraten. (287) Ich schnappe mir meine Pfannkuchen und renne zur Arbeit. (288) Hej, fängt es da nicht an, beim Arbeiten zu schwellen, es hat sich entzündet und fing an zu schwellen. (289) Aber indem [ich] dauernd dran herumspielte, ist es zugegangen, das Loch, und ich habe es so verbunden. (290) Aber ich habe das mehr als zehn Jahre mit mir herumgetragen, [ich] konnte keine Schuhe anziehen, weil eine Verknotung in der Ader entstanden ist, es entstand eine solche Verknotung. (291) Viel viel später ist diese Verknotung verschwunden, weil eine kollaterale Verbindung entstanden ist. (292) Es entstand eine Verbindung von der Umgebung, und sie ging weg. (293) Damals habe ich diese Kapseln vernichtet, aber diesem Kerl habe ich auf diese Art keine von seinen Kapseln [wieder-]gegeben. (294) Na, es gab Plagen. (295) Oftmals hat mein großer Bruder gesagt: Ich, sagt er, kann es nicht verstehen, ich arbeite als Chauffeur. (296) Ich habe in einem Motor sechs Zylinder. (297) Du hast einen, aber du verbrennst zwei [Tankfüllungen], schau ich verbrenne eine und die kann ich nicht [vollständig] verbrennen. (298) Wo fährst du herum? (299) Hej, sage ich, mir reicht das auch noch nicht. (300) Du kommst an dieser Seite des Dorfes heraus, er sucht uns dort, aber wir kommen von der anderen Seite des Dorfes. (301) Es gab Benzin, überall gab es reichlich. (302) Wir sind herumgefahren. (303) Wer hätte gedacht, daß, sobald ich heirate, ich nirgendwo mehr hingehen kann? (304) Alles habe ich zu Lande besucht. (305) Ich bin viel in Rußland unterwegs gewesen, aber die Meergegend habe ich mit meinem Fuß noch nicht berührt. (306) Ich bin nach Odessa gefahren. (307) Man kann das Geräusch hören, es kommt vom Meer, ich gehe nicht hin. (308) In Nikolaev beim Militärdienst, das Meer ist gerade an der Seite. (309) Ich gehe nicht hin, ich ertrage es nicht, ich kann Wasser nicht ertragen (310) F: Er fürchtet sich. (311) Ich bin zwei, dreimal untergegangen (312) Ich mag Wasser nicht sehen. [I: Bist Du [wirklich] untergegangen?] (313) Ich bin untergegangen, wirklich was denn. (314) Darum fürchte ich mich immer vor Wasser. (315) Ich mag das Wasser nicht sehen. Wasser soll mir nicht über die Ferse gehen. (316) F: Hörst Du nicht, wie oft wir sagen: wasch dich, wasch dich, wasch dich? (317) Wirf mich vom Flugzeug, wirf mich kopfüber, bind mir einen Fallschirm an mein Bein, ich komme wieder runter und ich verletze mich nicht. (318) Aber zuerst will ich weder auf einer Kammer am Ballon noch auf einem Schiff, an [solch] einem Ort will ich nicht sein. (319) Ich brauche dieses Wasser nicht. [I: Wo bist du untergegangen?] (320) Wo ich untergegangen bin? (321) Da, dort bei uns, gerade dort, gerade wenn du abbiegst, gerade hinter dem Stadion, na bis zu dem benachbarten Dorf daneben gab es bei uns einen großen Fluß. (322) Dieser Fluß war gestaut.

(323) da tutuna derlär duran su (324) da ama te burada yakïnda orada toprak alardïlar (325) ey yaamur yaadï gibi o su durer a baška yerädän su gelir da o toprak kurularï bouler doler sulan (326) ey bän da yavru (327) yaklašer^{ï}z čïrpïner^{ï}s su boyunda atlerlar (328) ey yaklašïrsïn omuza kaa yaklašmïšïn boynuna kaa su soram čenenä kadar (329) bir dä benim altïmdan toprak gitti (330) bän giderim ašaa čïkerim yukarï vïnk (331) giderim gene ašaa čïkerim yukarï vïnk yandakïlar baker güler annamerlar (332) ey bän herzaman gidip ašaa ičerim birer stakan su ičerim bän (333) bir dä benim komšum ani bilä gittik hesabï oldu bezbelli ama o da hič benim boyumda benim yašinda (334) hesap oldu (335) o anǰak anǰak köpek gibi üüzärdi öle mekleyip ta (336) uzalttï bana ellini čekti beni ehehe bendän burdan sümük tä ne istersän gözlerdän yaš (337) i ha kurtuldum bän (338) soram ikinǰiz oldu nuanc bendä hep o oralarda anǰak taa ileri saa tarafa kaler orda plaž yeriydi (339) ölä bu takïm gider sïva sïva sïva soram derinlener (340) ey biz yïkanerïs geldi yerifin biri büünkü gündä kamersant o iki yaš bizdän büük kuvetli iki yaš o čok kuvet onda var ne (341) aldï čeketti bizi vaatiz etmää (342) da hen čok vaatiz düštü bana (343) tuttu boynumdan da daaldïrer čïkarir (344) yetištiremersin soluk almaa gene (345) ey tuter sän bayïlersïn burdan istersin bošanmaa (346) boolerïm nu (347) brak beni (348) gene boolder (349) da o okadar zeetledi bana gelir ani sātlan beni zeetledi (350) okadar čok bana gelir ani zeetledi (351) bekim taa āz ama ačan bana čok göründü (352) ačan gördü ani šindänsoram yumušadïm braktï beni (353) olsa kolayï öldürärsin ama ačan kuvedin yok (354) yok kuvedin (355) čïktïm ey aalarak niǰä ušak čïktïm (356) o oldu (357) soram da üčünǰü oldu Kišinyovda (358) biz gene gitdiydik takïm bilä hepsiǰiimiz (359) bän üüzmää beǰererim islā üüzerim nasïl naǰak sapsïz (360) geldi gibi niǰä deyǰiz buradan stadyona kaa bän üüzeǰem a gēri gelmem deil belli

(323) Und sie nennen es Tutuna, es ist ein stehendes Gewässer. (324) Aber genau dort in der Nähe, dort entnahmen sie Erde. (325) Na, sobald es geregnet hat, bleibt das Wasser stehen und bis zu einem anderen Platz kommt Wasser und diese trockenen Erdstellen gehen unter, es füllt sich mit Wasser. (326) Na, und ich war ein kleines Kind. (327) Wir nähern uns, wir planschen am Rande des Wasser, sie springen hinein. (328) Hej, du näherst dich bis zur Achsel, du hast dich bis zum Hals genähert, das Wasser geht dir dann bis zum Kinn. (329) Auf einmal schwand die Erde unter meinen Füßen. (330) Ich gehe nach unten, komme wieder nach oben, *vïnk* (331) Ich gehe wieder nach unten, komme nach oben, *vïnk*; die daneben schauen und lachen, sie verstehen es nicht. (332) Hej, jedesmal wenn ich untergehe, trinke ich [soviel wie] ein Glas Wasser, ich trinke es. (333) Auf einmal begreift sonnenklar mein Nachbar, mit dem wir zusammen gegangen sind; aber er ist auch nichts, er ist in meiner Größe, meinem Alter. (334) Er begreift. (335) Er konnte nur gerade so wie ein Hund schwimmen, so strampelnd. (336) Er streckte mir seine Hand hin und zog mich, ehehe, von mir kam hier Rotz und was du willst, aus den Augen Tränen. (337) Aber was soll's, ich war gerettet. (338) Dann gab es bei mir zum zweiten Mal einen Vorfall, genauso, dort, nur etwas weiter drinnen, auf der rechten Seite gab es dort eine Art Strand. (339) Es geht so flach flach flach, dann wird es erst tief. (340) Na, wir schwimmen, kommt ein Typ, heute ist er Händler, er ist zwei Jahre älter als wir, kräftig, zwei Jahre, das ist viel, er hat Kraft, na was. (341) Er nahm uns [und] fing an, uns zu "taufen". (342) Und die meisten "Taufen" erhielt ich. (343) Er nahm mich am Hals und drückte mich runter [und] zog mich wieder raus. (344) Du kannst nicht nachkommen mit dem Luftholen [schon tunkt er dich] wieder. (345) Hej, er hält dich fest, du wirst [fast] ohnmächtig, du willst dich von dort befreien. (346) Ich ertrinke, na. (347) Laß mich los! (348) Wieder tunkt er mich. (349) Aber er hat mich so sehr gequält, daß es mir vorkommt, [als ob] er mich stundenlang gequält hätte. (350) So sehr kommt es mir vor, daß er mich gequält hat. (351) Vielleicht war es weniger, aber wenn es mir [nun mal] so vorkam. (352) Als er sah, daß ich bereits weich geworden war, ließ er mich los. (353) Wenn es leicht wäre, würdest du ihn umbringen, aber wenn du keine Kraft hast. (354) Du hast keine Kraft. (355) Ich bin rausgegangen, weinend wie ein Kind bin ich rausgegangen. (356) Das ist passiert. (357) Dann ist es noch ein drittesmal vorgekommen, in Kišinev. (358) Wir sind wieder gegangen, so zusammen, wir alle. (359) Ich kann schwimmen, ich schwimme gut, wie ein Beil ohne Griff. (360) Sowie man kommt, wie soll ich sagen, von hier bis zum Stadion kann ich schwimmen, aber ob ich zurückkomme ist nicht sicher.

(361) da burada da oldu o butakïm bän gittim bir altmïš yetmiš metre gittim da benim tutuldu saa bajaïm tutuldu (362) näana sän čekilejän saa bajaïm tutuldu - odun oldu (363) bakerïm yakïnda durer buy (364) annermïsïn ne o buy (365) üüzer ani gösterir granicayï gösterir (366) sarmašïrïm bän o buya (367) oradan da radiyoya baarïr yerif šindi brak buyu zerä gidejez orayï (368) bän dä baarïrïm gel burayi sän (369) biz baarïr[ï]z brak buyu sana (370) deyim sän gel burayï (371) ey o annayamïr ne oler gördü gēridän buyu braamerem asïlï hep buyda (372) ey hadi oturdular onnar tekneyä geldilär (373) deyim bän sana gösteriim gel burayï benim tutuldu ayaaïm (374) ey niye sölemersin (375) bän nesoy sölejem sän išid[e]jen mi orada (376) aldïlar čïkardïlar beni (377) da te bendä oldu bu üč nuanc da bän sudan korkerïm (F: (378) sulan dost deil) (379) ah sulan dost deilim bän

Text 2: Klassenfahrt nach Moskau

(1) biz angï yïl gittik Kieva (2) bindokuzüzseksenin̆ji yïlda bana kalsa da seksenbirdä mi osaydï (3) o yïllar (4) seksenbirdä geldi gibi Kievdan bana danïštï bizim direktor (5) diyärdi gidelim Kieva ekskursyaya onun̆ju klastan kïzlarlan čojuklarlan (6) aldïk biz bilet burada Kišinyovda aldïk bilet nasïl düšer (7) oturduk biz trenä gidän Sofiya Buxarest Moskovaya (8) yetištik orayï (9) Kiev vaksalïnda indik (10) bizi karšïladïlar (11) geldi o vakïdïn ii avtobuslarï šindi nasïl bi dä te o Moldova gezer Ikarus aftobusnan (12) da bizi aldïlar götürdülär üüsäk üniversitedä (13) var universitet Bauman universitedä (14) o buluner Ismail parkïnda (15) baktïï gibi poyraz tarafïnda Moskovanïn poyraz tarafïnda (16) orada biz oturuštuk dokuzun̆ju obžežityada (17) koydular bizi dokuzun̆ju kata

(361) Und da war es auch so, ich bin geschwommen, sechzig, siebzig Meter bin ich geschwommen, da bekam ich einen Krampf im rechten Bein, ich bekam einen Krampf [wrtl.: mein rechtes Bein wurde gelähmt]. (362) Wohin willst du dich retten, ich hatte einen Krampf im rechten Bein, es war zu Holz geworden. (363) Ich schaue [um mich], in der Nähe ist eine Boje. (364) Weißt du was eine Boje ist? (365) Sie schwimmt, weil sie die Grenze zeigt, sie zeigt sie. (366) Ich umklammere die Boje. (367) Von dort schreit ein Kerl in den Lautsprecher: Laß die Boje los, sonst kommen wir dorthin. (368) Und ich schreie: Komm du hierher. (369) Wir schreien zu dir: Laß die Boje los! (370) Ich sage: Komm du hierher! (371) Na, er versteht nicht, was vor sich geht, er sah von hinten, daß ich die Boje nicht loslasse, hängend die ganze Zeit an der Boje. (372) Na los, sie setzten sich ins Boot und kamen. (373) Ich sage: Ich zeige dir: Komm hierher, ich habe einen Krampf im Bein. (374) Hej, warum sagst du es nicht. (375) Wie soll ich es sagen, kannst du es [denn] dort hören? (376) Sie nahmen mich [und] brachten mich raus. (377) Und so gab es bei mir drei Vorfälle und [deshalb] fürchte ich mich vor Wasser. (378) F: Er ist kein Freund von Wasser. (379) Aha, ich bin kein Freund von Wasser.

Text 2: Übersetzung

(1) In welchem Jahr sind wir nach Kiew gefahren? (2) Im Jahre 1980, wenn es nach mir geht, oder war es einundachtzig? (3) Diese Jahre. (4) Einundachtzig, sobald wir aus Kiew [zurück] kamen, hat unser Direktor mich angesprochen. (5) Er sagte: "Laß uns nach Kiew[78] zu einer Exkursion fahren mit den Mädchen und Jungen von der zehnten Klasse." (6) Wir haben Billets gekauft, hier in Kišinev haben wir Billets gekauft, wie es sich gehört. (7) Wir setzten uns in den Zug, der [über] Sofia, Bukarest nach Moskau fährt. (8) Wir kamen dort an. (9) Am Kiewer Bahnhof stiegen wir aus. (10) Man hat uns abgeholt. (11) Es kam [einer] der guten Busse dieser Zeit, wie man jetzt auch [in] Moldawien fährt, mit einem Ikarus-Bus. (12) Und sie nahmen uns und brachten uns zur hohen Universität. (13) Es gibt eine Universität, die Baumann-Universität. (14) Die befindet sich im Ismail-Park. (15) Wenn man schaut [ist er] im Norden, in der nördlichen Gegend Moskaus. (16) Dort haben wir zusammen gewohnt im neunten Wohnheim. (17) Sie brachten uns im neunten Stock unter.

78 Es handelt sich hier um eine Verwechslung, gemeint ist Moskau

(18) bizdä programda vardï gezmää görmää bütün Moskovada ne interes eksposiciyalar var Tretyakovka galeriyasï stadiyon Ložniktä (19) sora Mosolää lāzïmdï düšmää (20) vardï baška nuanclar Sokolniklärä gitmää (21) ey gezmesi deyni onnar genč onnar isterlär girmää čok [.] yanlarïnda da čünkü o vakït her bir šey deildi paalï (22) aneleri bobalarï vermišti hayli para onnara (23) našey yapalïm (24) direktorlan otureriz (25) yerleštirdik onnarï (26) her bir ičerdä dört üč kiši a biz dä konduk ayrï ičerdä demek odada (27) a bizdä kapïnïn üst yanïnda yazdïlar komendatura (28) yazdïlar komendatura a kurduk zakonlarï otakïm (29) disciplin tarafï bizdä olsun kāvi (30) kāvi olsun deyni her her hem yanïšlïk bišey olursadï o yerif bütün günä düšär arestä (31) kapaner (32) sabah oldu sabah oldu onu alersïn čïkarersïn hepsinän bilä restorantta oturerlar yerlär nasïl lāzïm (33) yedii gibi o gene kalker dokuzunǰu kata (34) dokunzunǰu kattan var nasïl siiretmää yarïm Moskovayï (35) kalanï hepsiǰii toplaner (36) ama biz kullanmadïk aftobusu kullanmadïk bitkinǰi saada kadar bitkinǰi günä kadar kullanmadïk (37) düšündük butakïm ki čalïšaǰïz gezmää nekadar čok metroda (38) ne üzere metroda gezmää (39) gezdik metroda ušaklar üürenerlär maršrudu bir (40) annerlar maršrudun posiciyalarïnï (41) neredä girmää var nasïl neredä čïkmaa (42) orada metro Moskovada o deil nasïl baška kasabalarda metro(43) orada o gider üč boya (44) bir boy gider en ašaada ikinǰi boy hem dä üčünǰü boy o yer üzündä gider (45) da onuštan biz onnarï aldïk metrolarï da göstärdik (46) var orda halka metrosu (47) ?? kalcoda (48) halka metrosu (49) orada onnar lāzïmdï bilsinnär nuanclarï angï metroda pinmää angï metroda čïkmaa (50) gezdirdik onnarï (51) sïǰaktï niǰä šindi (52) tuterim aklïmda otuz otuzbeš otuzaltï gradus sïǰak olurdu (53) yetištii gibi aftomada bizä verdilär bir sinǰir da te su ičmää (54) yalvarersïn šindänsoram ama biz geč kalïrïz čalïšïn hïzlïǰa ičmää alïnïz yanïnïza su (55) ama onnar genč ne (56) bakmïšïn o čekilmiš ötä yanïna bu čekilmiš bakmïšïn bir yanïnda biri yorulmuš öbürü ister baška yerä gitmää (57) F: su bir kopeka (58) su uǰuzdu ne

(18) Wir hatten auf unserem Programm alle interessanten Ausstellungen, die es in ganz Moskau gab, zu besuchen und besichtigen, die Tretjakov-Galerie, das Stadion in Luschniki. (19) Dann mußte man zum Mausoleum gehen. (20) Es gab noch andere Nuancen, zu den Sokolniki zu gehen. (21) Nun, zum Besichtigen, sie sind jung, sie wollen [.] auch in viele Seiten gehen, denn damals war alles nicht teuer. (22) Ihre Eltern hatten ihnen eine Menge Geld gegeben. (23) Was wollen wir machen? (24) Wir haben uns mit dem Direktor hingesetzt. (25) Wir haben sie untergebracht. (26) In jedes Zimmer drei, vier Personen, aber wir sind in einem extra Zimmer abgestiegen - d.h. in einem Zimmer.[79] (27) Aber bei uns, an der Oberseite der Tür, haben sie "Kommandantur" geschrieben. (28) Sie haben Kommandantur geschrieben, aber wir haben solche Gesetze erlassen: (29) Die Disziplinseite sollte bei uns stark sein. (30) Damit sie stark ist, falls irgendein Fehler vorkommen sollte, der Kerl kommt den ganzen Tag in Arrest. (31) Er wird eingeschlossen. (32) [Wenn] es morgen ist, morgen ist, nimmst du ihn und bringst ihn mit allen zusammen, sie sitzen im Restaurant, die Plätze sind, wie es sich gehört. (33) Sobald er gegessen hat, steigt er wieder in den neunten Stock. (34) Vom neunten Stock kann man ganz Moskau betrachten. (35) Die übrigen versammeln sich alle. (36) Aber wir haben den Bus nicht benutzt, wir haben ihn bis zur letzten Stunde nicht benutzt, bis zum letzten Tag haben wir ihn nicht benutzt. (37) Wir haben uns das so überlegt, daß wir versuchen, soviel wie möglich mit der Metro zu fahren. (38) Wozu mit der Metro fahren? (39) Wir fuhren mit der Metro, und die Kinder lernen die Marschroute, eins. (40) Sie verstehen die Positionen der Marschroute. (41) Wo man hineingehen, wo man hinauskommen kann. (42) Dort in Moskau ist die Metro nicht so wie in anderen Städten. (43) Die Metro fährt dort in drei Ebenen. (44) Eine Ebene fährt ganz unten, die zweite Ebene und die dritte Ebene fährt auf der Erde. (45) Und deshalb haben wir sie genommen und ihnen die Metros gezeigt. (46) Dort gibt es eine Ringmetro. (47) Auf einem ?? Ring (48) Eine Ringmetro. (49) Sie mußten dort die Feinheiten kennen, an welcher Metro man einsteigt, an welcher Metro man aussteigt. (50) Wir haben sie herumgeführt. (51) Es war so heiß, wie jetzt. (52) Ich erinnere mich, [daß es] dreißig, fünfunddreißig, sechsunddreißig Grad heiß wurde. (53) Sobald du einen Automaten erreicht hattest, sie gaben uns eine Kette, um Wasser zu trinken. (54) Du flehtest sie an: endlich, aber wir verspäten uns, bemüht euch schnell zu trinken, nehmt euch Wasser mit. (55) Aber sie sind jung, was sonst. (56) Kaum schaust du mal, hat sich der eine in die eine Ecke, der andere in die andere Ecke zurückgezogen, der eine ist müde geworden, der andere möchte woanders hingehen. (57) F: Wasser kostet eine Kopeke. (58) Wasser war billig, was sonst.

79 *Ičär* ist das gagausische, *oda* das türkeitürkische Wort für 'Zimmer'.

(59) su uǰuzdu bir kapeka automatta siropsuz a siroplan üč kapekadï ozaman (60) da bašladïlar onnar bizim bu kïzlar čoǰuklar tilki olmaa (61) metro o vakït paalï deildi girdii gibi ödärdin beš kapeka (62) ey bilirsin fotoelementro verer her bir aftomatta (63) bakeriz günün biri kontrolör bašladï šmarmaa šamata yapmaa (64) našey siz yapersiniz (65) ateriz gözümüzü direktornan (66) osadï onnar fizika üürenmišlär onunǰu klas onnar bilerlär [.] ani šu lāzïm šafk āradan gitsin da o saysïn (67) a bunnar dayanmïšlar biri birinä (68) beš on kišiyä kadar dayanmïšlar biri birinä sarmašmïšlar kol kol üüreklerindän tutmušlar (69) da gečerlär bütün širit gečerlär (70) gečti gibi nečin ödemirsiniz siz (71) ama bizä interes isleyeǰek mi čalïsaǰak mï o aftomat osa čalïšmïyaǰak mï (72) aftomat čalïsmïr ey ne (73) oldu her o takïm (74) soram vardï interes nuanclar (75) čïktïk Kutuzovski prospekta ama orasï diyiverilir Borodino bekim vardï išittiniz o iši (76) o olmuš binsekizüzonikinǰi yïlda ǰenk ee fransïz ruslar ačan düüšmüšlär (77) Fransa ačan Napoleon alïverirlär Moskovïy (78) orada olmuš büük o urladï büük düüš (79) da kurulmuš bir memorimal orada bu askerlerin hem Kutuzovun čalïsmasïn ičin (80) girersin orïï gözäl bir üüsek ačïk šišedän yapïlï bir ev (81) demää ev ona yok nasïl o memorial (82) kalkersïn öle ičindä gezersin spiral merd[i]venlärdän kalkersin yukārï (83) kalktï gibi yukārï var orda büük meedan bir geniš haydannïk bir panorama var orada nasïl olmuš bu düüš güüs güüsä gelmiš neredä fransuzlarlan ruslar (84) annaderlar interes orada ekskursiyada čok interes annaderlar (85) ama bana bän orasïnï nasïl bir düš tuterim aklïmda nečinki oldu nuanc öle ani yaklaštï benim amïǰa oolun čoǰuu yaklaštï (86) diyeverdi X. X. bän unuttum gözlüklerimi Ismailovada neredä bizim yataïmïz (87) var mï nasïl bän hïzlaniim aliim gözlüklerimi (88) deim X. sän düšün našey konušersin (89) Borodino neredä hem neredä kaler Ismailova yetmiš kilometre (90) Moskova geniš o geniš yetmiš kilometre seksen kilometre genišlii uzunluu mu nasïl niǰä istersin diyever čok büük kasaba (91) a orada šindänsoram yašer anǰak anǰak yašer on onbir milyon ǰan yašer (92) er gün da geler iki üč milyon ǰan gelärdi turist

(59) Wasser war billig, eine Kopeke im Automat ohne Sirup, aber mit Sirup kostete es drei Kopeken damals. (60) Und sie fingen an, unsere Mädchen [und] Jungen listig [wrtl.: Fuchs] zu werden. (61) Die Metro war damals nicht teuer, wenn man hineinging hat man fünf Kopeken bezahlt. (62) Na, du weißt, an jedem Automaten, er gibt ein fotoelektronisches Signal. (63) Wir schauen, eines Tages fing der Kontrolleur an zu meckern, Lärm zu machen. (64) "Was macht ihr?" (65) Der Direktor und ich schauen nach [werfen unsere Augen]. (66) Sie aber hatten Physik gelernt, die zehnte Klasse, sie wissen [.] daß dies nötig ist, das Licht muß zwischen ihnen durchgehen und es muß zählen. (67) Aber sie haben sich aneinander gelehnt. (68) Bis zu fünf, sechs Personen haben sie sich aneinander gelehnt, hatten einander umarmt, Arm in Arm haben sie sich am Bauch festgehalten. (69) Und sie gehen durch,die ganze Schlange geht durch. (70) Sowie sie durchgegangen sind: "Warum bezahlt ihr nicht?" (71) Aber für uns ist es interessant, ob er arbeiten wird, funktionieren wird dieser Automat oder nicht funktionieren wird. (72) Der Automat funktioniert nicht, na was. (73) Solche Sachen kamen vor. (74) Danach gab es interessante Nuancen. (75) Wir gingen auf den Kutusowskij-Prospekt, aber diese Gegend wird Borodino genannt, vielleicht hast du diese Sache schon mal gehört. (76) Es gab im Jahre 1812 Krieg, ehm als Franzosen [und] Russen sich schlugen. (77) Frankreich, als Napoleon Moskau einnahm. (78) Dort gab es eine große, er lenkte eine große Schlacht. (79) Und es wurde eine Memorial erbaut, dort für die Bemühung dieser Soldaten und Kutusow's. (80) Du gehst dort hinein [das ist] ein schönes, großes, offenes aus Glas gemachtes Haus. (81) Man kann es nicht Haus nennen, es ist ein Memorial. (82) Du steigst so hinauf, innen spazierst du, steigst auf Spiraltreppen nach oben. (83) Sowie du nach oben gestiegen bist, gibt es dort einen großen Platz, ein Panorama [groß wie] eine große Viehweide gibt es dort, wie sich diese Schlacht abgespielt hat, wo die Franzosen und die Russen aufeinander trafen. (84) Sie erzählen dort sehr interessant, auf der Exkursion, sie erzählen sehr interessant. (85) Aber für mich, ich erinnere mich an dort wie an einen Traum, weil dort eine Nuance vorgefallen ist, nämlich so, daß der Sohn meines Cousins zu mir kam, er kam zu mir. (86) Er sagte: X. X., ich habe meine Brille in Ismailova, wo unsere Herberge ist, vergessen. (87) Darf ich schnell hingehen und meine Brille holen? (88) Ich sage: X., überlege doch, was du sagst. (89) Wo ist Borodino und wo liegt Ismailova. (90) Moskau ist siebzig Kilometer breit, es ist siebzig Kilometer breit, achtzig Kilometer ist seine Breite oder seine Länge, wie willst du das, sag mal, die Stadt ist sehr groß. (91) Und dort leben mittlerweile, nun dort leben 10-11 Millionen Menschen leben dort. (92) Und jeden Tag kommen 2-3 Millionen Menschen als Touristen.

(93) toplanardï on onüč milyon ǰan toplanardï (94) ǰuvapli iš (95) derim X. olmaz bu iš (96) sansïn kayïl oldu benimlen (97) bir dä bakïveririz hepsiǰii orada panormada (98) danïšerim birinä danišerim öbürünä X. näanda (99) ee šindi buradaydï (100) öbürünä (101) bir dä biri diyeverdi siz bilirmisiniz o gitti almaa gözlükler[i]ni (102) ey bän šansoram kahïra bastïm (103) direktora derim yabanǰï yerdä buluneriz ne var alaǰaklar keseǰeklär kim bilir ne var našey olsun (104) ey hadi biz čïktïk Borodin panoramasïndan čïktïk (105) biršey annayamadïm (106) soram ikinǰi zaman bän gittim bir üč dört yïldan soram gittim kendim halïma (107) girdim baktïm [.] ani šu yüreimdä o bütün olsun ne göstermää ušaklara gittik orayï (108) ondan soram biz čïktïk Gorkiin kultura parkïna (109) orada var büük atraksyonnar (110) soram zoo park orada (111) nu deil zoo park o halis (112) o öle dä kekerek üstündä zoo parktï (113) aldï gibi moskova zoo parkï oraya da biz gittik ama orasï iki paya oler eski pay hem yeni pay (114) onuštan varïnǰa ayrï annatmaa (115) ey gezdik biz orada gördük (116) var gene panoramalar girersin takïm tombarlak ičerlerä oda demesi (117) girersin bir duvarda gösterir bir kino öbür duvarlarda gösterir baška kino (118) čok interes gösterir (119) bu takïm ta deil te bu ičerdän taa büük deil (120) girersin girersin oraya da ne istersin bak (121) her bir duvarda ayrï kinolar gidir (122) interesdi (123) ey oldu šindänsoram saat sekiz avšamleyin bizim X.'mïz yok (124) oldu onbeš minut onbirä peydalandï (125) sän näandaydïn ey X. (126) eey te bän geldim aldïm gözlükleri soram geldim Boradinoya siz yoksunuz (127) ey soram näandaydïn ey (128) soram bän gittim benim lelumun čoǰuuna gittim Krasniy Presniya (129) orada yakïn buluner amerikanïn posolstvasï buluner yakïn orada (130) bän kendim da gittim o yana (131) ey ne išin sorulmadïk gittin ey (132) bän annerïm (133) sän naš annersin (134) aa bän annerïm ki siz beni kapïǰïnïz (135) biler lāzïm kapansïn dokuzunǰu katta bütün günä (136) kabaatïnï duer (137) o kabaatïnï duer ama bizdä baš aǰïsï var (138) ey hadi kapadïk biz X.'mïzï (139) evet sabaalen niǰä düšer gittik restorana (140) restoranda okadar gözäl doyurmaklar vardï

(93) Da versammelten sich 10-13 Millionen Menschen, versammelten sich. (94) [Das ist] eine diffizile Angelegenheit. (95) Ich sage: X., das geht nicht. (96) Es war, als ob er mit mir einverstanden ist. (97) Auf einmal schauen wir, alle sind dort im Panorama. (98) Ich frage den einen, ich frage den anderen: Wo ist X.? (99) Na, eben war er hier. (100) Den anderen (101) Auf einmal sagt einer: Wissen sie, er ist gegangen, um seine Brille zu holen. (102) Na, ich war dann verzweifelt. (103) Ich sage zum Direktor: Wir befinden uns an einem fremden Ort, was gibt's, sie nehmen ihn und bringen ihn um, wer weiß, was es alles gibt, was geschehen kann. (104) Naja, wir sind aus dem Borodino-Panorama hinaus gegangen. (105) Ich habe nichts verstanden. (106) Später bin ich noch ein zweites mal hingegangen, 3-4 Jahre später bin ich noch mal selbst hingegangen. (107) Ich ging hinein und schaute [es] an, [.] damit es in meinem Herzen vollständig sei, was zu zeigen den Kindern wir dahin gegangen sind. (108) Dann sind wir in den Gorki-Kulturpark gegangen. (109) Dort gibt es große Attraktionen. (110) Dann der Zoo dort. (111) Naja, das war kein Zoo, eigentlich. (112) Auf einem *kekerek* ein Zoo. (113) Wenn man den Moskauer Zoo nimmt - dort sind wir auch hingegangen - aber dort ist er zweigeteilt, ein alter Teil und ein neuer Teil. (114) Deswegen kann man [davon] getrennt erzählen. (115) Na, wir sind dort herumspaziert und haben es gesehen. (116) Es gibt auch Panoramen, du gehst in solch runde Zimmer - d.h. *oda* [auf Türkisch]. (117) Du gehst hinein, an einer Wand wird ein Film gezeigt, an den anderen Wänden werden andere Filme gezeigt. (118) Es zeigt sehr interessant[e Dinge]. (119) Nicht so, nicht größer als dieses Zimmer. (120) Du gehst hinein, du gehst dort hinein und schaust dir an, was du willst. (121) An jeder Wand laufen andere Filme. (122) Es war interessant. (123) Na, es wurde schließlich acht Uhr abend, unser X. ist nicht da.(124) Es wurde fünfzehn Minuten vor elf, da tauchte er auf. (125) Wo warst du hm, X.? (126) Na, ich bin gekommen und habe die Brille geholt, dann bin ich nach Borodino gegangen, ihr seid nicht da. (127) Na, wo warst du nachher? (128) Danach bin ich zum Sohn meiner Tante gegangen, nach Krasnaja Presnaja. (129) Dort in der Nähe befindet sich die amerikanische Botschaft, sie befindet sich dort in der Nähe. (130) Ich selbst bin auch mal dorthin gegangen. (131) Na, warum bist du ohne zu fragen hingegangen? (132) Ich verstehe. (133) Was verstehst du? (134) Ich verstehe, daß Sie mich einsperren werden. (135) Er weiß, daß er eingesperrt werden muß, im neunten Stock für einen ganzen Tag. (136) Er fühlt seine Schuld. (137) Er fühlt seine Schuld, aber wir haben die Kopfschmerzen. (138) Naja, wir haben unseren X. eingesperrt. (139) Ja morgens, wie es sich gehört, sind wir ins Restaurant gegangen. (140) Im Restaurant gab es so schöne Speisen.

(141) restoran Ismailovda deil nasïl her bir kasabada restorannar (142) hey sofralar kurulu her erǰii yalabïr (143) yerdä palaalar ama neyseydi (144) bu buluner park ičindä restoran ačïk gök altïnda (145) čok gözäl takïm yapïlï hasadan mantarlar gölgelik ičin (146) gözäl her erǰii gözäl čiček ee - - (147) o restorandï o restorantta oficyantlar grusinnärdi (148) her bir yerif [.] ordada bir dä karï yoktu hizmet edeǰidi adamnar (149) čok gözäl tatlï yemeklär yapardïlar hepsinä hatïr güdärdilär (150) biz hep onnara gülärdik onnarï nasïl nar.. fasïl konušerlar onnar rusča nasïl konuštu gibi (151) yaklašer sofraya da diyeverir masada sofranïzda var mï sol (152) sol deil sol' ey rusča (153) onuštan bizim čoǰuklar diyeverdilär da ani bu takïm (154) tïy ne ruski ne sol a sil (155) a sil onnar dir ukraininnär diyeverirlär (156) gülärdïlär onnar (157) dirlär sizä ne biz dedik sol siz annadïnïz (158) ey soram biz čïktïk [.] o sabaa čïktïk gene čïktïk metroya oturduk da düštük biz zooparka gittik zooparka (159) ey orada niǰä bän söledim ani var yeni zoopark hem eski zoopark (160) akïna bakïnǰa Kiev zooparkïna Kiev zooparkï čok gözäl (161) biz X.'lan gittik orayï (162) X. gördü (163) medan tertip yeni išä derlär yeni iš nečinki her bir iš yeni orada (164) medannïk düšünmüšlär proyekta görä hespiǰiinä (165) ama moskva zooparkïna moskovanïn zooparkïnda čok sïkïšïk bu yerlerdä buluner hayvanlar kušlar (165) čok sïkïšïk yerdä bulunerlar (167) bir yerdä var nasïl var nasïl olsun üč dört türlü hayvan (168) anǰak ani yimesinnär biri birini uygunč olsun deyni (169) čïkïverersin šindänsoram yeni zooparka čïktïynan orada medan orada basenalar var (170) ey fil tarafïna bakersïn onnarïn gene medan aularï (171) aul demää yok o fillerdä nečinki orada almïšlar yapmïšlar öle takïm bir metre üseklii beton bardyur yapmïšlar (172) a o bardür üstünä koymušlar borna dišleri takïm borna diši (173) onu orayï hayvan yok niǰä bassïn sapler da onu aǰïder o gečmer ötä yanïna (174) o čok islaa o üzere (175) onnara čok uzak deil buluner aslannar (176) onnara da gene medanlïk büük var (177) var nasïl su kabuletsinnär (178) var näanda ičmää su (179) čok interes yaklašerlar nasïl insan ičer fontandan (180) düer fontan da oradan ičer suyu čok interes

(141) Das Restaurant in Ismail war nicht wie die Restaurants in jeder Stadt. (142) Hey, die Tische waren gedeckt, alles glänzt. (143) Auf dem Boden waren Läufer, oder was es war. (144) Dies befindet sich in einem Park, das Restaurant, unter freiem Himmel. (145) Sehr schöne, solche aus Leinen gemachte Pilze als Sonnenschirme. (146) Schön, jeder Platz war schön, Blumen na -- (147) Dieses Restaurant, in diesem Restaurant waren die Kellner Georgier. (148) Jeder einzelne Kerl [.] dort gab es keine einzige Frau, die Ober waren Männer. (149) Sie haben sehr gute leckere Speisen gemacht, jedem haben sie Achtung erwiesen. (150) Wir haben immer über sie gelacht, wie merkwürdig sie gesprochen haben, wie sie russisch gesprochen haben. (151) [Einer] nähert sich dem Tisch und sagt: Gibt es auf dem Tisch, auf eurer Tafel Salz? (152) Auf Russisch heißt es nicht *sol* sondern *sol'*. (153) Deswegen haben unsere Jungen gesagt etwa so: (154) Du bist kein Russe, nicht *sol* sondern *sil*. (155) Aber *sil* sagen sie, die Ukrainer. (156) Sie haben gelacht. (157) Sie sagen: Was geht euch das an, wir haben *sol* gesagt, ihr habt es verstanden. (158) Na, dann sind wir hinaus gegangen, [.] an diesem Morgen sind wir hinaus gegangen, wieder hinaus gegangen, haben uns in die Metro gesetzt und sind zum Zoo gelangt. (159) Na, dort ist es, wie ich gesagt habe, daß es einen neuen Zoo und einen alten Zoo gibt. (160) Tatsächlich, wenn man den Zoo von Kiew betrachtet, der Zoo von Kiew ist sehr schön. (161) Ich bin mit X. dorthin gegangen. (162) X. hat ihn gesehen. (163) Der Platz ist ordentlich, eine neue Sache nennt man neue Sache, denn dort ist jedes Ding neu. (164) Sie haben die Örtlichkeiten gut durchdacht, je nach dem Projekt. (165) Aber den Zoo von Moskau, im Zoo von Moskau befinden sich die Tiere und Vögel an diesen Orten sehr beengt. (166) Sie befinden sich auf sehr beengtem Raum. (167) Es ist möglich, daß in einem Raum drei-vier Arten von Tieren sind. (168) Gerade so, daß sie einander nicht fressen, daß sie zueinander passen. (169) Endlich gehst du in den neuen Zoo, wenn du dort hineingehst, gibt es dort Platz, dort gibt es Bassins. (170) Na, du betrachtest die Elefantenabteilung, die [haben] wiederum Weidezäune. (171) Zaun kann man nicht sagen bei diesen Elefanten, weil haben sie dort genommen und solche Betonbordüren von einem Meter Höhe gemacht haben. (172) Und auf diese Bordüren haben sie Eggenkrallen angebracht in der Art wie Eggenzähne. (173) Darauf können die Tiere nicht treten, es sticht und tut ihnen weh, es geht nicht auf die andere Seite rüber. (174) Das ist von daher sehr gut. (175) Nicht weit entfernt von ihnen befinden sich die Löwen. (176) Für die gibt es wiederum einen großen Platz. (177) Sie können Wasser zu sich nehmen. (178) Es gibt einen Ort, an dem sie Wasser trinken können. (179) Das ist sehr interessant, sie nähern sich wie ein Mensch, [der] aus einer Fontäne trinkt. (180) Er schlägt die Fontäne und trinkt von dort das Wasser, das ist sehr interessant.

(181) soram yeni parka girdii gibi orada birazǰi̇̄k bän beenmediydim ama sayeǰez ki orada da o islā (182) ne orada islā (183) orada serpentarii [.] čok islā (184) yïlannar šey ne orada var zihirli yïlannar zihirsiz yïlannar (185) orada onnar koyulu takïm medan šišä akvariumnar (186) akvariumnar butakïm kapalï akvariyumnar (187) büük yïlannar kalïn yïlannar bakersin iki kol gibi kalïnlïï (188) uzun beš altï metrenin üstünä kadar uzun (189) girersin ačan te öle durer dikinä hizlaner üstünä suver ičin (190) ama bilirsin ki ani kalïn šišä ašïrï o sana zarar etmeyǰek (191) serin orada kondicionerlär išler islā (192) našey var niǰä sölemää bu ekposicya da gittik (193) ordan soram biz čïktïk [.] čïktïk (194) var leninski gorki rusča diyeverirlär (195) o Lomonosow universitetin alt yanïnda kaler (196) gečtik biz Lomonosowun universitedinä dä ama gorkiyä gittik orada interes bakmaa Moskovaya (197) Moskovaya baktïk ačan šindänsoram karannïktï on onbirdä ey yaz iši onbir ne (198) görüner čok uzak Moskova görüner (199) akïna Astankina tarafï čok uzakta kalïrdï otuz kïrk kilometre kaler ašaa görüner o takïm (200) ama [.] yok otuz kïrk yok diyeǰez bir onbeš yirmi kilometre o takïm görüner uzakta (201) ii yerlär (202) avšam olardï [.] biz gezeriz yayan (203) hepsïǰii gezärdilär üüksek ökčeli ayakkabïnnan gezärdilär minilen takïm (204) bakeriz bizim kïzlar bašladïlar üksek ökčeli ayakkabïnï sïbïtmaa alerlär terlik ellerinä tapičkiyä (205) ilin olsun gezmää taš yolda gezer düyer ayaklarïnï (206) yorulerlär mislerlär yorulduk hadi biraz dinnenelim (207) yok yok dinnenmek yok (208) gelersin obžežityeye (209) bir saat anǰak duš kabulederlär dinnenirlär (210) ey bir tane önlerïnä čïkmaa yok niǰä (211) öbür savašïr gitmää görüsmää bulušmaa čoǰuklarlan taa öbürü kïzlarlan taa öbüründä var para (212) direktora derim ne yapaǰez (213) der biz onnarï alalïm da götürerlim Krasni Plošidä Mausoleyä (214) göstereriz onnar koyeriz ačan sabālendän lāzïm dizilmää beklemää sïran gelinǰäk (215) onuštan biz sabā oldu altï vardï yoktu čïktïk (216) yimeyä dedik ki restorantta ani biz geleǰez geč

(181) Dann, sobald man in den Park hineinkommt, dort hatte mir etwas nicht gefallen, aber wir rechnen das mal als ob es dort auch gut wäre. (182) Was ist dort gut? (183) Das Serpentarium [.] ist dort sehr gut. (184) Die Schlangen und so, die es dort gibt, giftige [und] ungiftige Schlangen. (185) Dort sind sie gelegt, solche Orte, Glasaquarien. (186) Aquarien, solche geschlossenen Aquarien. (187) Große Schlangen, dicke Schlangen, du schaust, ihre Dicke ist wie zwei Arme. (188) Sie sind lang, bis zu mehr als fünf sechs Meter lang. (189) Wenn du hineingehst und sie so aufrecht stehen und sich schnell auf dich zu bewegen, erkaltet dein Inneres [vor Schreck]. (190) Aber du weißt, daß sie, weil sie jenseits des dicken Glases sind, dir nicht schaden können. (191) Es ist kühl, dort arbeitet die Klimaanlage gut. (192) Was kann man noch sagen, zu dieser Ausstellung sind wir auch gegangen. (193) Wir sind von dort später weggegangen [.] wir gingen hinaus. (194) Es gibt den Leninski Gory, [wie] man auf russisch sagt. (195) Der liegt an der Unterseite der Lomonossow-Universität. (196) Wir sind an der Lomonossow-Universität vorbeigegangen und sind zum Gory gegangen, dort ist es interessant, auf Moskau zu blicken. (197) Wir haben auf Moskau geblickt, als es schließlich auch dunkel war, 10-11 Uhr, na es war Sommer, was ist schon 11 Uhr. (198) Ganz weit ist zu sehen, Moskau ist zu sehen. (199) Tatsächlich lag die Ostankino-Gegend sehr weit weg, 30-40 Kilometer bleiben, man sieht herunter, so. (200) Aber, nein 30-40 Kilometer nicht, sagen wir mal 15-20 Kilometer, so weit war in der Ferne zu sehen. (201) Es waren gute Orte. (202) Es wurde Abend [.] wir gehen zu Fuß spazieren. (203) Alle sind mit hochhackigen Schuhen spazieren gegangen, sie sind mit Minirock und so spazieren gegangen. (204) Wir schauen, da haben unsere Mädchen angefangen, ihre hochhackigen Schuhe von sich zu werfen und nehmen Hausschuhe in ihre Hände als Turnschuhe. (205) Damit das Laufen leicht ist, sie gehen auf Steinwegen, das spüren ihre Füße. (206) Sie werden müde, sie jammern: Wir sind müde, los, laß uns etwas ausruhen. (207) Nein, nein Ausruhen gibt es nicht. (208) Du kommst ins Wohnheim. (209) Eine Stunde, sie duschen gerade mal, sie ruhen sich aus. (210) Na, man konnte nicht einen mehr vorfinden. (211) Der andere bemüht sich zu gehen, um sich mit Jungen zu treffen, noch ein anderer mit Mädchen, noch ein anderer hat Geld. (212) Ich sage zum Direktor: Was sollen wir machen? (213) Er sagt: Laß sie uns einsammeln und zum Roten Platz, zum Mausoleum gehen. (214) Wir zeigen es ihnen, wir stellen sie auf, denn schon morgens muß man sich aufstellen und warten, bis man an die Reihe kommt. (215) Deswegen sind wir als morgens, es war vielleicht gerade mal sechs Uhr, losgegangen. (216) Wegen des Essens haben wie im Restaurant gesagt, daß wir spät [zurück-]kommen.

(217) sabā ekmeni yiyeǰiz geč deil nasïl yiyärdik sabā oldu yarïm yediyä yedidä yärdik (218) altï var yok biz čïktïk gittik (219) ey gittik biz orayï [.] čok strogïdï (220) sändä varsadï anǰak bir küčük čanta yaklašer civil milicya yaklašer danïšïr sana yalpaǰïk danïšer (221) sän anǰak lāzïm hepsiǰiini čïkararsïn gösterersin (222) yok ani öle gečmää (223) büük čantan varsadï sän onu götereǰen kamera xranina koyaǰan (224) ödek yok orada akïna ama girersin anǰak iki el girersin (225) gečtilär (226) interes girmää mausoleyä neredä Lenin orada yater (227) medan iš serin čok interes (228) čïktïk oradan (229) soram derim a šindi biz yemek olaǰak biz göreriz šansoram sabah ekmää olaǰak ölen ekmeinän bülä (230) ačeriz telefon oyana bizi beklemiin restorantta oficyantlara biz gideǰiz ölen yemeini bilä yiyeǰez (231) a bu sabah ekmeini ani kaler biz onu geldii gibi gēri Kišinyova biz onu alaǰiz nasïl kuru yemek yanïmïza alaǰiz (232) a kabul ettilär bu išlär kabul oldu (233) genä sokeriz onnarï SUMa (234) ama SUMa hem dä GUMa girmää deyni deriz biz onnarï kaybedeǰez (235) öle da var ey orada kayner karïmǰa yuvasï (236) čekeriz onnarï bu denkmal denkmal gagauzǰa našey diyeverirlär ona (237) denkmal pametnik (I: anït türkčesi) (238) nasïl (I:anït) (239) anït? a čekeriz minin pažarski (240) vardï mï gördüün o pametnii (241) ey orada sovol vasilov vašenova ey orada karšïda ortada (242) čekeriz onnarï orda diyeveririz (243) čoǰuklar oldu gibi saat üč gündüz siz toplanersiniz te burada (244) bir dä minut geč kalmersiniz (245) tamam mï (246) tamam annaštïk (247) daalïštïlar nasïl yer yuttu onnarï (248) ey hepsinin ǰebi kašïner var paralarï (249) ey hadi biz dä gezdik gittik pasaža gittik SUMa GUMa (250) ey neredä gideǰemišin bizdä čok ta para yanïmïzda yok (251) ey hadi oldu saat üč toplandïlar (252) šindi oturmaa deyni metroya bir boyunda kalmamïš kopeka da (253) ey biz bileriz nasïl varïnǰa gitmää saab čïkmaa šansoram (254) onnar gene širit kurerlar girerlar (255) yetištik (256) avšam oldu dinnendilär (257) šindi deriz kim gider gänä kasabaya (258) yok bir iki anǰak čïktï

(217) Das Frühstück werden wir spät essen, nicht wie wir es sonst gegessen haben, morgens um halb sieben-sieben haben wir gegessen. (218) Es war gerade mal sechs, da sind wir losgegangen. (219) Na, wir sind dorthin gegangen, [.] es war sehr streng. (220) Wenn du auch nur eine kleine Tasche hattest, nähert sich dir eine zivile Miliz, er nähert sich dir und fragt dich, ganz freundlich fragt er dich. (221) Du mußt nur alles herausholen und zeigen. (222) Es geht nicht, daß du so hineingehst. (223) Wenn du eine große Tasche hast, mußt du sie in die Gepäckaufbewahrung bringen und dort hinstellen. (224) Tatsächlich gibt es dort keine Gebühr, aber du sollst nur mit zwei [leeren] Händen hineingehen (225) Sie sind durchgegangen. (226) Es ist interessant, ins Mausoleum zu gehen, wo Lenin da liegt. (227) Der Ort ist kühl, sehr interessant. (228) Wir sind dort herausgekommen. (229) Dann sage ich: Und jetzt, wir, das Essen wird, wie wir sehen, wird das Frühstück schon mit dem Mittagessen zusammen sein. (230) Wir rufen dort an: Wartet nicht auf uns - im Restaurant den Kellnern - wir kommen und essen es mit dem Mittagessen zusammen. (231) Aber dieses Frühstück, das übrigbleibt, das nehmen wir, wenn wir zurückkehren nach Kišinev, wie trockenes Brot nehmen wir das mit. (232) Und sie haben akzeptiert, diese Angelegenheiten wurden akzeptiert. (233) Wir stecken sie wiederum ins SUM. (234) Aber um sie ins SUM und ins GUM zu bringen, sagen wir [uns], [daß] wir sie verlieren werden. (235) So ist es auch, na dort brodelt es, das ist ein Ameisenhaufen. (236) Wir versammeln sie, dieses Denkmal, wie sagt man auf Gagausisch dazu? (237) Denkmal, *pamjatnik*. (I: Auf Türkisch ist es *anït*) (238) Wie? (I: *Anït*) (239) *Anït?* Aber wir ziehen sie zusammen [am] Minin und Poscharskij-Denkmal. (240) Hast du das mal gesehen, dieses Denkmal? (241) Na, dort für Sovol Vasilov Vašenov, na dort gegenüber in der Mitte. (242) Wir versammeln sie dort und sagen: (243) Kinder, sobald es 3 Uhr Mittag ist, versammelt ihr euch genau hier. (244) Ihr werdet euch auch nicht eine Minute verspäten. (245) In Ordnung? (246) In Ordnung, wir haben uns verstanden. (247) Sie haben sich zerstreut, als hätte die Erde sie verschluckt. (248) Na, allen juckte die Hosentasche, sie haben Geld. (249) Naja, wir sind auch in der Passage spazieren gegangen, wir sind in die Passage gegangen, ins SUM und ins GUM. (250) Na, wohin solltest du auch gehen, wir hatten auch nicht viel Geld dabei (251) Naja, es wurde drei Uhr und sie versammelten sich. (252) Jetzt war bei keinem Einzigen auch nur noch eine Kopeke geblieben, um sich in die Metro zu setzen. (253) Na, wir wissen bereits, wie man gehen und sich bemächtigen kann. (254) Sie bilden wieder eine Kette und gehen hinein. (255) Wir sind angekommen. (256) Es ist Abend geworden, sie haben sich ausgeruht. (257) Jetzt sagen wir: Wer geht wieder in die Stadt? (258) Nein, nur ein-zwei haben sich gemeldet.

(259) X. gidejek X.'ya (260) kalanï istemir (261) nečin gitmeyejeniz (262) yok paramïz (263) ona danešersin kalmïš üč rublesi buna danešersin beš rublesi kalmïš (264) ey onnar ušak ta taa dangalak (265) biri almïštï ey te bu pantolonnarï kasmaa deyni omuz ašïra ani ne diyeverirlär ey gummi rezinadan (266) ačan čïkardï iki čift (267) o naššada deil pantolon kasmaa o naššada bu [.] čorap kasmaa (268) kimdä yürek kaldï (269) šindi deriz X. našey yapajan ey (270) ey bän bilerim (271) büündä da bulušeriz onnan dirim naber nereyä kasersin onnarï (272) ey der brak der kaserim kasmerim bir yanjaa (273) interes onnar genčtilär interes čok interes čojuklar (274) da soram uže görerim ani bitti onnarïn paralarï bizim da vakïdïmïz biter (275) biz okadar čok gezdik aykïrï buykuru gezdik bu Moskvayï (276) soram bitkidä diyeveririm toplanïn kim ister gideriz Sokolniklerä (277) yer neresini beenermiš Lenin vakïdïn biri (278) bana da interes görmää našey o Sakolniklär (279) ey čïktïk Sakolniklärä o [...] her bir kasabada var eski yerlär (280) ama orada ne var čok yešïllïk ey aač tarafï čok var orada (281) deil čam olsun deil [.] yapraklï yešillik gözäl yerlär öle [.] bir iki kat en čok dört kat evlär var (282) dä gittik biz orayï alajez limon mu mandarin mi nesedä apelsin mi (283) bakeriz durer bir uzun bir širit insan durer [.] Sokolniklerdä (284) düšündük ki görüner önnümüzdä magazin penčerlerdä durer onnar öle dizili limon mandarin (285) bän kuyruuna o širidin dayerim onnarï (286) derim durunuz kimsä önümüzä girmesin bän gidejem bakmaa ne var o yanda (287) ačan girdim bän önünä bu širidin neredä insan durer o širittä (288) girdim bakerïm o našsa da alerlar moldavyanïn šarabïnï (289) šišelän šarabï [.] aldemase hem vin de masa alerlar (290) dönerim gēri dönerim gēri derim čojuklar siz durmadïnïz nijä lāzïm (291) biz lāzïm gidelim baška ošeret (292) nasïl ne ičin te alerlar (293) derim onnar alerlar bizim moldavyanïn o šarabïnï ani biz ičmeriz (294) e o ujuzdu o seksenaltï kopekadï šišesi sekizyüz gramnïk (295) onu burda ičmärdilärdi (296) bizdä baška šaraplar ičärdilär (297) saa tarafta bakeriz durer iki ihtaar babuška onnar alerlar apelsin (298) hadi eklendik o apelsinnärdän aldï hepsijii kimä nekadar lāzïm parasïna görä

(259) X. will zu X. gehen. (260) Der Rest möchte nicht. (261) Warum wollt ihr nicht gehen? (262) Wir haben kein Geld. (263) Du fragst den, er hat drei Rubel übrig; du fragst diesen, er hat fünf Rubel übrig. (264) Na, sie sind Kinder und sind noch dumm. (265) Einer hatte etwas gekauft, dieses um die Hosen zu befestigen, von den Schultern ab, wie nennt man das aus Gummi? (266) Als er es herausholte, waren es zwei Paar. (267) Was es auch war, es war nicht um die Hosen zu befestigen, es war um Strümpfe zu befestigen. (268) Bei wem ist der Magen geblieben [vor lachen]. (269) Jetzt sagen wir: X., was wirst du [damit] machen, hm? (270) Na, ich weiß es schon. (271) Heute treffen wir uns auch manchmal mit ihm, ich sage: Wie geht's, wo befestigt du sie. (272) Ach, sagt er, hör auf, sagt er, ich befestige sie irgendwo oder auch nicht. (273) Es ist interessant, sie waren jung, sehr interessant, sehr interessante Kinder. (274) Und später sehe ich schon, daß ihr Geld zu Ende ist, und unsere Zeit geht auch zu Ende. (275) Wir sind so viel spazieren gegangen, wir haben dieses Moskau von oben bis unten besichtigt. (276) Dann, am Schluß sage ich: Versammelt euch, wer will, [daß] wir zu den Sokolniki gehen? (277) Das ist der Ort, den Lenin mochte einstmals. (278) Für mich ist es auch interessant, zu sehen was das ist, die Sokolniki. (279) Na, wir sind zu den Sokolniki gegangen [...], in jeder Stadt gibt es alte Plätze. (280) Aber was gibt es dort, viel Grün, an Bäumen gibt es dort viel. (281) Nicht, daß es Nadelbäume wären, [.] nein Grün mit Laub, schöne Plätze so [.], dort gibt es zweistöckige, höchstens vierstöckige Häuser. (282) Und wir sind dort hingegangen und wollten Zitronen, Mandarinen und so, Apfelsinen oder was kaufen. (283) Wir schauen, da steht eine lange Schlange Menschen, steht [.] in den Sokolniki. (284) Wir dachten, daß, - vor uns ist ein Laden zu sehen, in den Fenstern liegen so aufgereiht Zitronen und Mandarinen. (285) Und ich stelle sie an das Ende dieser Schlange. (286) Ich sage: Bleibt stehen, niemand soll sich vor uns stellen, ich werde gehen, um nachzusehen, was es auf der anderen Seite gibt. (287) Als ich zum Anfang dieser Schlange ging, wo die Menschen standen in dieser Schlange. (288) Ich bin hingegangen und schaue, was das ist, und sie kaufen Wein aus Moldawien. (289) In Flaschen [.] kaufen sie Tafelwein. (290) Ich gehe zurück, ich gehe zurück und sage: Jungs, ihr habt euch nicht aufgestellt, wie es nötig ist. (291) Wir müssen in eine andere Schlange gehen. (292) Wie, warum? Sie kaufen doch. (293) Ich sage: Sie kaufen den Wein aus unserem Moldawien, den wir nicht trinken. (294) Naja, der war billig, er [kostete] 86 Kopeken die 700 Gramm-Flasche. (295) Den haben sie hier nicht getrunken. (296) Bei uns hat man andere Weine getrunken. (297) Auf der rechten Seite sehen wir zwei alte Mütterchen stehen, sie kaufen Apfelsinen. (298) Nun, wir haben uns angeschlossen, jeder hat von den Apfelsinen gekauft, soviel wie jeder brauchte, je nach seinem Geld.

(299) döndük gēri (300) akïna Sokolniklärdä metro tarafï yok (301) anǰak gezer orada avtobuslar gezer hem gezer bir tramvay gezer (302) sadem halkada döner bir tramvay döner (303) ama tertip yerlär (304) hadi geleriz gēri (305) a soram bir tane bakeriz kendi halïmïza geler git geldi gibi git (306) sorïveririz büün gezeǰeniz kendi bašïnïza mï daneševiz niǰä gideǰeniz kendi bašimïza (307) ah yo yo gezmiyǰez yok paramïž (308) da bižä rahatdï (309) soram bitki günnär biz aldïk [.] bizim avtobusu ani düšärdi (310) ey o adama da kötü olmadï (311) o haylak bütün gün [.] o da durmer ona kolverilmiš petrol kolverilmiš (312) o ne ansa da lāzïm yaksïn onu (313) gidärdi o bulardï aeraport mu naššedi kimisi dä o bulardï o kazanč yaptï bizim yanïmïz sïra (314) biz durduk orda kač gün kač gün osa durduk bir onbeš yirmi gün durduk orda [.] iki haftanïn üstünä durduk ne (315) da hadim geldi gečärdi bizi Kiev vaksalïna kaa (316) gēri dooru bir dä nuanc bir tane olmadï (317) ey nean olaǰak ey (318) getirdik onnarï parasïz evä (319) ama büün da bulušeriz anerlar (320) var resimneri var nasïl bän albomdan čïkariim gösteriim o resimneri (321) čok girgin kïzlar čoǰuklardï onnar büün dä annerlar (322) Krasni Ploščittä čïktïk (323) her türlü orada Spaski Bašna tarafïna dooru Kreml tarafïna dooru Mausole tarafïna dooru soram GUM tarafïna sovol vasiliy vlašenova te o tarafïna Minin Pošarski uurunda čïktïk (324) ey her bir iši dä resimlemää yok niǰä (325) orada paalï čok paalï tutardï (326) te bu takïm bizim oldu gidišimiz anǰak te bu kïsa vakïtta Moskovada

(299) Wir sind zurückgekehrt. (300) Tatsächlich gibt es in den Sokolniki keine Metro. (301) Dort fahren nur Busse und es fährt eine Straßenbahn. (302) Nur auf einem Ring fährt eine Straßenbahn herum, sie fährt herum. (303) Aber die Plätze sind ordentlich. (304) Nun, wir kommen zurück. (305) Und dann schauen wir mal unsere eigene Lage an, geh weg, geh so weg wie du gekommen bist. (306) Wir fragen: Wollt ihr heute alleine ausgehen? Wir erkundigen uns: Wie ist's, geht ihr alleine aus? (307) Oh, nein nein, wir wollen nicht ausgehen, wir haben kein Geld. (308) Und [so] war es für uns angenehm. (309) Dann an den letzten Tagen nahmen wir [.] unseren Bus, der uns zugestanden hat. (310) Naja, für diesen Mann war es auch nicht schlecht. (311) Der ist auch nicht den ganzen Tag ein Faulenzer geblieben, ihm war Benzin zugeteilt worden. (312) Er mußte, wann auch immer, es verbrauchen. (313) Er ist gegangen und hat gefunden, [am] Flughafen oder was auch immer, wen auch immer hat er gefunden, er hat Gewinn gemacht, neben uns. (314) Wieviel Tage sind wir dort geblieben, wir sind dort etwa 15 bis 20 Tage geblieben [.] wir sind dort mehr als 2 Wochen geblieben, oder was. (315) Nun ja, er kam und hat uns bis zum Kiewer Bahnhof gebracht. (316) Auf dem Rückweg [wrtl.: nach hinten] hat sich auch kein einziger Vorfall ereignet. (317) Na, wo sollte sich auch einer ereignen. (318) Wir haben sie ohne Geld nach Hause gebracht. (319) Aber wir treffen uns heute noch und sie erinnern sich noch. (320) Es gibt auch Fotos, ich kann sie aus dem Album holen und [dir] diese Bilder zeigen. (321) Es waren sehr tatkräftige Mädchen und Jungen, und sie erinnern sich heute noch. (322) Wir sind auf dem Roten Platz herausgekommen [auf den Fotos]. (323) Wir sind auf jede Weise, dort in Richtung Spaski-Turm, Kreml, Mausoleum, dann zum GUM, in Richtung Vasilij Vlašenov und in der Umgebung des Minin und Poscharskij-Denkmals sind wir [auf den Fotos] herausgekommen. (324) Naja, alles kann man doch nicht fotografieren. (325) Dort war es teuer, es hat sehr viel gekostet. (326) So war unsere Reise in nur so kurzer Zeit in Moskau.

Text 3: Gespräch zwischen Mutter und Tochter

M: (1) o küčüü da (2) sadem yešillik (3) o da yemir hič bi šey
T: (4) o mari mï
M: (5) ya kesärdik öle bir kadïm dilimǰii ona (6) te öle därdim (7) bu X'nïn kadïm dilimi (8) zorlan yärdi ama yärdi ani bitsin onun dilimǰii (9) šindi kadïm dilimi te verdi tätää kadïm dilimni
T: (10) X.'nïn uša.. ušaǰaǰïï kïzǰaazï uže ekmek yiyärdi bir dilimǰik (11) šindi istemir yemee (12) šindi yisin tätä (13) dadu yisin (14) o yiyǰek yešillik (15) X'.lan našey layettin mamu (16) bän zvont ettim
M: (17) X. bana zvont etmedi
T (18) dedi zvont ed^{e}ǰek (19) dedi absatni zvont ed^{e}ǰem mamuya
M (20) ne beki biraz taa sora beki var srojno iši
T (21) sam okaa laf ettim (22) deim X. gittin mi (23) a deim gittin mi X.ya (24) dir dün gittim (25) deim naš yapïr darsïmïš mï (26) dir pek (27) öle dir darsïmïš ani ... (28) a šindi baker olǰak iki afta bakïǰaklar niǰä (29) er islāsa beki duraǰak [..] islā bir eh islā kolverǰeklär her varsa taa neste beki taa duraǰak
M: (30) bän onu točno bilerim (31) ani alïštïrseydï ona rengin yapmadïlar Kišinyovda o točno (32) burdan gitti rezultatlar nesoy gine rengin yapaǰaklar ona Kišinyovda ey (33) ne iš ičin (34) našey burda Čadïr fit ee nol kopeka mï (35) onu srazu salt koydular o pracaduraya (36) da šindi ačan tamanlanǰak onda iki afta ozaman koyǰaklar (37) X. dir ozaman laam koysunnar rengin da baksïnnar (38) alïštïrsa dir vsyo alïštïrmadïysa dir duraǰak taa bir kač gün (39) niǰä alïštïrsa (40) varsa onda taa lāzïm durmaa (41) öle biraz (42) der bizä glavniy atlarsa te öbür aftaya bir gün iki vsyo (43) biz atlarïz gēriyä bi taa
T: (44) braaǰan taa oručtan sora mï
M: (45) našey yapïǰan orda o da o an gene seč^{e}ǰek yeri kendi
T (46) ee oruč da nezaman bit^{e}ǰek ee

M: (1) Und die Kleine da. (2) Nur Grünzeug. (3) Sie ißt auch kein bißchen.
T: (4) Dieses Mädchen?
M: (5) Ja, wir haben ihr so ein dünnes Scheibchen abgeschnitten. (6) Ich habe so gesagt: (7) Dies ist X.'s dünnes Scheibchen. (8) Mit Mühe hat sie es gegessen, aber sie hat es gegessen, damit ihr Scheibchen alle wird. (9) Jetzt hat sie das dünne Scheibchen dem Opa gegeben, das Scheibchen.
T: (10) X.'s Kindchen, sein kleines Mädchen hat schon Brot gegessen, ein Scheibchen. (11) Jetzt möchte sie nicht essen. (12) Jetzt soll es der Opa essen. (13) Der Opa soll es essen. (14) Sie möchte Grünzeug essen. (15) Was hast du mit X. gesprochen, Mama? (16) Ich habe sie angerufen.
M (17) X. hat mich nicht angerufen.
T: (18) Sie hat gesagt, sie will anrufen. (19) Sie hat gesagt: Ich werde auf jeden Fall bei Mutter anrufen.
M: (20) Was, vielleicht etwas später, vielleicht hat sie eine dringende Angelegenheit [zu erledigen].
T: (21) Ich habe nur soviel gesprochen. (22) Ich sage: X., bist du gegangen? (23) Ich sage: Bist du zu X. gegangen? (24) Sie sagt: Gestern bin ich gegangen. (25) Ich sage: Wie geht es ihr, ist sie deprimiert? (26) Sie sagt: Sehr. (27) Sie ist so deprimiert, daß - (28) Aber jetzt sieht sie, es wird zwei Wochen werden und sie werden nachsehen wie [es ist]. (29) Wenn es gut ist, bleibt sie vielleicht noch - gut, hm [wenn] es gut ist, dann lassen sie sie raus, wenn es noch etwas gibt, muß sie vielleicht noch bleiben.
M: (30) Ich weiß das genau. (31) Wenn er gesund geworden wäre, hätten sie ihn in Kišinev nicht geröntgt, das ist sicher. (32) Von hier sind die Resultate gegangen, was wollen sie ihn noch einmal röntgen in Kišinev hm? (33) Für was. (34) Was, ist es hier - in Čadïr - umsonst? (35) Sie haben ihn auf einmal einfach so dieser Prozedur unterzogen. (36) Und wenn jetzt bei ihm zwei Wochen voll sind, dann unterziehen sie [ihn noch einmal] (37) X. sagt, [daß] sie ihn noch einmal röntgen und nachsehen müssen. (38) Wenn er gesund geworden ist, sagt sie, war's das, wenn er nicht gesund geworden ist, sagt sie, muß er noch ein paar Tage länger bleiben. (39) Wenn er gesund geworden ist. (40) Wenn es bei ihm noch etwas gibt, ist es nötig, zu bleiben. (41) So ist es in etwa. (42) Sie sagt uns, wenn der Haupt[-arzt] es auf die nächste Woche verschiebt, [noch] ein oder zwei Tage, und das war's. (43) Wir verschieben es [d. i. die Taufe] noch einmal nach hinten.
T: (44) Willst du sie bis nach dem Fasten lassen?
M: (45) Was willst du da machen, sie muß doch wieder selber den Platz aussuchen.
T: (46) Na, wann ist denn das Fasten vorbei?

M (47) oruč mu nezaman bitär
T (48) onüčündä ačïler iki afta yirmiyedisinde mi kačï
M (49) onüčündä ačïler diil
T (50) kapaner
M (51) onüčundä oruč tutuler augustun onüčündä tutuler yirmisekizindä da ačiler (52) soram panaya günü sïra olmer (53) karšï da hič ne ičin deyni karšï oruč a sorada oruč ačïler
T: (54) oruč ačïler
M: (55) sora bir taa te hesapla o düšer bi taa ertesi pazar (56) laam bakmaa kalindara treti o sentabrii o vtoro mu
T: (57) sentrabriye kalïr
M: (58) hesaplasana yirmisekizinde pazar [.] augustun (59) öbür pazaradan taa var bir kač var nijä hesaplersïn kačï düšer
T: (60) ušak ačan elli günnük
M: (61) olsun altmïš o te (62) nijä zaslušt ettilär öle oler her bir iš (63) naapiim bän yok našey yapayïm
T: (64) yok našey yapmaa
M: (65) üč kerä sïra yok nijä yapiim (66) bu sïjakta bän - (67) o gelinjä benim tersim döndü (68) altmïs yetmiš borkan zakatka kapamaa onsuz hem ušaklan hem de iki adama yemää hem de pastil yikamaa paklamaa postayanni bän (69) daže laf da olmasïn o iš ičin
T: (70) ozaman her X. gelärsaydï bu aftanïn bitkisinä gelärsa öbür hafta yaper^{i}s
M: (71) yok absatni
T: (72) ee kär gelärsa pazertesi genä var nijä yetištirmää
M (73) aman T. brak
T: (74) nečin ma (75) X. bän beki X. yïkadï haladïnï avšama geleǰek
M: (76) bilirim bän bilirim bän ama našey o yardïm etmää ilkin te onu laam bulmaa hem naanda o nerdä durer
T: (77) dooru (78) pek čok iš
M: (79) bän te šindi aldïm diil bir ruba ama üč ruba aldïm iki de fartuk kendimä da gittim yardïma (80) yï onu benim önümä da bän yapïjam oturduu yerimde dünyanïn išini

M (47) [Fragst du etwa] wann das Fasten vorbei ist?
T: (48) Es wir am 13. eröffnet, zwei Wochen, am 27. oder am wievielten?
M: (49) Es wird nicht am 13. geöffnet.
T: (50) Es wird geschlossen.
M: (51) Am 13. wird gefastet, am 13. August wird gefastet und am 28. wird es geöffnet. (52) Dann, an Mariae Himmelfahrt kann man kein Fest feiern. (53) Unmittelbar davor auch überhaupt nicht, weil unmittelbar davor Fastenzeit ist und danach wird das Fasten beendet.
T: (54) Das Fasten wird beendet.
M: (55) Dann rechne doch noch mal, es fällt [auf] den übernächsten Sonntag. (56) Man muß in den Kalender gucken, ist es der 3. oder der 2. September?
T: (57) Es bleibt bis zum September.
M: (58) Rechne doch, am 28. August ist Sonntag. (59) Bis zum nächsten Sonntag gibt es noch ein paar, du kannst ausrechnen auf den wievielten es fällt.
T: (60) Dann ist das Kind 50 Tage alt.
M: (61) Von mir aus soll es 60 sein. (62) Genau so, wie sie es verdient haben, wird alles werden. (63) Was soll ich machen, ich kann nichts machen.
T: (64) Man kann nichts machen.
M: (65) Ich kann nicht dreimal [hintereinander] ein Fest machen. (66) Bei dieser Hitze ich -- (67) Bis sie kommt, mir ist schon ganz schwindlig. (68) 60, 70 Gläser Eingemachtes verschließen, ohne sie und mit dem Kind und dann Essen für zwei Männer und die Bettwäsche waschen, sauber machen ununterbrochen, ich - (69) Reden wir nicht mal mehr über diese Angelegenheit.
T: (70) Dann, falls X. am Ende der Woche kommt, machen wir es nächste Woche.
M: (71) Nein, auf keinen Fall.
T: (72) Na, wenn sie tatsächlich kommt, am Montag, kann man es immer noch schaffen.
M: (73) Ach, X., laß doch.
T: (74) Warum, Mama? (75) X. und ich, vielleicht X., sie hat ihren Kittel gewaschen, sie kommt gegen Abend.
M: (76) Ich weiß, ich weiß, aber wie das [mit dem] Helfen ist, erst einmal muß man das finden und wo es ist.
T: (77) Stimmt. (78) Es ist sehr viel Arbeit.
M: (79) Ich habe gerade nicht ein Kleid, sondern drei Kleider gekauft und zwei Schürzen für mich und bin zum Helfen gegangen. (80) Schütt sie vor mir auf und ich mache an dem Platz, an dem ich sitze, einen ganzen Berg von Arbeit [wrtl. die Arbeit der Welt].

T: (81) sam deištirme hem dä -
M: (82) deištirme ee deištirin (83) bän deištirdim bän beni bu sabaa X. (84) yikim bulašïklarï da dem kastyorkalarï koyïm gündä kurer (85) kapadeyïm kapadeyïm onlarï (86) bän uzandïynan aldï altïmdan škemneǰii bän bašašaa düštüm
T: (87) X.
M: (88) almïš škemneǰii
T (89) küčük ušak ani iki yašïnda yok taa
M: (90) ne yandan tutunïyïm kazan dolu bu tarafta da bulašïk
T: (91) babunun altïndan čekmiš skemnii
M: (92) neste bu sïra bu tarafta da bulašïk suyu kastyorkala ikinsinnen birden devrildim gēri dooru (93) gittim deištim bütünä yaš suǰaaz
T (94) bulašïk suyu
M: (95) yikardïm taman dem bitiriim bendä olïr yikamak pek čok (96) her sabah her avšam (97) dem ey kimin yok iši alsïn adam bir inek ani az südü var (98) kaplarï hep öle bulaštïrïr (99) niǰä dä X. šindi saaer (100) iki kazana (101) ničin deyni buna saadï biraz korker sokmasïn ayaïnï o bak koymer burayï niǰä X. koyer [..] da saaer öle (102) o koyer yerä
T: (103) taš yapaǰak
M: (104) našey düer öle ani šindi durer öle nïǰä pisi
T: (105) e düer ama
M: (106) düüdüü yumruktan šišmiš te burasï te öle
T: (107) inek uže büük onda öle büük kemiklär
M: (108) e o buler o neresini aǰïǰak (109) o kemia vurmer
T: (110) da šindi taner inek ani X. ona vurer da nestetmer oturer spokolno
M: (111) oturer spakolno (112) bu sabaa kalkardï taa yarïm altïya (113) da anǰak yetištirärdi tätän sïïra urmaa (114) on minutsuz yirmi minutsuz yedi gider sïïr (115) a šindi bu sabaa kalktï yarïm yediye

T: (81) Nur umziehen und auch -
M: (82) Umziehen naja, zieht euch um. (83) Ich habe mich umgezogen, ich, mich, X.
(84) Ich spüle das Geschirr und sage mir, ich stelle die Töpfe in die Sonne, und sie trocknen. (85) Ich schließe und schließe sie. (86) Als ich mich ausstrecke, um sie zu nehmen, nahm sie den Hocker unter mir weg und ich bin kopfüber hingefallen.
T: (87) X.
M: (88) Sie hat den Hocker genommen.
T: (89) Sie ist ein kleines Kind, das noch nicht mal 2 Jahre alt ist.
M: (90) Wo soll ich mich festhalten, der Kessel ist voll, auf dieser Seite steht das Geschirr.
T: (91) Sie hat den Schemel unter der Großmutter weggezogen.
M: (92) Dings, diese Reihe, auf dieser Seite steht das Spülwasser und die Töpfe, mit beiden zusammen bin ich auf einmal nach hinten umgekippt. (93) Ich bin gegangen und habe mich umgezogen, alles war naß, [voll] Wasser.
T: (94) Spülwasser.
M: (95) Ich habe gespült, gerade als ich mir sagte, ich will das mal fertig machen, ich habe [immer] viel zu spülen. (96) Jeden Morgen und jeden Abend. (97) Ich sage: Jemand, der keine Arbeit hat, soll sich eine Kuh kaufen, die wenig Milch gibt. (98) Sie macht genauso viel Geschirr schmutzig. (99) Wie X. jetzt melkt. (100) In zwei Eimer. (101) Weil er, wenn er in den etwas gemolken hat, fürchtet, daß sie ihren Huf reinsteckt, schau, stellt er es nicht so hierhin, wie X. es hinstellt. (102) Er stellt ihn auf den Boden.
T: (103) Das wird was sein [wrtl.: Er wird einen Stein machen].
M: (104) Wie er sie schlägt, so daß sie jetzt ruhig dasteht, wie ein Kätzchen.
T: (105) Naja er schlägt sie aber.
M: (106) Von den Faustschlägen ist sein hier [zeigt auf den Handrücken] so geschwollen.
T: (107) Die Kuh ist schon groß, sie hat so große Knochen.
M: (108) Na er findet schon, wo es ihr wehtut. (109) Er schlägt nicht auf den Knochen.
T: (110) Und jetzt weiß die Kuh, daß X. sie schlägt und sie macht kein Dings, sie steht [wrtl.] sitzt still.
M: (111) Sie steht [wrtl. sitzt] still. (112) Heute morgen ist er erst um halb acht aufgestanden. (113) Und dein Vater hat es gerade so geschafft [die Kuh] zur Herde zu bringen. (114) Um zehn vor, zwanzig vor sieben geht die Herde los. (115) Aber jetzt, heute morgen ist er um halb acht aufgestanden.

(116) deim X. kaldï on minut inek čiksïn tokattan (117) čïktï srazu yïkadï suradïnï da kazannarï hazïrladïydïm (118) vsyo ras dva da gata
T: (119) sabaalen nikaa bir altï yedi kilo süt čïkiy mï
M: (120) sabaalen mï (121) altï da olmïr
T: (122) a avšamlen?
M: (123) avšam čïkmïštï hayli ama ačan soluk pek süt yok nijä yapmaa bišey (124) istärdim biraz peynir yapmaa (T: (125) nekaa hayli) (126) beki gelejek bir insan
T: (127) avšam nikaa hayli
M: (128) avšam var bir sekiz kilo
T: (129) ee onbeš kilo süt verir onbeš onaltï (130) onbeš
M: (131) ama soluk süt (132) dün yaptïm ... bän yapardïm benim ee on kilo on kiloluk kastyorkamï bir ee büük farfiri
T: (133) peynir
M: (134) peynir čïkardïm (135) šindi bir küčük farfiri isteyim yapmaa birazjïk bulunsun biraz (136) šindi te büün gene yaptïm
T: (137) čok survatka čïkïer?
M: (138) hepsi počti survatka
T: (139) survatkayı kalanï kimä verirsin e
M: (140) ee potmar ičer
T: (141) ičer
M: (142) ičer baška bir šey yemir ama yer potmar šindi survatka hem alma (143) veririm az yanïnda biraz
T: (144) dietada
M: (145) dietada (146) biraz durgun sen da
T: (147) off neste ma deysin potmar ee onu nevakïdda brakersïn sän onu?
M: (148) brakmeriz hič
T: (149) yok vakït
M: (150) dedilär getirejeklär pliava (151) yaadï yaamur (152) tätän avšam gitti (153) demišlär ani alatlama alïjïs sana fit ufaanï (154) varmïš te burda bir polye
T: (155) näyan bizim kāzlar otler
M: (156) arpiylan ekin karïšïk (157) da demiš ani alïjam altïnï sana (158) da te o da avšam (159) büün da yaamur yaadï sabaalen gid^{e}jiydi deim ničin getirjen sän ne mi (160) šindi taa getirsin onu da her yerlär olajek kïlčik

(116) Ich sage: X., steh auf, in zehn Minuten muß die Kuh zum Tor hinaus. (117) Er ist sofort rausgegangen, hat sein Gesicht gewaschen, die Eimer habe ich vorbereitet. (118) Das war's, eins, zwei und fertig.
T: (119) Wieviel [gibt sie] morgens, kommen sechs, sieben Kilo Milch heraus?
M: (120) Morgens? (121) Es sind nicht mal sechs.
T: (122) Und abends?
M: (123) Abends kam viel heraus, aber da die Milch sehr dünn ist, kann man nichts [damit] machen. (124) Ich wollte etwas Käse machen. (T: (125) Wieviel?) (126) Vielleicht kommt jemand.
T: (127) Wieviel [gibt die Kuh] abends?
M: (128) Abends gibt es schon mal acht Kilo.
T: (129) Naja, sie gibt 15 Kilo Milch, fünfzehn, sechzehn. (130) Fünfzehn.
M: (131) Aber dünne Milch. (132) Gestern habe ich in meinem 10-Kilo Topf einen großen Teller gemacht.
T: (133) Käse.
M: (134) Ich habe Käse gemacht. (135) Jetzt möchte ich einen kleinen Teller Käse machen, es soll ein bißchen da sein. (136) Heute habe ich auch wieder [Käse] gemacht.
T: (137) Kommt viel Molke heraus?
M: (138) Fast alles ist Molke.
T: (139) Wem gibst du die Molke, die übrige?
M: (140) Nun, die trinkt das Ferkel.
T: (141) Es trinkt sie.
M: (142) Es trinkt [die Molke], etwas anderes frißt es nicht, sondern das Ferkel frißt jetzt Molke und Äpfel. (143) Die gebe ich ein bißchen dazu.
T: (144) Es ist auf Diät.
M: (145) Es ist auf Diät, es ist etwas träge, also du.
T: (146) Uff, Dings, Mama, du sagst das Ferkel. (147) Wann läßt du es hinaus?
M: (148) Wir lassen es überhaupt nicht hinaus.
T: (149) Keine Zeit.
M: (150) Sie sagten, sie bringen Spreu. (151) Es regnete. (152) Dein Vater ist abends hingegangen. (153) Sie haben gesagt: Beeile dich nicht wir nehmen für dich nur die Kleinen. (154) Es gibt hier ein Feld.
T: (155) Wo unsere Gänse weiden.
M: (156) Gerste und Getreide gemischt. (157) Und er sagte: Ich nehme den unteren Teil ganz bestimmt für dich. (158) Und das war auch abends. (159) Heute hat es auch geregnet, am Morgen wollte er gehen, ich sage warum bringst du es denn? (160) Jetzt soll er noch mehr bringen und alles wird voller Spelzen sein.

T: (161) hem de bakmïššïn lüzgarlï hava (162) uže -
M: (163) derim šindi avšam üstü gitsin avšam üstü uže kurudu derim srazu da tašïyaǰaz olaǰak X. evde čïraǰïk suvatu X. (164) X. gelǰek
T: (165) ozaman domuz da kaler neste (166) o da kaler öbür aftaya ama našey onu bir günde
M: (167) öle pek kolay lay etmää ama yapmaa zor
T: (168) geleǰiz biz hepsimiz
M: (169) annersïn mï bir laf annersïn mï
A: anlerim
M: (170) annersïn (171) laf etmää te kolay lay ettim šindi bilirsin nekaa (172) iki ayïn išini üč dašï lay ettim a onu yapmaa laam bir yïl o iši
T: (173) lay etmää hïzlï
M: (174) lay etmää pek kolay a yapmaa zor (175) te öle te (176) kesmää bän onu bu sïra da istemärdim nečin bütün kïša sora katïk lāzïm (177) biz olerïz altï ǰan (178) bu ušak ki bän okaa lokma yemirem nekaa yiyer bu [.] X. (179) bana der mjaska ver (180) derim mjaska diil gagauzča derim diil gagauz[ča] (T: (181) lokma) (182) bän dir bilirim rusča da (183) bilirim dir sän korkma (184) bože moy der ne yapïǰez bu matroniylan der yapmïš piš truskalarïna (185) biz bak ačan o hastalandï da X gideǰeydi bolnicaya (186) dem aman marii našey yapǰez mari X. našey yapǰez bu ušaklan bespereriv aler boazï šištiydi (187) ee našey derim yapïǰiz (188) of mamu der hič bilmerim (189) da šindi te o der bože moy našey yapïǰez bu matronilan piš yapmïš der
T: (190) našey babu söler o ušak da pavtared eder o laflarï ārdïna söler
M: (191) ārdïna (192) bir kač gündän sora (193) tätän doldurer šindi o su yok fantalda da yok o neste [.] davleniya yok da yok niǰä yikanmaa titanayï ïsïtmaa (194) ïsïdïrïs sadem güneš ïsïder o bakï (195) da doldurir tätän šlanklan (196) da lay eder tankilän rusča lay erderlär (197) almïš bir sopa da dürter (198) tätä sän rusča da mï bilirsin

T: (161) Und dann ist das Wetter auch windig. (162) Schon -
M: (163) Ich sage, er soll jetzt gegen abend gehen, gegen abend ist es schon getrocknet, ich sage, wir sollen es auch sofort wegtragen, X. wird zu Hause sein, er wird den Schwiegervater X. rufen. (164) X. wird kommen.
T: (165) Dann bleibt das Schwein auch Dings. (166) Es bleibt bis zur nächsten Woche, aber wie das an einem Tag -
M: (167) So kann man leicht reden, aber es zu machen ist schwer.
T: (168) Wir werden alle kommen.
M: (169) Verstehst du, verstehst Du ein Wort?
A: Ich verstehe.
M: (170) Du verstehst. (171) Reden, da habe ich jetzt leicht gesprochen, aber weißt du, wieviel das ist? (172) Die Arbeit von zwei Monaten habe ich mit drei Worten gesagt, aber um diese Arbeit zu machen, braucht es ein Jahr.
T: (173) Sprechen geht schnell.
M: (174) Sprechen ist sehr leicht, aber das zu machen ist schwer. (175) So ist es. (176) Ich wollte es bei diesem Fest nicht schlachten, denn wir brauchen später für den ganzen Winter Nahrung. (177) Wir sind dann sechs Personen. (178) Und dieses Kind, ich esse nicht soviel Fleisch wie sie [.] X. (179) Sie sagt zu mir: Gib mir Fleisch. (180) Ich sage: *Mjaska* ist nicht gagausisch, ich sage: es ist nicht gagausisch. (T: (181) [Es heißt] *lokma*.) (182) Ich, sagt sie, kann auch Russisch. (183) Ich kann es auch, sagt sie, hab keine Angst. (184) Mein Gott, sagt sie, was machen wir mit dieser Puppe, sagt sie, sie hat Pipi in ihre Unterhosen gemacht. (185) Wir, schau, als sie krank geworden ist und X. mußte ins Krankenhaus (186) Ich sage: Oje *Mari*, was machen wir, *Mari* X, was machen wir mit diesem Kind, sie weint ununterbrochen, ihr Hals war geschwollen. (187) Ey, was, sage ich, sollen wir machen. (188) Uff, Mama, sagt sie, ich weiß es gar nicht. (189) Und nun sagt sie: Mein Gott, was machen wir mit dieser Puppe, sie hat Pipi gemacht, sagt sie.
T: (190) Was die Großmutter sagt, wiederholt dieses Kind, diese Worte sagt sie hinterher.
M: (191) Hinterher. (192) [Aber auch] ein paar Tage später. (193) Dein Vater füllt jetzt das, es gibt kein Wasser im Brunnen und es gibt kein Dings [.] keinen Druck und man kann sich nicht waschen, den Boiler aufheizen. (194) Wir machen es warm, nur die Sonne heizt es auf. (195) Diesen Behälter füllt dein Vater mit dem Schlauch. (195) Und er spricht mit dem Fahrer des Tankwagens. (196) Sie sprechen russisch. (197) Sie hat einen Stock genommen und stößt ihn an: (198) Opa, kannst Du auch Russisch?

T: (199) a X. lay eder benim kïzïmnan rusča (200) tätä sän rusča da mï bilirsin (201) sentabrenin pervosïnda olaǰak iki yašïnda ama lay eder pek islää (202) hespi de sorer
M: (203) o yalanǰï da kïrïler da uže šindi
T: (204) kïrïler (205) o neredä ma (206) uyuyer mï
M: (207) barda barda
T: (208) ee gelsin o burayï ama o šindi lay etmiǰek o šindi sendän
M: (209) a o yabanǰï varkan lay etmer hič
T: (210) sora sïnašer
M: (211) derim ee sän üzlemedin mi mamunu (212) der yok ačan gittik Čadïra almaa X. hem X. (213) yok taa geleǰek vermerlär X.'yï yok para
T: (214) gelmer nečin vermerlär X.'yï
M: (215) yok para almaa X.'yï (216) osa bilsä ani taa ïrakta mamusu (217) darsïmïš (218) darsïmaa bizdä taa darsïdïk (219) hepsi kaldï išlär gēri
T: (220) svatya baška gelmedi mi
M: (221) niǰä bir keret geldi ačan -
T: (222) Čadïrdan bolnicadan
M: (223) X. sabaalen gitti altïda Čadïra (224) da burda indi astanovkada X. da pindi X. (225) ozaman svatya demišmiš git sän bulušïǰan a X. gečeǰek Tomaidan mi osa geleǰek svatyalara mï (226) alle geldi avšamdan da šindi gideǰeklär (227) da o gelmiš bulušmaa ama geč geldi (228) eh derim te ušaklan salvermesinner onu eve da sora Kišinyova (229) ani hič yok olaǰaï bu iš
T: (230) bän šindi düšünerim našey yapïyïm (231) her ǰumāyasa [.] ha beki X.'lan büün lay ed^{e}ǰez ili da beki zvont ed^{e}ǰek neste o vračka [.] bu avšam (232) a büün gidärsa X.'ya avšama X. zvont edeǰek (233) bän lāzïm -
M: (234) o lay edeǰek savediščulan o baška yok našey lay etsin (235) X.'lan o dün da lay etmiš (236) ušak islā spakolno hepsi islā (237) darsïdï X. pek (238) o kadar (239) baška -
T: (240) ozaman neste her zvont edersä X. zvont edersä X.'ya (241) sölersä ani islā hepsiǰi (242) lay etti vrač islā da ǰumāya var vakïd gelsin bän varïnǰa ǰumāya gidiim
M: (243) ee sän pek geč atersin
T: (244) mamu bän iki gün neste istemiim kalmaa Kišinovda

T: (199) Aber X. spricht mit meiner Tochter russisch. (200) Opa, kannst Du auch russisch? (201) Am ersten September wird sie zwei Jahre alt, aber sie kann sehr gut sprechen. (202) Sie fragt auch alles.
M: (203) Sie ist auch eine Lügnerin und sie ziert sich jetzt auch schon.
T: (204) Sie ziert sich. (205) Wo ist sie, Mama? (206) Schläft sie?
M: (207) Sie ist in der "Bar", in der "Bar".
T: (208) Na, sie soll mal hierher kommen, aber sie wird jetzt nicht reden, sie wird sich jetzt vor dir -
M: (209) Wenn Fremde da sind, spricht sie überhaupt nicht.
T: (210) Später gewöhnt sie sich.
M: (211) Ich sage: Ey, vermißt du deine Mutter jetzt nicht? (212) Sie sagt, nein, als wir nach Čadïr gefahren sind, um X. und X. zu nehmen. (213) Nein, er kommt noch, sie geben X. nicht, denn es gibt kein Geld.
T: (214) Er kommt nicht, weil sie X. nicht geben.
M: (215) Es gibt kein Geld, um X. zu holen. (216) Wenn sie wüßte, daß ihre Mutter noch weiter weg ist. (217) Sie ist deprimiert, aber wir sind noch deprimierter. (218) Alle Arbeiten sind liegen geblieben.
T: (219) Ist die Schwiegermutter nicht noch mal gekommen?
M: (220) Wie, sie ist einmal gekommen als -
T: (221) Aus Čadïr, aus dem Krankenhaus.
M: (222) [Als] X. morgens um sechs nach Čadïr gefahren ist. (224) Und hier an der Haltestelle ist X. eingestiegen und X. ist ausgestiegen. (225) Da soll die Schwiegermutter gesagt haben: Geh du, wenn du dich treffen willst, und wird X. über Tomai [nach Kišinev] fahren oder kommt sie zu den Schwiegereltern? (226) Sie ist offenbar abends gekommen, und sie gehen jetzt. (227) Und sie ist gekommen, um sie zu treffen, aber sie ist spät gekommen. (228) Na, sage ich, sie sollen sie nicht mit dem Kind nach Hause gehen lassen und später dann nach Kišinev. (229) Das ist eine ganz unmögliche Sache.
T: (230) Ich denke jetzt, was ich machen soll. (231) Wenn bis Freitag [.], aber vielleicht spreche ich heute mit X. oder vielleicht ruft auch diese Dings, Ärztin heute abend an. (232) Aber wenn sie heute zu X. geht, wird X. bis zum Abend anrufen. (233) Ich muß -
M: (234) Sie wird nur mit dem Leiter reden, sonst gibt es nichts zu reden. (235) Sie hat gestern mit X. gesprochen. (236) Dem Kind geht es gut, es ist ruhig, alles ist in Ordnung. (237) X. ist sehr deprimiert. (238) Das war's. (239) Sonst -
T: (240) Dann, Dings, wenn X. anruft, wenn sie X. anruft. (241) Wenn sie sagt, daß alles in Ordnung ist. (242) Wenn der Arzt gesagt hat, es ist in Ordnung und sie bis Freitag kommen kann, kann ich bis Freitag gehen.
M: (243) Naja, du schiebst es ganz schön raus.
T: (244) Mama, ich will nicht zwei Tage Dings in Kišinev bleiben.

M: (245) bir gündä bir taš yapmiǰan
T: (246) gideǰem sabaalen da geleǰem ikinǰi avtobuslan (247) ani var var bir ordan neste [.] beštä čïker (248) Kišinyovdan čiker beštä
M: (249) sän bak yavru sän yapmïyaǰan bišey hep okaa laam -
T: (250) bän bakaǰam bän varïnǰa bizim X.'lan da gidiim
M: (251) gitsin tätän seninle (252) o pek istir gitmää
T: (253) istir pek gelmää Kišinyova (254) gidelim
M: (255) o bilir her yersini (256) bütün Kišinyovu bilir niǰä [.] makar ki eskidän ama
T: (257) her okaar pek istärsadï gelmää gelsin (258) pek istärsadï gelmää (259) o pek istärsa Kišinova gitmää o hep kalïǰek
M: (260) o onu pek istär o lubovreme gidǰek diil šindi bu sïkï vakïtta
T: (261) ikimizä gitmää otuza yok
M: (262) niye X. ee X.'ylan deyim X.'lan niǰä
T: (263) ee X. yolunu kendi ödeǰek sän onun yolunu ödämiǰen
M: (264) sizin X.'lan mï
T: (265) bizim X. bak ister etmää kendi išini (266) ister bolnicaya gitmää onun gözündä var (267) paklamïšlar ama gänä kalmïš (268) da o išä ister gitmää (269) ama X. gidärsa X. istemiǰek gitmää ǰumaa günü (270) gideǰek taa ileri ani - (271) ama diil belli varïnǰa gitsin bir keret da disin ani geleǰem -
M: (272) da
T: (273) hadi avšama taa bir kere lay ed^{e}ǰiz (274) her därsa ani diil belli hič bir šeyǰik varïnǰa dursun taa bir afta bän gid^{e}ǰem (275) ama var ee ačan diyǰeklär ančak dursun taa bir afta bendä hep vakït var gitmää (276) pazara varïnǰa neste keselim čorbalarï yapalïm pičenalarï (277) hep okaa nikadar
M: (278) sän ne günü kesersin čorba o günü pičena yapmayasïn
T: (279) ne sansïn yüzyirmi yumurtadan čorba
M: (280) ne kalsa
T: (281) altmiš [.] altmïš yetmiš
M: (282) yetišeǰek mi

M: (245) An einem Tag kannst du nichts machen.
T: (246) Ich werde morgens fahren und mit dem zweiten Bus zurückkommen. (247) Es gibt doch einen, der um fünf von dort wegfährt. (248) Er fährt um fünf von Kišinev los.
M: (249) Schau mal Kind, du wirst dort nichts machen, nur soviel ist nötig -
T: (250) Ich schaue mal, ich kann auch mit unserer X. gehen.
M: (251) Dein Vater soll mit dir fahren. (252) Er möchte sehr gerne fahren.
T: (253) Er möchte gerne nach Kišinev fahren. (255) Dann gehn wir.
M: (255) Er kennt jeden Platz. (256) Er kennt ganz Kišinev wie [.], obwohl von früher, aber -
T: (257) Wenn er so sehr kommen will, soll er kommen. (258) Wenn er sehr gern kommen will. (259) Wenn er sehr gern nach Kišinev fahren will, wird er erst recht bleiben.
M: (260) Er möchte das sehr gerne, er soll jederzeit gehen, nicht jetzt in dieser stressigen Zeit.
T: (261) Wir beide können nicht für dreißig [Lei] gehen.
M: (262) Warum X., na ich sage mit X., mit X. wie?
T: (263) Na X. bezahlt ihre Fahrt selber, du zahlst ihre Fahrt nicht.
M: (264) Mit eurer X.?
T: (265) Schau, unsere X. will ihre eigene Sache machen. (266) Sie will ins Krankenhaus gehen, sie hat etwas am Auge. (267) Sie haben es gesäubert, aber es ist doch etwas geblieben. (268) Und wegen dieser Sache will sie gehen. (269) Aber wenn X. geht, wird sie nicht am Freitag gehen wollen. (270) Sie wird früher gehen, daß - (271) Aber es ist nicht klar, sie kann auch einmal gehen und sagen: Ich komme -
M: (272) Ja
T: (273) Los, laß uns am Abend noch einmal sprechen. (274) Wenn sie sagen, daß noch nichts sicher ist, daß sie noch eine Woche bleiben kann, werde ich gehen. (275) Aber wenn sie sagen, sie soll nur noch eine Woche bleiben, habe ich immer noch genug Zeit, um zu gehen. (276) Bis Sonntag können wir Dings, die Nudeln schneiden und die Pfannkuchen machen. (277) Soviel wie -
M: (278) An demselben Tag, an dem du die Nudeln schneidest, kannst du nicht auch die Pfannkuchen machen.
T: (279) Wieso, als ob [wir] aus 120 Eiern Nudeln [machen würden].
M: (280) So viele, wie übrig bleiben.
T: (281) Sechzig, sechzig-siebzig.
M: (282) Wird das reichen?

Text 4: Die große Hungersnot

(1) bän gözlerini bilmärdim ani kara da bän sanardïm onnarï maavi (2) bän bakmadïm onun suradïna hič (3) ačan gečti bir parča vakït da bakerim onun neste gözleri kara derim pïï bän onnarï sanardïm māvi gözlü o (4) ee laf ettik orda biraz (5) geldik evä (6) bän evä o da evä (7) sora bir karï - (8) geldilär aldïlar da geldim (9) okaa lay ettik (10) salt pïnarda baška yerdä lay etmedim hič I: goda olmadï mï (11) olmadï goda yapmadïlar ozaman (12) ozaman da deildi pek [?] vakït öle prost vakïtlar ozaman (13) öle yapmardïlar (14) goda yapmadïlar (15) bän dä üüsüzdüm (16) kim bana burda yapaǰïydï ikinǰi mamu neste istiyǰeydi goda yapmaa mï bana (17) yapmadïlar goda (18) godasïz gečti (19) deildik ani te pek neste ama te öle ani vardï ikinǰilik te öle prosto istemedilär [.] yapmaa (20) burdan da demedilär öle yapmaa ordan da istemedilär öle oldu (21) ǰiiz bišey yapmadïlar (22) bir yorgan bir de neste verdilär [.] matras da hay git (23) iki dä yastïk (24) sizdä yapïrlar mï ǰiiz kïza (25) ama niǰä te niǰä šindi yapïrlar čok išlär öle mi yapïrlar (26) bizdä ileri yoktu öle (27) yapardïlar bizdä dä ama bän bilerim šindi taa čok šindi para verirlär para (28) X. ya git dä getir bana maazadan bir baš laana (29) var orda hem dä bir borkan borč (30) šindi našey söliim I: niǰä düün oldu kim geldi kimi čaïrdïnïz? (31) o vakït čaïrmardïlar öle (32) o vakït bakardïlar yakïn senselelerinä (33) kim ani taa yakïn (34) öle taa ïrak senseleyi čarmardïlar (35) öle bizim küčürek düün (36) düün olardï ičerdä (37) küčüčük ičerlerdä diil niǰä šindi eey büük palatkalarda barda čaynada bilmem neyanda (38) yoktu ozaman öle (39) bir küčüčük ičerǰik ee (40) bir dä hayatčiin varsa dolardï da okaa I: kimi čaïrdïlar (41) čarardïlar yakïn senseleleri (42) kim taa kardaš kïzkardaš onnarïn ušaklarïnï komšularï te öle (43) šindi čïïrïrlar da dost karïlarï nesteleri znakomnileri adamïn ašïrïdan (44) ozaman ašïrïdan varsada senseleyi čaïrdïlar (45) čok kere čaïrmadïlar onu da (46) hepsi čaïrmardïlar onu da

(1) Ich wußte nicht, daß seine Augen schwarz sind und ich dachte, daß sie blau sind. (2) Ich habe nie in sein Gesicht geschaut. (3) Als etwas Zeit vergangen war, da schaue ich: seine Dings, Augen sind schwarz, ich sage mir, pïï, ich habe gedacht, daß er blauäugig ist. (4) Na, wir haben dort ein bißchen gesprochen. (5) Wir sind nach Hause gegangen. (6) Ich nach Hause und er nach Hause. (7) Dann eine Frau - (8) Sie kamen und haben mich genommen und ich bin [hierher] gekommen. (9) [Nur] soviel haben wir gesprochen. (10) Nur an der Quelle, an einem anderen Ort habe ich nie gesprochen. I: Gab es keine Verlobung? (11) Es gab keine, sie haben keine Verlobung gemacht, damals. (12) Damals war nicht so eine ? Zeit, es war eine einfache Zeit damals. (13) So haben sie es nicht gemacht. (14) Sie haben keine Verlobung gemacht. (15) Ich war auch Waise. (16) Wer hätte für mich hier eine Verlobung machen sollen, hätte meine Stiefmutter Dings für mich eine Verlobung machen wollen? (17) Sie haben keine Verlobung gemacht. (18) Es ist ohne Verlobung vorübergegangen. (19) Wir waren nicht so dings, einfach, aber da es so war, daß es eine zweite gab [d.i. eine zweite Ehefrau des Vaters], wollten sie es eben einfach nicht [.] machen. (20) Von hier haben sie auch nicht gesagt, man solle so etwas machen, von dort wollten sie es auch nicht, da ist es so geworden. (21) Als Aussteuer haben sie nichts gemacht. (22) Eine Decke, ein Dings, eine Matratze haben sie gegeben und dann: los geh. (23) Und zwei Kopfkissen. (24) Macht man bei euch für das Mädchen eine Aussteuer? (25) Aber wie man es jetzt macht, viele Sachen, machen sie es so? (26) Bei uns war es früher nicht so. (27) Man hat es auch bei uns gemacht, aber ich weiß nicht, heute geben sie mehr Geld. (28) X. geh und hole aus dem Keller einen Kopf Kohl. (29) Dort ist einer und auch ein Glas Nudeln. (30) Was soll ich jetzt sagen? I: Wie war damals eine Hochzeit, wen hat man eingeladen? (31) Damals hat man nicht so eingeladen. (32) Damals hat man auf die enge Familie geachtet. (33) Die, die näher waren. (34) Man hat nicht so die weiter entfernte Familie eingeladen. (35) So [hatten] wir eine ziemlich kleine Hochzeit. (36) Die Hochzeit war im Zimmer. (37) In winzigen Zimmern, nicht wie jetzt, in großen Zelten, in der Bar oder im Teehaus, ich weiß nicht, wo [sonst noch]. (38) Damals gab es so etwas nicht. (39) Ein ganz kleines Zimmerchen. (40) Wenn du einen Flur hattest, wurde der voll und das war's. I: Wen hat man eingeladen? (41) Man hat die nahen Verwandten eingeladen. (42) Wen noch, Bruder, Schwester, deren Kinder, die Nachbarn, genau so. (43) Heute lädt man auch die befreundete Frauen und Dings, die Bekannten des Mannes aus der Fremde ein. (44) Damals hat man, auch wenn man in der Fremde Verwandte hatte, [diese] nicht eingeladen. (45) Meistens hat man diese auch nicht eingeladen. (46) Man hat nicht alle eingeladen.

(47) öle evlendik (48) son geldik kolxoza (49) kolxozda išledik I: steonozluunuza nereye gittiniz? (50) ilkin gittik selsovete (51) a nijä šindi gidirlär nesteyä (I: hangï yïlda steonozunuz) (52) biz kïrküčdä kïrküčün [.] biz tä evlendik yanuarda diil mi X.? (53) yanuarda mi evlendik yoksa fevrualda mï? (X.: dekabr) (54) dekabrda biz evlenmedik dekabrda oručtu (55) yanvar fevral ozaman (56) allem yanuarda evlendik ačan düün olduydu

I. annatmirsiniz mi onlara (56) kimä ušaklara mï (57) našey annadalïm nijä yašardïk mï (58) ii sölirim onnara da nijä biz āčlïkta gečirdik onnar inanmïrlar der onu [.] deil aslï (59) onnar bilmiyerlar [.] āčlïï (60) X. našey (61) bän papasïna söleim da papasï inanmer (62) i kär öle mi der (63) deim öle zär biz āčlïkta yoktu našey yemää dä gidärdik Čadïra yemelik almaa (64) tä verärdilär bir yemelik (65) gidärdik almaa da yolda varseydï güč tutar bir tene papšoy ili ekinjik te onu alardïk da atardïk aazïmïza [.] ani ölmemää deyni (66) kaldïk (67) zōr gečärdik āčlïkta may may ölärdik ama kaldïk (68) sora bir tarla ačan oldu bereket [.] gidärdik nesteyä kïra vardï bizdä bilmiim sizdä var mï öle iš (69) bizdä vardï (70) te bereket vardï ozaman deildi ani olmasïn bereket ama alardïlar hepsijiini (71) sendän ne ekin ne var hepsini alardïlar da insan āč öldü (72) vardï komsomollar (73) alardïlar sendän insan bulamardï neyana saklamaa tavanda bulardïlar (74) koyardïlar kuyularïn ičinä dä vardï onnarïn öle bastonnarï (75) saplardïlar bulardïlar nerdä kuyu var te onnan da alardïlar ekini (76) čïkarardïlar I: neyana götürärdilär (77) neyana götürdülärsädi ani Čadïra götürdülär bän bilmiim neyana götürdülär onnarï (78) insandan alardïlar (79) a sendä var yekin te orda baškasïnda yok ta haydi (80) onnar alardïlar (81) sän ödeyemedin nesteyini ne koyardïlar sana nalug (82) ödeyemärdin (83) ozaman yoktu neylen ödemää (84) nekaajïk vardï insan bakardï kendinä

(47) Wir haben so geheiratet. (48) Dann sind wir in die Kolchose gekommen. (49) Wir haben in der Kolchose gearbeitet. I: Wohin seit ihr zur Trauung gegangen? (50) Zuerst sind wir zum Dorfsowjet gegangen. (51) Wie man auch heute zum Dings geht. I: In welchem Jahr war eure Trauung? (52) Wir haben 43, des 43ten [.] wir haben doch im Januar geheiratet, nicht war X.? (53) Haben wir im Januar oder im Februar geheiratet? (X.: Im Dezember.) (54) Wir haben nicht im Dezember geheiratet. (55) Im Dezember war Fastenzeit. (56) Dann war es Januar [oder] Februar. (57) Wahrscheinlich haben wir im Januar geheiratet, als die Hochzeit stattfand. I: Erzählen sie ihnen das nicht? (56) Wem, den Kindern? (57) Was sollen wir erzählen, wie wir gelebt haben? (58) Gut, ich sage ihnen, wie wir die Hungersnot überstanden haben, sie glauben es nicht, er sagt dazu: Es ist nicht wahr. (59) Sie kennen sie nicht [.] die Hungersnot. (60) X. [sagt]: Was? (61) Ich sage es seinem Vater, und sein Vater glaubt es nicht. (62) Na, ist das wirklich so, sagt er. (63) Ich sage: Es war natürlich so. (64) Wir hatten während der Hungersnot nichts zu essen, und wir gingen nach Čadïr, um Essen zu holen. (65) Da haben sie Essen gegeben. (66) Wir sind hingegangen, um es zu holen, und wenn es auf dem Weg ein die Kraft erhaltendes Korn Mais oder Weizen gab, das haben wir genommen und in unseren Mund geworfen [.] um nicht zu sterben. (66) Wir sind [am Leben] geblieben. (67) Wir haben sie mit Mühe überstanden, während der Hungersnot sind wir beinahe gestorben, aber wir sind [am Leben] geblieben. (68) Dann, wenn ein Acker [reif] zur Ernte wurde, gingen wir aufs Dings Feld, es gab bei uns, ich weiß nicht, gibt es bei euch auch so etwas. (69) Bei uns gab es das. (70) Genau wenn die Ernte war, damals war es nicht so, daß es keine [gute] Ernte gab, aber sie haben alles weggenommen. (71) Sie haben von dir sowohl das Korn, als auch was es gab, alles genommen, und die Menschen sind vor Hunger gestorben. (72) Es gab Komsomolzen. (73) Sie haben es dir weggenommen, die Menschen haben keinen Ort zum Verstecken gefunden, sie haben es auf dem Dachboden gefunden. (74) Sie haben es in Gruben gelegt, aber sie hatten solche Stöcke. (75) Sie haben sie hineingesteckt und herausgefunden, wo es Gruben gibt, und daraus haben sie das Getreide genommen. (76) Sie haben es herausgeholt. I: Wo haben sie es hingebracht? (77) Wohin sie es auch gebracht haben, das, sie haben es nach Čadïr gebracht, ich weiß nicht, wohin sie es gebracht haben. (78) Sie haben es von den Leuten genommen. (79) Du hast Getreide, aber andere dort haben keins, und los. (80) Sie haben es genommen. (81) Du konntest dein Dings nicht bezahlen, was sie dir auferlegt haben an Steuern. (82) Du konntest nicht bezahlen. (83) Damals gab es nichts, womit man bezahlen konnte. (84) Wieviel es auch gab, die Menschen kümmerten sich um sich selbst.

(85) onnar gelärdi da braamadïlar bir de tenejik taman (86) sora insan kolxoza girdi hepsi zerä yok aldïlar insanïn nestelerini (87) kimdä beegir kalmadïydï ā̆člïkda insanda (88) mal (89) yoktu neylän išlemää ačan geldi kolxoz hepsi sevinärdi ani kolxoza girdik da išliyejeklär dä topraa da biz dä bakïnajez (90) gidärdik (91) kaldïydï kïrlar porluga nijä ottu te böle sora onnarï bičärdik (92) soram ektilär dä oldu ozamannar pek bereketli (93) ödärdilär kolxozda islā (94) doyurardïlar ödärdilär islā sora čekettik išlemää kolxozda taa kāvilendi kolxoz (95) ödärdilär para da truden koyardïlar ekin de verärdilär semička papšoy hepsindän (96) ilkin kolxoza ačan geldik ozaman ödärdilär pek islā (97) deil nijä šindi taa az verirlär (98) ama ozaman verärdilär semička da her - (99) šindi vermirlär semička sadem bir ekin verirlär hem papšoy (100) ozaman verärdilär här bir iš (101) semička da [.] baška iš da ne istärdilär hepsindän verärdilär (102) benim adamïm da oldu brigader insana bir brigada (103) nijä bir kolxozda vardï üč brigada (104) iki polïvoy bir dä baalar [.] vinogradniy (105) o oldu polïvodski brigader (106) ozaman taa bilmäzdik bišeyjik korkardïk (107) sora šindi kokmerlar presedatelden dä birindän dä (108) eeh hič kimsädän korkmerlär a ozaman korkardï insan (109) biz seslärdik brigader ne därdi (110) presedatelden korkardïk ani čekišmesin (111) ozaman nijä islā yerlerä islā istärdilär išlemää gezärdilär senin ārdïna sän islā iš yapmarsaydïn brakavat edärdilär I: Naš edärdilär (112) brakovat edärdilär ora išä (113) kabul etmärdilär (114) korkudardï ödemärdilär korkudardï da soram da islā yapardïk islā iš islā (115) biz kendimiz nijä evdä yaparsïn öle (116) baalarda da öle kazardïk kïrda da öle išlärdik (117) kïrlar pak hepsijii (118) šindän sora ot här yersi ot (119) ozaman paktï här yerlär bālarlar ičindä (120) ozaman bir dä ot yoktu

(85) Sie kamen und ließen nicht ein einziges Körnchen zurück. (86) Dann sind die Menschen alle in die Kolchose eingetreten, denn es gab nichts, sie haben den Menschen ihre Dinge weggenommen. (87) Bei keinem war ein Pferd übriggeblieben während der Hungersnot, bei den Menschen. (88) Vieh. (89) Es gab nichts, womit man arbeiten konnte, als die Kolchose kam, freuten sich alle, daß wir in die Kolchose eingetreten sind, und sie die Erde bearbeiten werden und wir werden uns auch um uns kümmern. (90) Wir sind gegangen. (91) Die Felder sind brach geblieben, es war wie Gras, genau so, dann haben wir sie gemäht. (92) Dann haben sie gesät, und die damaligen Zeiten waren sehr fruchtbar. (93) Sie haben in der Kolchose gut bezahlt. (94) Sie haben [uns] satt gemacht [und] haben gut gezahlt, dann haben wir angefangen in der Kolchose zu arbeiten, [und] die Kolchose ist noch stärker geworden. (95) Sie haben Geld bezahlt und Prämien festgesetzt und haben Getreide, Mais, Sonnenblumenkerne, von allem gegeben. (96) Zuerst, als wir in die Kolchose kamen, haben sie sehr gut bezahlt. (97) Nicht wie jetzt, sie geben weniger. (98) Damals haben sie auch Sonnenblumenkerne gegeben und alles - (99) Jetzt geben sie keine Sonnenblumenkerne, sie geben nur Getreide und Mais. (100) Damals haben sie alles gegeben. (101) Sonnenblumenkerne [.] und auch andere Sachen, was sie wollten, alles haben sie gegeben. (102) Mein Mann wurde auch Brigadier für die Menschen in einer Brigade. (103) Wie es in einer Kolchose drei Brigaden gab. (104) Zwei Feld- und eine Weingarten- [.] Weingarten[-brigade]. (105) Er wurde Feldwirtschaftsbrigadier. (106) Damals wußten wir noch nichts, wir fürchteten uns. (107) Dann, jetzt fürchten sie sich nicht, weder vor dem Vorsitzenden noch vor irgendjemandem. (108) Na, sie fürchten sich vor niemandem, aber damals fürchteten sich die Menschen. (109) Wir hörten auf das, was der Brigadier sagte. (110) Wir fürchteten uns vor dem Vorsitzenden, daß er schimpft. (111) Wie war es damals, für gute Plätze wollten sie, daß man gut arbeitet, sie sind hinter dir hergegangen, wenn du nicht gut gearbeitet hast, haben sie es beanstandet. I: Was haben sie gemacht? (112) Sie haben es dort beanstandet, für die Arbeit. (113) Sie haben es nicht akzeptiert. (114) Sie haben [uns] eingeschüchtert, sie haben nicht bezahlt, sie haben uns eingeschüchtert und danach haben wir es gut gemacht, gute Arbeit. (115) Wie wir selbst es zu Hause machen, so. (116) In den Weingärten haben wir so gegraben, auf den Feldern haben wir so gearbeitet. (117) Die Felder waren alle sauber. (118) Nunmehr ist alles Unkraut. (119) Damals war alles sauber in den Weingärten. (120) Damals gab es kein bißchen Unkraut.

Text 5: Gut und Böse

(1) bän karïstïrmïyǰam rus laflarï zerä yok niǰä onnarï karïštïrmaa (2) onnar deil benim lafïm (3) bän taa ii karïštïraǰam baška türkčädän (4) islā bän sana söleǰem te (5) sän dersin kantara deil lāzïm koymaa (6) ama anna iilik /.../ (7) yašamakta var iki soy /../ iš (8) iilik hem dä kötülük (9) ačan bana bakmïyorlar bän konušamïyorum (10) gözünü bana at (11) deil ani kantara (12) ačan iilik ičin derler (13) sän kantara koyma iiliin dä hem dä kötü išlerin (14) sän bak dene našey o iilik hen büük iilik insannara (15) söle burayï (16) hen büük iilik angïsïnï diyǰez allā verdi ha diil allā tengri verdi diil tengri box verdi kimseydi krišna mi (17) bak burayï (18) hen büük iilik bizä deyni (19) bän sana sölerim (20) hen büük iilik soluk ikinǰi iilik su öle mi (21) šindi aleriz soluyu ne yok yok (22) aleriz suyu (23) suyu nekadar bän var nasïl ičiim (24) birdän birä (25) suyu da ičerim diyeǰez bir šišä (26) bir šišä su ičerim birdän (27) šindi bän sana kötülük ta annaderïm našey var nasïl yaksïn beni ičimi bioložik (28) bän sana hepsini bunu biologičeski annaderim (29) bak burayï (30) birazčïk āzïǰïk koyerim o su ičinä biber da benim yaker bütünän güüdemi (31) söle burayï var mï nasïl kantara koymaa šindi bir šišä su hem dä bir šišä biber hardey ani yaker (32) var mï nasïl kanatara koymaa (33) yok nasïl zeräm hardey onun aarlïyï taha büük (34) kötülüün aarlïyï taha büük (35) te ne ičin (36) ačan Konstantin Iriǰik da sölemiš o bilmezmiš bunu ačan sölemiš ani [.] ki bu gagauzlar böle insannar (37) onnar okadaradak ahmak insan ani kesmiš dir kïčïndan da almïš koymuš da šašlïk yapmïš ondan da yimiš onun ičin para almïš (38) gagauzlar bu karakterdä (39) ha ničin o bir gözäl iš yazmamïš (40) ha ničin bir gagauz yardïm etmiš bir baška insana diyǰez oolu burda ǰenk edermiš (41) ničin o yardïm etmiš bir kārï gagauz kārïsï yardïm etmiš da bunun ičin suserlar (42) Iriǰikin yazïlï var a öbürü dalže hič almerlar onu örnek hesabïna (43) te onu bän hič annamïyorum (44) te onun ičin (45) ey anna ačan bän /.../(46) ister istemez bak kantar yašamak bizim yašamamïz kantarda bütünnä (47) bän seni sana deyinǰek ii insansïn bän senin hepsini iiliklerini hem dä kötü taraflarïnï bän koydum kantara

(1) Ich werde keine russischen Wörter einmischen, denn man kann sie nicht einmischen. (2) Sie sind nicht meine Wörter. (3) Ich mische lieber von anderen Türksprachen ein. (4) Gut, ich werde dir was sagen: (5) Du sagst, man soll [es] nicht auf die Waage legen. (6) Aber verstehe: das Gute - (7) Im Leben gibt es zwei Arten - [von] Sachen. (8) Das Gute und das Schlechte. (9) Wenn man mich nicht ansieht, kann ich nicht sprechen. (10) Schau mich an [wrtl. Richte deine Augen auf mich]! (11) Nicht, daß auf die Waage - (12) Wenn sie über das Gute sagen: (13) Leg deine guten Eigenschaften und deine schlechten Sachen nicht auf die Waage. (14) Schau [und] probiere, was diese gute Sache, die beste Sache für die Menschen ist. (15) Sag' mal. (16) Die beste Sache, die, sagen wir mal, Gott gegeben hat, nein, nicht Allah, die Tengri gegeben hat, nicht Tengri, sondern Bog hat sie gegeben, wer auch immer, Krischna oder [wer auch immer]. (17) Schau hierher. (18) Die beste Sache für uns. (19) Ich sage es dir. (20) Die beste Sache ist der Atem, die zweitbeste das Wasser, nicht war? (21) Jetzt nehmen wir den Atem, ne, nein, nein. (22) Wir nehmen das Wasser. (23) Wieviel Wasser kann ich trinken? (24) Auf einmal. (25) Wasser trinke ich, sagen wir mal, eine Flasche. (26) Eine Flasche Wasser trinke ich auf einmal. (27) Jetzt erkläre ich dir auch die schlechte Sache, was es ist, das mein Inneres verbrennen kann, biologisch. (28) Ich erkläre dir das alles biologisch. (29) Schau hierher. (30) Ein wenig, ganz wenig Pfeffer tue ich in dieses Wasser, und es verbrennt meinen ganzen Körper. (31) Sag mal, kann man jetzt eine Flasche Wasser und eine Flasche Pfeffer, Pfeffer, der brennt, auf die Waage legen? (32) Kann man [sie] auf die Waage legen? (33) Kann man nicht, denn der Pfeffer, dessen Schwere ist größer. (34) Die Schwere der schlechten Sache ist größer. (35) Und warum? (36) Als Constantin Jirecek [es] gesagt hat, wußte er dies nicht, als er gesagt hat, daß diese Gagausen solche Menschen sind. (37) Sie sind solche dummen Menschen, daß er, sagt er, von seinem Hintern [Fleisch] abgeschnitten hat und [es] genommen und gelegt und Schaschlik daraus gemacht hat und hat es gegessen und dafür Geld genommen. (38) Die Gagausen haben einen solchen Charakter. (39) Und warum hat er nicht etwas Schönes geschrieben? (40) Und warum, ein Gagause hat einem anderen Menschen geholfen, sagen wir mal sein Sohn hat hier Krieg geführt. (41) Warum hat sie geholfen, eine Frau, eine gagausische Frau hat geholfen, aber darüber schweigen sie. (42) Es gibt [dies] von Jirecek geschrieben, aber die anderen nehmen das nicht einmal als Beispiel. (43) Genau das verstehe ich überhaupt nicht. (44) Genau deshalb. (45) Nun, verstehe, wenn ich - (46) Ob man will oder nicht, schau, die Waage, das Leben, unser Leben ist ganz auf der Waage. (47) Ich habe dich, wenn ich zu dir sage, du bist ein guter Mensch, ich [habe] deine ganze Güte und auch deine schlechten Seiten auf die Waage gelegt.

(48) da senin iiliin bastï kötülüün (49) bän kötülüünü istermirem senin sölemää (50) o senin zararïn (51) annadïn mï (52) iiliin bana önemli zeräm bän sendän üürenirim (53) böle bir adam kimi bän görmesäm da üürenirim islā olmaa (54) nekaa kötülük var bän savašerïm onnarï unutmaa da iilik almaa (55) ačan bana Türkiyedä sordular (56) nasïl buldun Türkiyeyi (57) bän derim insannar pek gözäl (58) derim var kötü dä (59) bän derim anlayïn (60) kötü insan her yerdä var (61) bän geldim görmää ii insannarï (62) da bän gördüm [.] ani var onnardan čok (63) da bän pek rahatlandïm (64) soram nasïl yašïyoruz zengin mi (65) derim siz zengin yašïrsïnïz bizä baka (66) taa zengin yašïrsïnïz (67) ama o zenginnik her erdä bozmer insanï (68) adam kulturasï varsaydï da zenginseydi o zenginnik onu bozmer (69) ama te o angïsïnïn kulturasï yok ona birazǰïk para verilir birazǰïk āz buǰuk o oler nasïl demää ona yakïšmer bakmaa da yaklašmaa da (70) o oler hen kötü adam bu yašamakta (I: ama čok aristokrat zenginnär var Türkiyedä) (71) ama ne ne prost onnar yaperlar (72) söle burayï (73) bekim biršey prost yaperlar? (I: izvenite prosto zvoluč) (74) ah islā onnar islā ama (75) sän bana söle (76) bir /.../ nekadar Türkiyedä taa čok taa čok prost mu osa islā mï (I: bilmerim bana deildir interes) (77) bana taa interes bu bän psikoložiylän birazǰïk uurašïrïm (I: bän savašerïm görmää procesleri mekanismalarï) (78) anladïm anladïm (79) onun ičin bän sana bir örnek veririm te linguist yanïmïzda öle mi (80) yazïrsalar bu yazdïïn öle bir annatmaymïš annatmak kendindä edebiyatlïkta ii (81) a neylän sän bitirirsin yazmanïn ee mažorlan mï minorlan mï he (82) gözälliklän mi bitirirsin a osay kötülüklän mi (83) söle neylen biter senin bitkisi (I: bilmäm) (84) sän dersin mi kötü bitkidä (85) o tükürdü nokta bitti öle mi (86) osa sän bišey baška ii normal išlän bitirirsin (87) te onun ičin bän sana bir iš söleǰem (88) hič bir kere noktayï kötünün ardïnda koyma (89) bitir taa islā iiliklän (90) anna ačan tutarsïn kokaǰak (91) kötülük koker taha pek

(48) Und deine Güte hat deine Schlechtigkeit überwogen. (49) Ich möchte deine Schlechtigkeit nicht erwähnen. (50) Sie ist dein Schaden. (51) Hast du verstanden? (52) Für mich ist deine Güte wichtig, denn ich lerne von dir. (53) Solch ein Mann, den ich, wenn ich ihn nicht sehe, lerne ich doch, gut zu sein. (54) Wieviel Schlechtigkeit es auch gibt, ich versuche, sie zu vergessen und die Güte zu nehmen. (55) Als sie mich in der Türkei fragten: (56) Wie findest du die Türkei? (57) Ich sage: Die Menschen sind sehr gut. (58) Ich sage: Es gibt auch schlechte. (59) Ich sage: Versteht! (60) Schlechte Menschen gibt es überall. (61) Ich bin gekommen, um die guten Menschen zu sehen. (62) Und ich habe gesehen, [.] daß es von ihnen viele gibt. (63) Und ich bin sehr beruhigt worden. (64) Dann [fragten sie:] Wie leben wir, reich? (65) Ich sage: Ihr lebt reich, verglichen mit uns. (66) Ihr lebt reicher. (67) Aber dieser Reichtum zerstört nicht überall den Menschen. (68) Wenn ein Mensch Kultur hat, auch wenn er reich ist, zerstört ihn dieser Reichtum nicht. (69) Aber den, der keine Kultur hat, man gibt ihm ein kleines bißchen Geld, nur ein bißchen, [und] er wird, wie soll man sagen, es ziemt sich nicht, ihn anzusehen und sich ihm zu nähern. (70) Er wird der schlechteste Mensch in diesem Leben. I: Aber es gibt sehr viele aristokratische Reiche in der Türkei. (71) Aber was, was machen sie schlecht? (72) Sag' mal. (73) Vielleicht machen sie etwas schlecht? I: Entschuldige, [es sind] einfach Lumpen. (74) Na gut, sie, gut aber - (75) Sag mir mal! (76) Ein - was ist in der Türkei mehr, mehr Schlechtes oder Gutes? I: Ich weiß nicht, das interessiert mich nicht. (77) Für mich ist das interessanter, ich beschäftige mich etwas mit Psychologie. I: Ich versuche die Prozesse und Mechanismen zu sehen. (78) Ich habe verstanden. (79) Dafür gebe ich dir ein Beispiel, ein Linguist ist auch bei uns, nicht wahr. (80) Wenn man schreibt, was du geschrieben hast, war so eine Geschichte, eine Geschichte bei dir selbst, in der literarischen Tätigkeit, gut. (81) Und womit beendest du deine Schrift, hm, mit Dur oder mit Moll, hm? (82) Beendest du es mit etwas Schönem oder etwa mit etwas Schlechtem? (83) Sag mal, womit endet dein Schluß? I: Ich weiß nicht. (84) Sagst du etwas Schlechtes am Schluß? (85) Er hat ausgespuckt, Punkt, es ist zu Ende, so etwa? (86) Oder beendest du es mit etwas anderem, einer guten normalen Sache. (87) Und deshalb sage ich dir etwas: (88) Mache niemals den Punkt hinter etwas Schlechtem. (89) Beende lieber mit etwas Gutem. (90) Verstehe, wenn du [das Schlechte] anfaßt, stinkt es. (91) Die Schlechtigkeit stinkt mehr.

Text 6: Die Venus

(1) orda büüdüm Kurčuda (2) benim bobam kendim yöldü Kazakistanda (3) onnarï göndärmišlär išä [.] trudarmiya (I: aha trudarmiya diil öle kulak diye) (4) yok kulak diil yetištirmemišlär (5) gönderejeymišlär [.] ama onnar čabuk gitmišlär kïrkdörttä (6) ilk ačan rus gelmiš kïrkdörttä onnarï erkekleri onsekiz yašïndan ellibeš yašïna kadar ani gagauz yinan yok onnara askerä göndermemišlär ama išä (7) Kazakistan trudarmiya (8) iš armiyasï iš front (9) oraya göndermišlär mādäm kömür čïkarmaa (10) orda bobam ölmüš benim (11) mamum anem orda yevlenmišlär (12) o yïlïn elliüčünjü yïlïn bän elliüčünjü yïlda doodum kïrkdörttän elliüjä kadar islämišlär (13) taman Stalin ölmüš vakïdïnda benim babam ölmüš [.] yirmiyedi yašïnda (14) da sora anem ordan gelmišlär kimsä kardäš kalmadï (15) da bän büüdüm benim dädä dädu dädunun yanïnda (16) onnar ani ii akïlï insannar (17) čok bilärdi böle ne ani [...] (18) nasï söleyim sana (19) vardï filisofyasï kendi filosofyasï [..] yani kendilerni saygï var onnar deildi ufak öle (20) zenginmišlär da onnar ileri (21) varmïš elli estina topraa koyun varmïš čok beegir inek varmïš (22) fukāra deilmišlär (23) nu sora nasï hepsi [.] išlärmišlär (I: bir šey annamadïm näanda evlenmiš sizin mamunla papa) (24) Kazakistanda evlenmišlär (25) orayï ilkin erkeleri göndermišlär (26) sora da bunnar kalmïšlar burda erkekler orda hepsi (27) durmušlar durmušlar burda āčlïk bašlamïš (28) annadïn mï (29) āčlïk kïrkdokuzda bašlamïš zōr yašamaa erkerklär yok adamnar yok (30) pinmišlär poveslerä gitmišlär onnarïn yanïna (31) ne ičin bir yïl iki yïl üč dört beš kïrkdörttän elliüčä kadar dokuz yïl (32) annadïn mï (33) bu da nasïl sïlkï bu da bir deportaciya gibi (34) ona demišlär yalan olmuš burda (35) ačan demišlär erkeklär išä gidejek jenk bitejek savaš bitejek sora gēri gelejeniz (36) onnar gitmišti išä jenk bitmiš kïrkbeštä (37) onnar demiš evä (38) yok išlämää lāzïm yok brakmïyorum (39) annadïn mi (40) Stalin sistemasï (41) kïrkdört kïrkbeš kïrkaltï kïrkyedi yok evä išlä (42) nečin išči lāzïm (43) kömür lāzïm (44) nerdä šindi bunnar evä gidejek nerdä išči bulajan

(1) Dort bin ich aufgewachsen, in Kurču. (2) Mein eigener Vater ist in Kasachstan gestorben. (3) Sie haben sie zur Arbeit geschickt [.] die Arbeitsarmee. I: Aha, die Arbeitsarmee, nicht etwa weil er Kulak war? (4) Nein, er war kein Kulak, sie haben [ihn] nicht erreicht. (5) Sie hätten [sie] geschickt, aber sie sind schnell gegangen, vierundvierzig. (6) Zuerst, als die Russen kamen vierundvierzig, schickten sie sie, die Männer im Alter von 18 bis 55 Jahren - weil sie Gagausen waren hatte man kein Vertrauen zu ihnen - nicht zu den Soldaten, sondern zur Arbeit. (7) [Nach] Kasachstan [zur] Arbeitsarmee. (8) Arbeitsarmee, Arbeitsfront. (9) Sie haben sie dorthin zur Bodenschatz-, Kohleförderung geschickt. (10) Dort ist mein Vater gestorben. (11) Meine Mutter, meine Mutter, sie haben dort geheiratet. (12) In diesem Jahr, im Jahre dreiundfünfzig, ich bin im Jahre dreiundfünfzig geboren, sie haben von vierundvierzig bis dreiundfünfzig gearbeitet. (13) Genau zu der Zeit, als Stalin gestorben ist, ist mein Vater gestorben [.] mit siebenundzwanzig Jahren. (14) Und dann ist meine Mutter von dort gekommen, niemand [von ihren] Geschwistern ist [am Leben] geblieben. (15) Und ich bin bei meinem Großvater aufgewachsen. (16) Sie waren gute, kluge Menschen. (17) Er wußte viel, so daß [...] (18) Wie soll ich es dir sagen? (19) Er hatte eine Philosophie, eine eigene Philosophie [..], das heißt sie hatten für sich selbst Respekt, sie waren nicht so klein. (20) Sie waren auch reich, früher. (21) Er hatte 50 Estina Land, er hatte Schafe, er hatte viele Pferde und Kühe. (22) Sie waren nicht arm. (23) Naja, später wie alle [.] haben sie gearbeitet. I: Etwas habe ich nicht verstanden, wo haben deine Mutter und dein Vater geheiratet? (24) Sie haben in Kasachstan geheiratet. (25) Dorthin haben sie zuerst die Männer geschickt. (26) Und dann sind sie hiergeblieben, die Männer waren alle dort. (27) Sie blieben und blieben und hier hat die Hungersnot angefangen. (28) Hast du verstanden? (29) Die Hungersnot hat neunundvierzig angefangen, es war schwer zu leben, es gab keine Männer. (30) Sie sind in die Züge gestiegen und sind zu ihnen gefahren. (31) Denn ein Jahr, zwei Jahre, drei, vier, fünf, von vierundvierzig bis dreiundfünfzig, neun Jahre. (32) Hast du verstanden? (33) Das war auch wie eine Verbannung, das war auch wie eine Deportation. (34) Sie sagten ihm - hier gab es eine Lüge. (35) Als sie ihnen sagten, die Männer müssen zur Arbeit gehen, der Krieg wird aufhören, der Krieg wird aufhören, danach könnt ihr zurückkommen. (36) Sie waren zur Arbeit gegangen, der Krieg hörte fünfundvierzig auf. (37) Sie sagten: Nach Hause. (38) Nein, es ist nötig zu arbeiten, nein ich lasse euch nicht. (39) Hast du verstanden? (40) Das stalinistische System. (41) Vierundvierzig, vierundfünfzig, vierundsechzig, vierundsiebzig, nein, nicht nach Hause, arbeite. (42) Denn man braucht Arbeiter. (43) Man braucht Kohle. (44) Wo, jetzt gehen die nach Hause, wo willst du Arbeiter finden?

(45) ǰenktä ölmüš on milyon [.] erkek (46) išči yok (47) išleyän išleyän išleyän yok (48) burdan gitmišlär yani yarïn küü gitmiš orayï (49) yarïn küü ölmüš ǟčlïkta (50) otuz procent ta gitmiš orayï Kazakistana (51) orda ray bulmušlar hepsi küü gibi evlenmišlär orda (52) orda evlänmišlär (53) benim aabim de orda doomuš (54) beni sora burda doodu geldiynän mamu burda doomuš (55) ee te öle dä bobam yokken büüdüm dädunan yanïnda orda dedenin yanïnda (56) da čok išlär annadardï ani görünärdi bana gagauzǰa nasïl gözäl onnar lafeder (57) da o der onnarïn dedelerin dedeleri ani Dobruǰadan Süüčüktän gelmä (58) var orda küü Süüčük (59) bän gittim o küüä (60) šindi adï Bïlgarevo koymušlar diištirmiš Bulgarevo (61) a kendi dä adï Süüčük (62) o küü duruyor (63) čok koyunnarï varmïš (64) o deilmišti fukāra zengin (65) varmïš bin koyunlarï zenginmišti öle (66) dädunun laabïnï nedän familyasï čoban dädunun [.] familyasï čoban nečin čok koyunlarï varmiš ondan (67) evet onnar var bän hep büüerkenä dedim (68) čok kiyat okuyardïm sevärdim okumaa (69) da vardï bu kiyatlar ani kuzey kafkazyanïn kabardin nagaykam onnarïn čïkardï masallarï kiyatta (70) bän okuyardïm da bir okiim orda allā gelmiš neste bizdä dä allā deniyor (71) bir on yašïndayïm dedim bizdä allah onnarda allah (72) sora okiim vardï kundak tüfek ateš kuršun neste onnar öle yazarkan var laflar koyulu ani taa interes olsun da (73) ičindä var öle laflar (74) bana geler ne bizim da laflarïmïz (75) sora bašladïm (76) onnarïn var aftonomiyalarï var ǰumhuriyetleri (77) bän dä geliim soreim bizim dädu oniki yašïnda mi ne deim dädu biz musulman mï (78) o dei deiliz musulman (79) ey bän deim nijä deim bizdä var allā onnarda allā (80) o dei yok yok dei biz deil musulman biz dei hristyan (81) oniki yašinda (82) yok klisä yok bišey yok škola da yok hič bišey yok ya (83) öle hep okuyardïm da bana fasïl geliyor nasïl sölir gagauzlar niyä (84) ani akïla yerlešemiyor (85) ničin yok bir šey yani bi šey hič yok (86) sormaa nekadar soraǰan okadar sana söleǰeklär (87) kiyat bišey bularsïn oku (88) yok hič bišey (89) bizdä o burda biraz oldu Moldaviya bizdä Ukrainada yoktu hič bišey

(45) Im Krieg sind eine Million gestorben [.] Männer. (46) Es gab keine Arbeiter. (47) Es gab keine Arbeiter. (48) Sie sind von hier gegangen, also das halbe Dorf ist dorthin gegangen. (49) Das halbe Dorf ist während der Hungersnot gestorben. (50) Und dreissig Prozent sind dorthin gegangen, nach Kasachstan. (51) Sie haben dort das Paradies gefunden, alle haben dort wie im Dorf geheiratet. (52) Dort haben sie geheiratet. (53) Mein Bruder ist auch dort geboren. (54) Mich hat sie später hier geboren, meine Mutter hat mich hier geboren. (55) Naja, so war es, da ich keinen Vater hatte, bin ich bei meinem Großvater aufgewachsen, dort bei meinem Großvater. (56) Und er hat viele Sachen erzählt, so daß für mich zu sehen war, wie schön sie auf Gagausisch sprechen. (57) Und er sagt, daß seine Vorväter aus der Dobrudscha, aus Süüčük stammen. (58) Es gibt dort ein Dorf Süüčük. (59) Ich bin dorthin gegangen. (60) Jetzt haben sie ihm den Namen Bïlgarevo gegeben, sie haben ihn geändert in Bulgarevo. (61) Aber sein eigener Name ist Süüčük. (62) Dieses Dorf gibt es noch. (63) Er hatte viele Schafe. (64) Er war nicht arm, er war reich. (65) Er hatte tausend Schafe, so war er reich. (66) Warum ist des Großvaters Nachname, der Nachname des Großvaters Schäfer [.], sein Nachname ist Schäfer denn er hatte viele Schafe, deshalb. (67) Ja, das gab es, als ich aufwuchs habe ich immer gesagt - (68) Ich habe viel gelesen, ich mochte es zu lesen. (69) Und es gab diese Bücher, die von Nordkaukasischen Karbardin-Nogaiern, deren Märchen kamen in einem Buch heraus. (70) Ich habe es gelesen und auf einmal lese ich dort, Allah ist gekommen, Dings, bei uns sagt man auch Allah. (71) Ich war zehn Jahre alt, ich sagte mir, bei uns ist es Allah und bei ihnen ist es Allah. (72) Dann lese ich, da gab es *kundak*, *tüfek*, *ateš*, *kuršun*, Dings, während sie schreiben, gab es Wörter, die geschrieben [wrtl: gelegt] waren, damit es interessanter wird. (73) Darinnen gab es solche Wörter. (74) Mir kommt es vor, daß es auch unsere Wörter sind. (75) Dann habe ich begonnen. (76) Sie haben Autonomie, sie haben eine Republik. (77) Und ich komme und frage unseren Großvater - mit zwölf Jahren oder was - ich sage: Großvater, sind wir Muslime? (78) Er sagt, wir sind keine Muslime. (79) Na, ich sage warum, sage ich, gibt es bei uns Allah und bei ihnen Allah. (80) Er sagt, nein, nein, sagt er, wir sind keine Muslime, wir sind, sagt er, Christen. (81) Zwölf Jahre alt. (82) Es gab kein Kirche, es gab nichts, es gab keine Schule, es gab überhaupt gar nichts. (83) So habe ich immer gelesen und es kam mir merkwürdig vor, wie die Gagausen sagen, warum. (84) Also, es geht nicht in den Verstand. (85) Warum gibt es nichts , also überhaupt nichts. (86) Zu fragen, soviel wie du fragst, so viel sagen sie dir. (87) Findest du ein Buch oder etwas, dann lies. (88) Es gab nichts. (89) Bei uns - hier gab es etwas, in Moldawien, bei uns in der Ukraine gab es nichts.

(90) burda o kiyatlar školaya bizä hič yetišmädi (91) sade gördüdüm Bujaktan Seslär bu kiyadï okadar (92) onu okuyamardïm te bu kolay (93) ee bukadar öle (94) ama dädu annadardï te ondan bundan (95) alardï beni küčükkenä geldik onnan čobannara mï kïra mï nestedä (96) gösterärdi yïldïzlarï (97) därdi bu kervan kïran yïldïzï bu terazi bunnar saman yolu [..] araba büük araba küčük araba (98) hepsi bunnar annader (99) sora o kervan kïran yïldïzï biliyorn mu onu efsanesi legenda (100) nasïl annatï bana (101) deim ne o kervan kïran yïldïzï (102) dei bir zaman (103) pek küčükkenä bunu annadïrdï (104) ey gördün mü te o yïldïzï (105) o kervan kïran yïldïzï sabālen čïker sabālen čïker (106) dir bu yïldïz olmus čok eski zamanda (107) šindi bir asker gidirmiš jengä (108) nekadar gitmišlär ani yorulmušlar durmušlar dinnenmää dinnenejeklär šindi (109) yatmïšlar onnar da koymušlar birisini baksïn (110) durajak da bakajak (111) demišlär ačan sabā yïldïzï čïkajak sabā yïldïzï čïkajak ozaman kalkajez da savaš bašlïyajak (112) a bu durmuš da uyuklamïš (113) da o ne oliyor bu kervan kïran yïldïzï gečiyor keret dolaner da näanda sabā ey var -- (114) o ačan yetišïyor sabā yïldïzïn yerinä o süünür (115) da onun yerindä čikiyor sabā yïldïzï yetišinjä orayï (116) da bu bakmïš da taman yetišmiš orayï da sabā yïldïzï daa čïkmamïš (117) tamam mï (118) da bu uyumuštu ačan bakmïš görmüš yïldïzï (119) demiš yïldïz čïktï sabā (120) a osa deil sabā yïldïzï bu kervan kïran yïldïzï (121) taa sabā olmamïš taa karannïk (122) da bu kaldïrmïš da askeri (123) gitmišlär savaša taa karannïk da ölmüš čok čok insan (124) da ačan bakmïštï čïkmiš sabā yïldïzï (125) erken kaldïrmïš (126) da onuštan bu yïldïza kervan kïran yïldïzï (127) kïrmïš (128) annadïn (129) bütün kervanï kïrmïš (130) kervan kïran yïldïzï (131) bunu annadardï sora baška iš annadardï masal annadardï bu dev admannarï ičin jadelar ičin šeytanlar ičin o hoburlar (I: o kiyattakiler siz čounu dadudan mï?) (132) tabī onnarda ani motif parča parča (133) sora araštïrma bän yaptïm taa čok topladïm ama onnarda ilkin bunnar ištä (134) öle yavaš yavaš te gešti vakït (135) sora gittim öörendim ilkin bän texnikum ee ekonomist

(90) Hier gab es diese Bücher für die Schule, uns haben sie nicht erreicht. (91) Nur "*Bujaktan Seslär*" dieses Buch habe ich gesehen, das war's. (92) Das konnte ich nicht lesen, das war leicht. (93) Na, da war's so. (94) Aber der Großvater erzählte von diesem und jenem. (95) Er nahm mich mit, als ich klein war, wir gingen zu den Schäfern oder aufs Feld, in Dings. (96) Er zeigte mir die Sterne. (97) Er sagte, das ist die Venus, das ist die Wagge, diese sind die Milchstraße [..] der Wagen, der große Wagen, der kleine Wagen. (98) Die alle erklärt er. (99) Dann, kennst du diese Venus [wrtl.: Karawanenbrecher-Stern], ihre Legende, die Legende? (100) Wie er sie mir erzählt hat. (101) Ich sage, was ist dieser Karawanenbrecher-Stern? (102) Er sagt: Eines Tages -- (103) Er hat mir das erzählt, als ich noch sehr klein war. (104) Na, hast du diesen Stern gesehen? (105) Diese Venus geht morgens auf, sie geht morgens auf. (106) Er sagt, daß dieser Stern in sehr alter Zeit [so benannt] worden ist. (107) Nun, eine Armee zog in den Krieg. (108) Wie weit sind sie gegangen, daß sie müde wurden, sie hielten an, um sich auszuruhen, sie wollen sich nun ausruhen. (109) Sie haben sich hingelegt und einen aufgestellt, daß er aufpaßt. (110) Er soll aufbleiben und aufpassen. (111) Sie sagten: Wenn der Morgenstern aufgeht, wenn der Morgenstern aufgeht, dann stehen wir auf und der Krieg beginnt. (112) Aber der ist geblieben und eingenickt. (113) Und was geschieht, die Venus zieht einmal herum und wo der Morgen, hm es gibt --- (114) Sie, wenn sie den Platz des Morgensterns erreicht hat, verlöscht sie. (115) Und an ihrer Stelle geht der Morgenstern auf, wenn sie dort hingelangt. (116) Und er hat geschaut, und sie ist genau dort hingelangt und der Morgenstern ist noch nicht aufgegangen. (117) Alles klar? (118) Aber der hatte geschlafen, als er hinsieht, sieht er den Stern. (119) Er sagte: Der Stern ist aufgegangen, es ist Morgen. (120) Aber der ist nicht der Morgenstern, dies ist die Venus. (121) Es ist noch nicht morgen geworden, es ist noch Dunkelheit. (122) Und er hat die Armee geweckt. (123) Sie zogen in den Krieg, als noch Dunkelheit war, und es sind sehr viele Menschen gestorben. (124) Und als sie geschaut haben, ging der Morgenstern auf. (125) Er hat sie zu früh geweckt. (126) Und deswegen [nennt man] diesen Stern den Karawanenbrecher-Stern. (127) Er hat sie zerbrochen. (128) Du hast verstanden. (129) Er hat die ganze Karawane gebrochen. (130) Die Venus. (131) Dies hat er erzählt, dann hat er noch andere Sachen erzählt, er hat Märchen erzählt, über diese Riesen, über die Hexen, über die Teufel, diese Vampire. I: Haben sie das meiste, was es in diesem Buch gibt, von dem Großvater? (132) Natürlich, in ihnen gibt es Motive, Teile. (133) Später habe ich Untersuchungen gemacht, ich habe noch mehr gesammelt, aber in diesen sind eben zuerst sie. (134) So ist langsam, langsam die Zeit herumgegangen. (135) Dann bin ich gegangen und habe studiert, [am] Technikum, hm Ökonom.

(I: näanda) (136) Kišinyovda (137) sora gittim askerä (138) askerdän geldiynän ee üniverstedä girdim (139) askerdä orda buluštum gördüm bu milletleri čok (140) orda buluštum üzbek tatar kirgiz kimi istersän čečen (I: näanda yaptïnïz) (141) Rusya ičindä Ural suuk (142) zōr (143) suuk (144) orda Uralda otuzyedi kïrk derejä suuk (145) hastalandïm orda suukladïm (146) hepsi hastalanardï (147) o Üzbeklär hepsi hastaydï (148) onnar sïjaktan ey dayanamayïrlar (149) nerdän görmüš o suugu (150) bizim burda biraz kār olur orda hič yok Türkmenistan Üzbekistan (151) hayvan gibi (152) hič jana yok ajï (153) čizmälär yaš oler ïslanïp kurutma yok (154) jan ajïmak yok ee böle (155) ii diil ani yok jan ajïmaklar (156) ne istemiyorsun mi bir šey ne (157) annadïn mi (158) ii asker olmak istemiyorsun yalanjï (159) osa hastalanmïš yani (160) öle (161) orda buluštuk kazaklarnan üzbeklernen tatarlarnan hepsini gördüm ama üürendim üürendim hepsini (162) o orda öle fikirimi geldi nedän yok bizdä bišey nedän yok gagauzlara hič bišey (163) ne aftanomiya ne kiyat ne bišey hič bišey yok (164) dooru mu (165) nasïl bu iš olsun (166) ačan geldim bitirdim bu iš bitti seksen.. ee yetmišdörttä (167) sora hazïrlandïm dedim nasïl bu iši yapmaa ne lāzïm yapmaa bilmiyorum (168) bän girejem üürenejäm tarih fakultesinä üniversitedä da bakajam üürenejem (169) nasïl var nasïl yok ne var nijä yapmaa (170) sora girdim üniversitetä (171) ey orda bašladïm yazmaa araštïrmaa bu etnografiya (172) hep diplom yazdïm (173) beš yïl yazdïm bir diplom hep istoriografya (174) etnografiya i istoriografyasï (175) ne kim yazmïš gagauz etnografyasï için (176) Moškovu okudum Čakïr ee Dörfer (177) kimi istersin hepsini (178) sora gezdik ekspeditsya beš yïl (179) hep onnan (180) sora kendim yazardïm (181) hikaye yazmaa bašladïm (182) čok išledim ama bizdä yufka (183) yoktu bir ani olsun kimdän tutunasïn (184) X.a gidärdim (185) ama o öle bir kišidi ani o čok yaklaštïrmayor

I: Wo? (136) In Kišinev. (137) Dann bin ich zur Armee gegangen. (138) Als ich von der Armee zurückkam, bin ich zur Universität gegangen. (139) Bei der Armee, dort habe ich viele Völker getroffen und gesehen. (140) Dort habe ich Usbeken, Tataren, Kirgisen getroffen, wen du willst, Tschetschenen. I: Wo haben Sie [Militärdienst] gemacht? (141) Innerhalb von Rußland, [im] Ural, es war kalt. (142) Es war schwer. (143) Kalt. (144) Dort, im Ural war es siebenunddreißig-vierzig Grad kalt. (145) Ich bin dort krank geworden, ich habe mich erkältet. (146) Alle sind krank geworden. (147) Diese Usbeken waren alle krank. (148) Sie kommen aus der Hitze, na sie ertragen es nicht. (149) Wo haben sie diese Kälte gesehen? (150) Bei uns hier gibt es etwas Schnee, dort überhaupt nicht, [in] Türkmenistan, Usbekistan. (151) Wie die Tiere. (152) Es gab überhaupt kein Mitleid. (153) Die Stiefel werden naß und feucht, es gibt keine Möglichkeit, sie zu trocknen [wrtl.: es gibt keine Trocknung]. (154) Mitleid gibt es nicht, so war es. (155) Es ist nicht gut, daß es kein Mitleid gibt. (156) Was, willst du etwa etwas nicht, oder was? (157) Hast du verstanden? (158) Du willst kein guter Soldat sein, Lügner. (159) Dabei ist er krank geworden. (160) So war das. (161) Dort habe ich mich mit Kasachen, Usbeken, Tataren getroffen, ich habe alle gesehen, aber ich habe sie kennengelernt, alle habe ich kennengelernt. (162) Das ist mir dort eingefallen, warum es bei uns nichts gibt, warum es für die Gagausen nichts gibt. (163) Weder Autonomie, noch Bücher, noch irgend etwas, überhaupt nichts. (164) Ist das gerecht? (165) Wie kann das sein? (166) Als ich zurückkam, ich habe diese Sache achtzig, ehm vierundsiebzig beendet. (167) Dann habe ich mich vorbereitet, ich sagte mir, daß ich nicht weiß, wie man diese Sache machen soll, was man tun muß. (168) Ich werde gehen, ich werde studieren an der Historischen Fakultät an der Universität und werde mich umschauen und lernen. (169) Wie es geht, wie es nicht geht, was man machen kann. (170) Dann bin ich zur Universität gegangen. (171) Na, dort habe ich angefangen zu schreiben, diese Ethnographie zu untersuchen. (172) Ich habe immer [an meinem] Diplom geschrieben. (173) Fünf Jahre lang habe ich eine Diplomarbeit geschrieben, immer Historiographie. (174) Ihre Ethnographie und Historiographie. (175) Was wer geschrieben hat über die Gagausen. (176) Ich habe Moschkoff gelesen, Ciahir, Doerfer. (177) Wen du willst, alle. (178) Später sind wir auf Expedition gegangen, fünf Jahre. (179) Immer mit dieser [Sache beschäftigt]. (180) Später habe ich selbst geschrieben. (181) Ich habe begonnen, Erzählungen zu schreiben. (182) Ich habe viel gearbeitet, aber bei uns ist es gering. (183) Es gab keinen, an dem du dich festhalten konntest. (184) Ich bin zu X. gegangen. (185) Aber er war so eine Persönlichkeit, daß er einen nicht nahe herankommen läßt.

(186) o neste kendi ne yaptï o pek kïskanč̌tï ona ani kimsä dokunmasïn ona (187) o onun (188) sora küüdä yaptïk muzey Kurčuda o (189) bän yaptïm orda bir muzey yani Ukrainada (190) X. yardïm etti (191) X.a gidärdim okuyardïm hikayeleri (192) bu taraftan o bana čok neste verdi (193) ikimiz otururduk bän ona okuyardïm doorudardï sölärdi böle böle (194) en birinǰi yazardï o (195) baškasïndan yoktu ne üürenmää (196) ne okuyardïm te X.'nun okudum X.'nun te onun var öle annatmalarï (197) yoktu orda ne üürenmää (198) üürenirdim rusčadan ama gagauzǰadan üürenä.. ee üürenirdim X.'dan (199) sora āradïm türkče (200) üniversitetä gelmišti Irandan yedi kiši ačan Homeini oldu devrim (201) geldi yedi kiši oradan burayï üniversitetä (202) üč kiši türktü azeri (203) bir dä kïz bitirmišti fakültät türk fakultesi rusča türkčä inglizǰä fakultät Iranda Tegranda (204) o güzäl türkǰä konuš-- azeriǰä da bilirdi türkčä dä rusča da bilirdi (205) da o bana ee dedim yok bir kiyat türkčä? (206) a bän burda rusča Aziz Nesin kiyatlarï rusča (207) a o aldï da bän dedi bulaǰam sana Aziz Nesini (208) yazïydï bir mektup da gönderdilär bana Aziz Nesin (209) Aziz Nesin (210) da bän buldum rusča onun annatma hem dä türkčä (211) hep o annatmayï (212) bana pek interesan okurdum rusča bakïrdïm türkčä (213) bana nasïl türkčä yazdï (214) sora buldum Nazim Hikmetin kiyatlarï (215) Bulgaristandan čïkmïš o (I: burda yoktu mu?) (216) nerdän onnar (217) onnar čïkmïštï bir kïsa vakïtta Bulgaristanda Nazim Hikmetin kiyatlarï (218) ama deildi rusča türkčä (219) Bulgaristanda türkčä čikmïštï (220) rusča var Nazim Hikmetin kiyatlarï rusča hepsi vardï ama rusča (221) bana interes nasïl türkčä (222) sora onnarï okudum hep topladïm yazdïm te bašladïm yazmaa (223) yaziim yaziim yaziim yok čïkarma yok (224) yok hič čïkarma (225) kimsä istemiyor bunu (226) hič kimseyä bu diil lāzïm (227) sade böle X. X. X. onnar dört kiši (228) onnar yazarlar birlii (229) onnar komunist (230) bän komunist hič girmedim (231) onnar orda ee öle gitti gitti (232) yïllar gider bir iki üč dört beš gečti yïllar yïllar

(186) Er war Dings, was er gemacht hat, darauf war er sehr eifersüchtig, daß niemand es berührt. (187) Das war seins. (188) Später haben wir im Dorf ein Museum errichtet, in Kurču ist das.(189) Ich habe dort ein Museum errichtet, also in der Ukraine. (190) X. hat geholfen, er hat Sachen gegeben. (191) Ich bin zu X. gegangen und habe ihm die Erzählungen vorgelesen. (192) Von dieser Seite her hat er mir viel Dings gegeben. (193) Wir beide haben uns hingesetzt, und ich habe ihm vorgelesen, er hat korrigiert, er sagte so und so.(194) Er war der allererste Schriftsteller. (195) Von niemand anderem konnte man etwas lernen. (196) Was habe ich gelesen, da das von X. habe ich gelesen, von X, er hat auch solche Erzählungen. (197) Dort gab es nichts zu lernen. (198) Ich habe vom Russischen gelernt, aber vom Gagausischen habe ich von X. gelernt. (199) Später habe ich Türkisch gesucht. (200) An die Universität waren aus Iran sieben Personen gekommen, als Khomeini, die Revolution war. (201) Sieben Personen kamen von dort nach hier, an die Universität. (202) Drei Personen waren Türken, Aseri. (203) Und ein Mädchen hatte die Fakultät beendet, die türkische Fakultät, Russisch, Türkisch, Englisch, die Fakultät in Iran, in Teheran. (204) Sie sprach gut türkisch, sie konnte auch Aseri und Türkisch und Russisch. (205) Und sie hat mir - ehm, ich sagte: Gibt es kein Buch auf Türkisch? (206) Und ich [hatte] hier auf russisch, die Aziz Nesin-Bücher auf russisch. (207) Aber sie kaufte, und ich, sagte sie, finde Aziz Nesin für dich. (208) Sie schrieb einen Brief und man schickte mir Aziz Nesin. (209) Aziz Nesin. (210) Und ich fand seine Erzählung auf russisch und auf türkisch. (211) Dieselbe Erzählung. (212) Für mich war es sehr interessant, ich las auf russisch und schaute das Türkische an. (213) Wie er auf türkisch geschrieben hat. (214) Dann fand ich die Bücher von Nazim Hikmet. (215) Er ist in Bulgarien herausgekommen. I: Gab es die hier nicht? (216) Woher [sollen] sie [sein]? (217) Sie waren in einer kurzen Zeit in Bulgarien herausgekommen, Nazim Hikmets Bücher. (218) Aber sie waren nicht russisch, [sondern] türkisch. (219) In Bulgarien sind sie auf türkisch herausgekommen. (220) Auf russisch gibt es Nazim Hikmets Bücher, auf russisch gab es sie alle, aber auf russisch. (221) Für mich ist interessant, wie sie auf türkisch sind. (222) Dann habe ich sie gelesen, ich habe immer gesammelt und geschrieben, so habe ich angefangen zu schreiben. (223) Ich schreibe und schreibe und schreibe, es gibt kein Herausgeben. (224) Es gibt überhaupt kein Herausgeben. (225) Niemand möchte das. (226) Niemand braucht das. (227) Nur X., X., und X., die sind vier Personen. (228) Sie sind die Schriftstellervereinigung. (229) Sie sind Kommunisten. (230) Ich bin [den] Kommunisten nie beigetreten. (231) Sie sind dort, na es ist so immer weitergegangen. (232) Die Jahre gehen vorüber, eins, zwei, drei, vier, fünf, die Jahre gingen vorbei.

(233) on yïl gešti (234) yok čïkaramïyorum hič bir kiyat (235) geldi Gorbačov (236) Gorbačovun günü bašladïm (237) dedim bišeybišey ani diišmää bašladï (238) öle bašladïlar neste ani serbest liberal (239) seksensekizdä gittim Komrada orda dostlar X. X. aa yok neste hepsi čok (240) a bu ileri bu išlär ani bu dedim ani seksenikide ne oldu ani - (241) biz toplanïrdïk gidärdik küülerdä okurduk annatmalarï šiirlär X.'nan seksenbirdä sekseniki(242) ačan duydular bunu bu komunistlär ačan bašladïlar bizi beni burdan onnarï burdan X. ištän (243) X. kačtï Rusyayï (244) bu nasïl demišin bir zōr sorušun nečin ani šindi kendini metetmää ii iš diil ani bän yapmayaydïm bišey ani olmayǰak (245) böle mi dersin (246) ili biz yapmayaydïk (247) tabī diyorum ani benim düšünmemä görä [.] ačan bän gelirdim bakardïm bišey yoktu (248) bän hep istärdim göreim (249) yani neyä bunnar bišey kaldïrmïyorlar problem (250) ne ačan seksensekiz seksenyedidä bašladï bütün rusyada (251) türlü hareketlär kalktï (252) geliyorum Komrada bišey yok (253) bakïyorum üüreniyorum Kišinyovda taa čok var (254) geliyorum yok (255) dedim ani böle iš gidemiyeǰek (256) Moldaviyada ačïldï halk hareketi front narodni front bilmem ne burdan nestelär (257) X. öldü seksenaltïda (258) ozaman konuštuk ani nasïl yapalïm ani böle iš ničin bizim išimiz böle gider (259) ii gitmiyor (260) bän öle düšünürdüm ani gagauzlar onyedinǰi yïlda onaltïda ačan Galacan istemišlär bišey čïkmamïš (261) onyedinǰi yïlda gene bišey čïkmamïš Romunlar almïšlar (262) ondokuzunǰu yïlda savašmïšlar gene uurmaa burayï gene bišey čïkmamïš (263) kïrkïnǰï yïlda gelmiš ačan sovyet birlii burayï bišey gagauzlara vermemišlär (264) kïrkdördünǰü yïlda bišey gene (265) elliyedinǰi yïlda savašmïšlar gene bišey čïkmamïš (266) bän dedim ey nezaman bu čïkaǰak (267) bän öle tarih üürendim ani (268) dedim ani gene gelir bir parča zaman nezaman gagauzlar kazanamarsa gene kaybedeǰez (269) o bir kïsa zamanda oluyor (270) čok kïsa zaman veriliyor sana eer alamarsan vakïdïn gečti (271) a bunu bän čok düšündüm (272) da hep okuyordum Kišinyovda ačan bakardïm nasïl išlär gidiyor neyä čïkaǰak bu nasïl čïkaǰak

(233) Zehn Jahre gingen vorbei. (234) Nein, ich kann kein Buch herausbringen. (235) Da kam Gorbatschow. (236) Die Zeit Gorbatschows begann. (237) Ich sagte mir, daß es anfing, sich ein bißchen zu verändern. (238) So fingen sie an, Dings, liberal, frei. (239) Achtundachtzig ging ich nach Komrat, dort sind die Freunde, X. und X., ach nein, alle waren viel. (240) Aber früher, diese Sachen, die ich erzählt habe, die sich zweiundachtzig ereigneten, daß - (241) Wir versammelten uns und gingen, in den Dörfern haben wir Erzählungen und Gedichte gelesen, zusammen mit X., einundachtzig, zweiundachtzig. (242) Als diese Kommunisten das hörten, begannen sie gleich uns -, mich von hier, sie von hier, X. von der Arbeitsstelle. (243) X. floh nach Rußland.
(244) Das, wie du es gesagt hast, ist eine schwierige Frage, weil es nun keine gute Sache ist, sich selbst zu loben, daß wenn ich es nicht gemacht hätte, wäre nichts geschehen. (245) Meinst [wrtl: sagst] du das so? (246) Oder wenn wir das nicht getan hätten. (247) Natürlich sage ich, daß nach meiner Überlegung [.], als ich kam, sah ich, daß es nichts gibt. (248) Ich wollte es immer sehen. (249) Also warum sie kein Problem bewältigen können. (250) Was achtundachtzig, siebenundachtzig in ganz Rußland begann. (251) Verschiedene Bewegungen standen auf. (252) Ich komme nach Komrat, nichts. (253) Ich schaue herum und lerne, daß es in Kišinev mehr gibt. (254) Ich komme [nach Komrat], nichts. (255) Ich sagte mir, daß so die Sache nicht gehen kann. (256) In Moldawien wurde die Volksbewegung eröffnet, die Fornt, die Volksfront, was weiß ich, von hier die Dings. (257) X. starb sechsundachtzig. (258) Damals sprachen wir, wie wir es machen können, daß solche Angelegenheiten, warum unsere Angelegenheit so vorangeht. (259) Sie geht nicht gut voran. (260) Ich habe so gedacht, daß die Gagausen im Jahre siebzehn, sechzehn als Galacan war, etwas wollten, nichts herauskam. (261) Im Jahre siebzehn ist wieder nichts herausgekommen, die Rumänen haben eingenommen. (262) Im Jahre neunzehn haben sie wieder versucht hier zu schlagen, wieder ist nichts herausgekommen. (263) Im Jahre vierzig als die Sowjetunion hierher kam, haben sie den Gagausen nichts gegeben. (264) Im Jahre vierundvierzig wieder nichts. (265) Im Jahre siebenundfünfzig haben sie es versucht, wieder ist nichts herausgekommen. (266) Ich sagte mir, na, wann wird etwas herauskommen? (267) Ich habe so Geschichte gelernt, daß - (268) Ich sagte mir, daß wieder eine Zeit kommt, wenn die Gagausen dann nicht gewinnen können, werden wir wieder verlieren. (269) Das geschieht in einer kurzen Zeit. (270) Es wird dir nur eine sehr kurze Zeit gegeben, wenn du es dann nicht nehmen kannst, ist deine Zeit vorüber. (271) Und das habe ich oft gedacht. (272) Und ich habe immer gelesen in Kišinev, als ich mich umsah, wie die Angelegenheiten vorangehen, wohin sie gehen, wie es herauskommt.

(273) bak kaldïrdïlar čok Krimtatarlarï kaldïrdï čečenlär kaldïrdï nagaytatarlarï kimi istersin (274) tatarlar kazanda kaldïrdï čuvašlar (275) hepsi milli problemleri kaldïrdï (276) moldavlar kaldïrdï (277) bana gelirdi ani komunist sistemi čok güčlü ani onnar kuvedi yerindän kačïrmayǰak (278) ama burda Moldaviya ičindä bu özäl biraz vardï yani vardï bir X. (279) o birinǰi sekretär (280) o bir ii adamdï ičindän (281) kötü adam diildi (282) ama politikada čok zayïftï (283) o bir söz sölemiyordu ani okumasïn (284) o lāzïmdï herzaman okusun (285) ama diildi Brešnev gibi ani ihtiyar (286) ihtiyar diildi o (287) ama o čikardï ačan o burda ee yani ortalïk deišärdi sātta deišärdi (288) ne vardï onbirdä sāt ikidä baškaydï (289) osa sāt sekizdä avšamüstü okii ne orda olmuš iki gün gēri (290) da gēriyä kalardïlar bunlar (291) ama sora ne oldu komunist partisinin merkezindä ičindä vardï komunistlär angïlarï čalïšardï komunist partisinä karšï (292) ičindän bozardïlar onu (293) bunnar toplanïp annašardï yapaǰiz böle (294) bunnar almïšlar gitmišlär narod halk frontu moldav milli išlerä istemišlar ani yarïn e bu olaǰak (295) bunnar hazïr (296) bunnar biršey savašïr yapmaa (297) da bän gördüm ani burda gidiyor iš ani [.] yalannar yalan yalan bašladï dolu yalan ani komunist sistemi devlet yalandïrïyor insannarï (298) diyorlar böle yapaǰaz yapïyorlar böle (299) diyorlar yapaǰaz böle yapaǰaz böle (300) bän karšï deildim moldavlarïn kültür probleminä (301) onnar yapsïnnar onnarïn problemleri čïkarsïnlar ne istiyorlar yapsïnnar (302) ama bizim var kendi problem (303) biz okadar zayïf kaldïk okadar gēri kaldïk eey (304) bizi da saymassan (305) onnar dedi biz sizä vereǰez dil nekadar isterseniz (306) ama dil vereǰen (307) dili sän kim sän alā mï ani bana dil verirsin (308) onu biz kendimiz aldïk o dili tā nezaman bizä onu verdi allā ani türkčä konuširz (309) onu sän bizä vermedin (310) sän bizä dil verirsin (311) biz nekadar isteǰez okadar vsyo (312) ama baška iš ani eer siz bizi halk sayersanïz siz sayersïnïz bizi halk nasïl kendiniz sayersïnïz biz da ozaman sayerïz (313) ama onnar saymak istemiyorlar (314) dir biz bïrda bir halk moldovlar siz musāfir (315) ačan bän bunnara bakardïm gördüm ani iš ii gitmiyǰek (316) Komratta bišey yok

(273) Schau, viele haben es aufgebracht, die Krimtataren haben es aufgebracht, die Tschetschenen haben es aufgebracht, die Nogaier, wen du willst. (74) Die Tataren in Kasan haben es aufgebracht, die Tschuwaschen. (275) Alle haben die nationalen Probleme aufgebracht. (276) Die Moldauer haben sie aufgebracht. (277) Mir kam es vor, als sei das kommunistische System sehr stark, als würde es die Macht nicht von ihrem Platz entkommen lassen. (278) Aber hier in Moldawien gab es etwas Besonderes, daß es einen X. gab. (279) Er war der erste Sekretär. (280) Er war ein innerlich guter Mensch. (281) Er war kein schlechter Mensch. (282) Aber in der Politik war er sehr schwach. (283) Er sagte kein Wort, das er nicht abgelesen hätte. (284) Er mußte immer ablesen. (285) Aber er war nicht wie Breschnew, der alt war. (286) Er war nicht alt. (287) Aber er holte heraus, als er hier, also die Lage änderte sich innerhalb einer Stunde. (288) Was um elf Uhr war, war um zwei Uhr anders. (289) Er aber liest am Abend um acht Uhr, das was sich dort vor zwei Tagen ereignet hat. (290) Und sie blieben zurück. (291) Aber was geschah später, innerhalb des Zentrums der kommunistischen Partei gab es Kommunisten, die arbeiteten gegen die kommunistische Partei. (292) Sie zerstörten sie von innen. (293) Sie versammelten sich und kamen überein: Wir machen es so. (294) Sie nahmen und gingen in die Volksfront zu den moldawischen nationalen Angelegenheiten, sie wollten, daß morgen dies geschieht. (295) Die sind bereit. (296) Sie versuchen etwas zu machen. (297) Und ich habe gesehen, daß die Angelegenheiten hier fortschreiten, daß [.] Lügen, Lüge, es begann voller Lügen, daß das kommunistische System die Menschen belügt. (298) Sie sagen: Wir machen es so, aber sie machen es so. (299) Sie sagen: Wir machen es so, aber sie machen es so. (300) Ich war nicht gegen die kulturellen Probleme der Moldauer. (301) Sie sollen es machen, sie sollen ihre Probleme herausbringen, sie sollen machen, was sie wollen. (302) Aber wir haben unsere eigenen Probleme. (303) Wir sind so schwach geblieben, wir sind doch so zurückgeblieben. (304) Wenn du uns auch nicht anerkennst. (305) Sie sagten: Wir geben euch soviel Sprache, wie ihr wollt. (306) Du gibst die Sprache! (307) Die Sprache, wer bist du denn, bist du Gott, daß du mir die Sprache gibst? (308) Die haben wir selbst genommen, diese Sprache, wann hat sie Gott uns gegeben, daß wir türkisch sprechen? (309) Die hast du uns nicht gegeben. (310) Du gibst uns die Sprache! (311) Soviel wir wollen, gerade soviel, und das war's. (312) Aber es ist eine andere Sache, daß ihr uns als Volk anerkennt, so wie ihr euch selbst anerkennt, dann werden wir euch auch anerkennen. (313) Aber sie wollen uns nicht anerkennen. (314) Sie sagen: Wir sind hier ein Volk, die Moldauer, ihr seid Gäste. (315) Als ich mir das ansah, sah ich, daß die Angelegenheit nicht gut vorangeht. (316) In Komrat gab es nichts.

(317) sade o ressamnarla konušyoruz okadar (318) seksensekizinǰi yïlda dekabr yirmisekiz mi yirmidokuz orda čok savaš gidiyordu koyulsun mu Moldavya devlet dili osa koyulmasïn mï (319) da komunistlär der koymayǰaz (320) dä biz buna gidemiǰez buna olamaz bu (321) bir dä seksensekizdä X. kendi bir yazïsïnda yazdï ani komunist sistemi karar aldï ani Moldavya dili olaǰak devlet dili (322) ačan bän onu okudum bän annadïm ani bundan sora bütün Moldavya ičindä komunist sistemi yïkïldï nečin ani internacionalism bitti (323) ozaman vardi rus dili hepsinä her bir halkïn da kendi dili (324) ačan Moldavya dili dedilär olaǰak (325) tamam bitti (326) bän ačan onu okudum dedim šindi ortalïk diišeǰek (327) eer biz gagauzlar kendi sözümüz sölemersäk bizim išimiz gene bitti (328) bän Kišinyovda čalïsardïm (329) čïktïm ištän (330) yazdïm (331) bir yerdä yašardïm (332) ordan čïktïm bän orda yašamazdïm nečin ištän čïktïm oradan bana verdiydi iš yerim ee yašamak (333) aldïm karïmï kïzïmï buldum bir yer onnara getirdim orayï (334) kendim čïktïm ištän da geldim Komrada (335) da burda düzdük bu gagauz halk hareketi (336) orda beni ayïrdïlar lider (337) ee burda bašladïk čalïšmaa (338) da bu gagauz halk hareketi koydu bu problemleri milli (339) milli tarafïndan (340) deil sosyal sade ani bizä dil olsun rus dili bak čok čoyu istärdilär ani onnara dokunmasïnnar (341) baška bišey (342) hepsi kalsïn nasï vardï (343) ani biz rusča konušyoruz bizä yeteǰek (344) a moldavǰa biz istemiyoruz (345) romun biz istemiyoruz bukadar (346) da okadar böle ani nasï xronik hastalïk (347) ne istiyorlar bizä dokunmayïn böle böle sistemdi o (348) ačan gagauz halkï bu išleri bašladï yapmaa bašladï mitink (349) a insan da oldu neste agresif (350) ama lāzïm olsun kimsä onnarï toplasïn (351) a gagauzlarda oldu sade bir politik milli politik hareketi bu gagauz halkï (352) biz toplïyoruz mitink hepsi geliyorlar bizä nečin baškasï yok (353) ne biz onnara sölärdik ani gagauz autonimisi o bu (354) a o da girdi insana (355) annadïn mï (356) bu olaydï baška bir parti beki isteǰedi baška türlü

(317) Wir unterhalten uns nur mit diesen Malern, das ist alles. (318) Im Jahre achtundachtzig am achtundzwanzigsten oder neunundzwanzigsten Dezember gab es dort einen großen Kampf, ob eine moldawische Staatssprache eingeführt werden soll oder nicht. (319) Und die Kommunisten sagen: Wir werden sie nicht einführen. (320) Und wir können nicht dahin gehen, das kann nicht sein. (321) Auf einmal hat X. achtundachtzig in einer seiner Schriften geschrieben, daß das kommunistische System beschlossen hat, daß Moldawisch die Staatssprache wird. (322) Als ich das las, habe ich verstanden, daß von da an das kommunistische System in ganz Moldawien zerstört ist, weil der Internationalismus zuende gegangen ist. (323) Damals gab es die russische Sprache für alle, und für jedes einzelne Volk auch seine eigene Sprache. (324) Als sie plötzlich sagten, daß es das Moldawische wird. (325) Das war's, es ist vorbei. (326) Als ich das las, sagte ich mir, jetzt ändert sich die Lage. (327) Wenn wir Gagausen unsere eigenen Worte nicht sagen, ist unsere Angelegenheit wieder beendet. (328) Ich habe in Kišinev gearbeitet. (329) Ich habe gekündigt. (330) Ich habe geschrieben. (331) Ich lebte an einem Ort. (332) Dort bin ich ausgezogen, ich konnte dort nicht mehr leben, denn ich habe gekündigt, dort hatte es mir mein Arbeitsplatz gegeben, zum Wohnen. (333) Ich nahm meine Frau und meine Tochter, fand einen Platz für sie und habe sie hierher gebracht. (334) Ich selbst habe gekündigt und bin nach Komrat gekommen. (335) Und hier haben wir die gagausische Volksbewegung gegründet. (336) Dort haben sie mich zum Führer gewählt. (337) Na, wir haben hier angefangen zu arbeiten. (338) Und diese gagausische Volksbewegung brachte die Probleme national auf. (338) Von der nationalen Seite. (340) Nicht sozial, nur daß es für uns die Sprache geben soll, das Russische, schau die meisten wollten, daß man diese nicht berührt. (341) Sonst nichts. (342) Alles soll bleiben, wie es war. (343) Daß wir russisch sprechen, reicht uns aus. (344) Aber Moldawisch wollen wir nicht. (345) Rumänisch wollen wir nicht, das ist alles. (346) Und soviel, das war so, wie eine chronische Krankheit. (347) Was wollen sie: Rührt uns nicht an, ein solches System war das. (348) Als das gagausische Volk anfing, diese Sachen zu machen, begannen die Meetings. (349) Und die Menschen wurden dings, aggressiv. (350) Aber es muß jemand da sein, der sie sammelt. (351) Und bei den Gagausen entstand nur eine Politik, die nationale politische Bewegung, dieses gagausische Volk. (352) Wir versammeln sie zu Meetings, alle kommen zu uns, denn es gibt nichts anderes. (353) Was wir ihnen sagten, das [mit] der gagausischen Autonomie, dies, das. (354) Und das drang in die Menschen ein. (355) Hast du verstanden? (356) Das hätte anders sein können, [wenn] eine andere Partei vielleicht eine andere Art gewollt hätte.

(357) ama gagauz halk hareketi istedi bunu milli milli milli (358) da bu girdi insana (359) da bu aldï onu ani milli ruhu kalktï bunu da otonomi düzmek ičin (360) da bän düsünüyorum ani bu taraftan biz bunu yapmayaydïk iš olaǰeydi beki baška türlü (361) milli ruh o yufka zayïf olaǰeydi (362) a insana bu girdi bu (363) bu onu yürüttü (364) bu topladï hepsini (365) bu ideoloži topladï hepsini (I: kimlär gelirdi daha čok sizin mitinglerä) (366) hepsi gelirdi hepsi gelirdi škola okuldan (367) okuldan büüklerinä kadar (368) okuldan en büüklerinä kadar geldi (369) kim dädu ihtiyärlär da genčlär dä čoǰuklar da küčüklär dä kïzlar da kim istersän (370) binnernän binnernän kiši toplanardï (371) var videyo o yazïlï (372) Komratta X. X. bilirsin mi aa bu čoǰuk (373) o videyo čïkarmïštï mitingleri
(374) bu dünyada čennet yok (375) nekadar da islā insan yašamasïn o herzaman böle (376) ama ačan ee ya insan bir kuru ekmeklän doyum olsun o bir normal yašasïn mï (377) o istiy yašasïn ama insanǰa yašasïn (378) ačan sän onu bir köpek yerinä sayaǰan o istemeyǰek olsun köpek (379) o diyǰek o insan bän dä diyǰek insanïm (380) annadïn mï (381) onun ičin böle išlär bitmeyǰek bir zaman (382) o nasïl nekadar yašayǰak insan onnar da bukadar sürteǰek (383) gagauzlar susardïlar onnar bin yïl susamayǰaklar gene (384) onnarïn geldi sādï ani šindi onnar söledilär kendi lafïnï (385) onu kimsä durgudamayǰeydi

Text 7: Der Maulbeerbaum

(1) küčüklüüm orada gečti (2) vardï bir büyük dut aaǰïmïz (3) o dut aaǰïn altïnda hep ördeklär kazlar kazlarïn arasïnda da biz (4) taa čok bulanïrdï suratïmïz nekadar gidärdi karnïmïza (5) gelärdi komšularïn da čoǰuklarï hepsi oraya (6) hadï benim da malim saadï bobamïn anesi (7) o istär kolverirdi bizi orayï istär kolvermezdi ama čoǰuklar hepsi isterlär dut yemää (8) bän gelip yalvarerim mali kolvärsänä biz dut yiyeǰez orada (9) hadi gidin

(357) Aber die gagausische Volksbewegung wollte dies, national, national, national. (358) Und das drang in den Menschen ein. (359) Und das ergriff ihn, daß der nationale Geist aufstand, und das, um eine Autonomie zu errichten. (360) Und ich denke, daß, wenn wir dies nicht von dieser Seite gemacht hätten, die Sache vielleicht anders geworden wäre. (361) Der nationale Geist wäre seicht und schwach gewesen. (362) Aber in die Menschen drang dies ein. (363) Das hat ihn bewegt. (364) Das hat alle zusammen gebracht. (365) Diese Ideologie hat alle zusammen gebracht. I: Wer alles kam mehr zu euren Versammlungen? (366) Alle kamen, alle kamen, von der Schule - (367) Von der Schule bis zu den Erwachsenen. (368) Von der Schule bis zu den Ältesten kamen sie. (369) Wer, der Großvater, die Alten und Jungen, die Knaben und die Kleinen, die Mädchen und wen du willst. (370) Tausende von Menschen versammelten sich. (371) Es gibt das auf Video aufgezeichnet. (372) Der X. X. in Komrat, kennst du ihn, diesen Jungen? (373) Er hat die Meetings auf Video herausgebracht.

(374) Auf dieser Welt gibt es kein Paradies. (375) Wie gut der Mensch auch leben mag, das ist immer so. (376) Aber wenn, ehm soll der Mensch etwa mit trockenem Brot satt werden, oder soll er normal leben? (377) Er möchte leben, aber er möchte leben wie ein Mensch. (378) Wenn du ihn auch als einen Hund betrachtest, er möchte kein Hund sein. (379) Er wird sagen, das ist ein Mensch und ich, wird er sagen, bin auch ein Mensch. (380) Hast du verstanden? (381) Deswegen werden solche Sachen niemals aufhören. (382) Das ist wie, solange Menschen leben, solange werden sie das auch fortsetzen. (383) Die Gagausen haben immer geschwiegen, sie werden nicht noch mal tausend Jahre schweigen. (384) Ihre Stunde ist gekommen, daß sie nunmehr ihr eigenes Wort gesagt haben. (385) Das hätte niemand aufhalten können.

Text 7: Übersetzung

(1) Meine Kindheit ist dort vorübergegangen. (2) Wir hatten einen großen Maulbeerbaum. (3) Unter diesem Maulbeerbaum waren immer Enten und Gänse und zwischen den Gänsen wir. (4) Unser Gesicht wurde mehr verschmiert, als in unseren Bauch ging. (5) Es kamen auch alle Kinder der Nachbarn dorthin. (6) Na, meine Oma hat gemolken, die Mutter meines Vaters. (7) Wenn sie wollte, ließ sie uns dorthin, wenn sie nicht wollte, ließ sie uns nicht, aber alle Kinder wollen Maulbeeren essen. (8) Ich komme und bettele: Oma laß uns hinein, wir wollen dort Maulbeeren essen. (9) Na los, geht.

(10) šindi te ördeklerim kazlarïm koyiim siz girin (11) biz gireriz pineriz o taa aaǰïn tepesinä (12) tä benim annatmam da var orda kiyatta (13) ama yazïn dutlar olduynan taa var harman düveriz (14) getireriz kïrdan pičintileri ve pičintileri indireriz orda (15) sora košerlar beegirleri (16) ayderlar ilkin sadeǰä öle beegirler dönsünnär čiinesinnär orda yayïlï öle bir pergel gibi harman (17) düülmüš bir yer düz (18) da ačan orda pičintilär yayïlï diiǰez ki buday mï arpa mï neysa (19) gider beegirlär ilkin bir kač kere orta yerde bir kazïk o kazïkta bir čatï čatïda baalï bir čift beegir (20) o beegirlär dönerlär atlar dönerlär dönerlär dönerlär (21) yassï diyorlar (22) yassïntïlar sora ārdïnda beegirlerin ārdïna košerlar bir tokmak taš (23) öle var kertikli taš o taš baali bir nestedä (24) burdan koyerlar beegirlerin ārdïna götlükleri koyerlar (25) götlüklere ekištirerlär yan kayïšlarï (26) yan kayïšlarlan bu tokmak döner urer (27) döndükče urer (28) bir kač kere döner o čatï sarïler o kazaa (29) döner döner döner döner yasïlderlar hepten ordan bašlïklar ezilir (30) teneler gider ašaa sora durgudïyors (31) durguttuk beegirleri aktarer^{ï}s (32) hepsi toplašer insanlar aktarer^{ï}s aktarer^{ï}s aktarer^{ï}s (33) hadi taa bir kere (34) sora gene o tokmaa sora düveni košer^{ï}s (35) düvenin altïnda o bir tafta te šöle altïnda čakmaklar var (36) orda da bir ilištirmää bir gega o gegaya ilištirerlär beegirleri eh beegirlär (37) oraa koyeris bir kač taš aar olsun čoǰuklar piner oraa (38) hay gözleri da toz kïlčïk bašlïklardan ne kïlčïklar hepsi (39) ama döneris sïčak en sïčakata te šu havada (40) döneris orda döneris döneris ta akšama kadar (41) akšamneyin topleris onnarï hepsini (42) gene topleris sïyïrgï var süpürge var hepsi ne var gelir čoǰuklar büüklär karïlar kim var hepsi gelerlär harmanï toplamaa (43) toplersin kazïï ya tïnaz diyors ona (44) o tïnazï sora bašladï yabalarla saurmaa (45) saurerlar bu yanïnda düšer samannar o yanïnda teneler o yanïna samannar bütün taa geč vakïta (46) varsa biraz lüzgärǰik islā yoksa lüzgärǰik ertesi gününä kaler (47) öle toplerlar

(10) Ich will jetzt mal meine Enten und Gänse einsperren, geht ihr hinein. (11) Wir gehen hinein und klettern bis in den Wipfel des Baumes. (12) Es gibt ja auch meine Erzählung da, im Buch. (13) Aber im Sommer, wenn die Maulbeeren reif werden, muß man auch dreschen. (14) Wir bringen das gemähte Getreide vom Feld und laden das gemähte Getreide dort ab. (15) Dann spannt man die Pferde an. (16) Sie treiben sie erst mal so, die Pferde sollen umhergehen und das dort ausgebreitete zerdrücken, der Dreschboden ist wie ein Kreis. (17) Ein gestampfter Platz, eben. (18) Und wenn dort das gemähte Getreide ausgebreitet ist, sagen wir mal Weizen oder Gerste oder was auch immer. (19) Zuerst gehen die Pferde ein paarmal, in der Mitte gibt es einen Pfahl, an dem Pfahl ein Seil, an dem Seil ist ein Paar Pferde angebunden. (20) Diese Pferde drehen sich, die Pferde drehen sich, drehen sich, drehen sich. (21) Man nennt es Plätten. (22) Nach dem Plätten spannt man hinter die Pferde eine Walze aus Stein (23) Es gibt so einen gerillten Stein dieser Stein ist an ein Dings gebunden (24) Von dort befestigen sie hinter den Pferden ihre Zugscheite. (25) An die Zugscheite befestigen sie die Seitengurte. (26) Mit diesen Seitengurten dreht sich diese Walze und schlägt. (27) Sich andauernd drehend schlägt sie. (28) Sie gehen ein paar Mal herum und das Seil wickelt sich um diesen Pfahl. (29) Sie gehen herum und herum und machen es ganz platt, dadurch werden die Ähren zerquetscht. (30) Die Körner gehen nach unten, dann halten wir [die Pferde] an. (31) [Wenn] wir die Pferde angehalten haben, wenden wir [das Getreide]. (32) Alle Menschen versammeln sich, wir wenden und wenden und wenden. (33) Los, noch einmal. (34) Dann noch einmal diese Walze, dann spannen wir den Dreschflegel an. (35) Unter dem Dreschflegel ist ein Brett, genau so, unter ihm sind Feuersteine. (36) Dort gibt es zum Festmachen einen Haken, an diesem Haken machen sie die Pferde fest, die Pferde. (37) Dorthin legen wir ein paar Steine, damit es schwer ist, die Kinder klettern dort hinauf. (38) Hej, ihre Augen, Staub, Spelzen, von den Ähren, was für Spelzen, und alles. (39) Aber wir drehen uns, es ist heiß, in der größten Hitze, genau in einem solchen Wetter [wie es jetzt ist]. (40) Wir drehen uns und drehen uns bis zum Abend. (41) Abends sammeln wir sie alle ein. (42) Wir sammeln wieder ein, es gibt Schaufeln, es gibt Rechen, alles was es gibt, es kommen die Kinder, die Großen, die Frauen, wer da ist, alle kommen, um den Dreschboden aufzuräumen. (43) Du räumst den Pfahl auf, oder wir nennen es Haufen. (44) Später fängt man an, diesen Haufen mit Forken zusammenzukehren. (45) Man kehrt, und auf diese Seite fällt das Stroh und auf jene Seite die Körner, auf diese Seite das Stroh, alles bis spät in die Nacht. (46) Wenn es etwas Wind gibt, ist es gut, wenn es keinen Wind gibt, bleibt es bis zum nächsten Tag. (47) So sammeln sie es ein.

(48) da sora üč gündän soram ačan lüzgärli ava olur salerlar ayrï yerlär teneyi tavana samanï baška iš ičin (49) o bu öle arman yeri (50) arman yerinin yanïnda vardi bir dut aaǰïmïz (51) dut aaǰinda (52) ama harman šansora bugün pazar pazar günü harman düülmür (53) kalmïš harabada (54) haraba biliyorsunuz ne (55) bir at arabasï beegir arabasï (56) o üklü samannan kalmïš (57) orada dut aaǰïn yanïnda duruyor (58) šindi biz gittik dut yemää (59) malim dä gitmiš orda baker išinä (60) anamda giisileri yïker (61) čamašïrlarï yïkiyor (62) biz pindik o aaǰïn üstünä dä ama o komšumuz ani gelmišti o da bizdä biraz hïsïm geliri (63) övmüštü diyor bän hen yukarï pineǰem (64) ee bän burda ašaada var (65) yok hen yukarï (66) piniyor orda (67) pinmiš bir dala o dal kïrïlmïš da kalmïš asïlï (68) bän kačarak gittim baarerim mali gel bi orda asïlï kaldï burda X. asïlï kaldï X. (69) bän sölerim ani ne oldu (70) ama malim der našey oldu ne oldu (71) ačan baker o ordan gölmeinden asïlï (72) ne yapmaa buna šindi (73) čabuk (74) anam da ordan čïktï (75) gittilär komšularï čaïrmaa ama komšulardan biri akïlï (76) tez der čekin arabayï burayï (77) samannan üklü arabayï (78) čekïn alïn altïna (79) oorïna čekti pindi ordan ona da neste kossayla kesti onun gölmeeni düstü araba ičinä (80) bu X.'lä orda var bir annatma (81) düstüynän vardï nasï kïrsïn bir yerini (82) beki ölmeǰeydi o ama vardï nasïl ölsün dä (83) čekti nereyä düštü (84) hep ordan gitmiš bir on metre

(85) bän okula šolaya čekettim yedi yašïnda pek yoktum altï yašïndaydïm taa (86) verdiler beni bir ee ama bizim küüdä škola romïnǰa gidärdi (I: hangï yïlda) (87) otuzbeštä (88) öle olmalï yirmisekizdän doomam yirmidokuz otuz otuzbeštä te öle otuzbeštä güzün verdilär beni (89) öle altï yašïndaydïm (90) da orarda bizi yazmaa okumaa ööretmäzdiler (91) öle uzun nijä šindi var neste ušak bačelär var (92) ozaman vardï školada bir klass (93) oradaki bu hen küčükleri bir üüretmän moldovanka romanka bizä üüredirdi romïnǰa laf etmää (94) da bän orda o kïšïn burda üürendim

(48) Und später, nach drei Tagen, wenn das Wetter windig ist, bringen sie das Korn an einen speziellen Platz und das Stroh in den Heuboden, für etwas anderes. (49) So, solcherart ist der Dreschplatz. (50) Neben dem Dreschplatz hatten wir einen Maulbeerbaum. (51) Auf dem Maulbeerbaum - (52) Aber das Dreschen, nunmehr, heute ist Sonntag, am Sonntag wird nicht gedroschen. (53) Ein Wagen ist auch [dort] geblieben. (54) Wißt ihr, was ein *haraba* ist? (55) Ein Pferdewagen, Pferdewagen. (56) Er ist, beladen mit Stroh, stehengeblieben. (57) Dort, neben dem Maulbeerbaum steht er. (58) Nun sind wir gegangen, um Maulbeeren zu essen. (59) Meine Oma ist auch gegangen und schaut nach ihrer Arbeit. (60) Meine Mutter wäscht die Kleider. (61) Sie wäscht die Wäsche. (62) Und wir sind auf den Baum geklettert, aber der Nachbar, der gekommen war, er ist auch etwas verwandt mit uns. (63) Er hat angegeben, er sagt: Ich werde nach ganz oben klettern. (64) Na, ich: hier, hier unten gibt es [Maulbeeren]. (65) Nein, ganz nach oben. (66) Er klettert dort. (67) Er ist auf einen Ast geklettert, dieser Ast ist gebrochen und er ist hängengeblieben. (68) Ich bin rennend gegangen, ich schreie: Oma, komm mal, dort ist der X hängengeblieben, der X. ist dort hängengeblieben. (69) Ich sage doch, was passiert ist. (70) Aber meine Oma sagt: Was ist passiert, was ist passiert? (71) Als sie schaut, ist er dort an seinem Hemd aufgehängt. (72) Was soll man jetzt für ihn tun? (73) Schnell! (74) Meine Mutter kam auch von dort heraus. (75) Sie gingen, um die Nachbarn zu rufen, aber einer von den Nachbarn war schlau. (76) Schnell, sagt er, zieht den Wagen hierher. (77) Den mit Stroh beladenen Wagen. (78) Zieht ihn und nehmt ihn unter [den Baum]. (79) Er zog ihn zu ihm und stieg von da auf zu ihm und Dings mit einer Sense schnitt er sein Hemd ab, und er fiel in den Wagen. (80) Mit diesem X. gibt es dort eine Erzählung. Als er fiel, hätte er sich etwas brechen können. (82) Vielleicht wäre er nicht gestorben, aber er hätte auch sterben können. (83) Er hat ihn dorthin gezogen, wo er hingefallen ist. (84) Von dort ging es ungefähr zehn Meter.

(85) Ich habe mit der Schule angefangen mit sieben Jahren, nicht ganz, ich war erst sechs Jahre alt. (86) Sie gaben mich in eine, na, aber in unserem Dorf ging die Schule auf Rumänisch. (I: In welchem Jahr?) (87) Fünfunddreißig. (88) So muß es sein, ich bin achtundzwanzig geboren, neunundzwanzig, dreißig, fünfunddreißig, so, im Herbst fünfunddreißig haben sie mich gegeben. (89) So war ich sechs Jahre alt. (90) Und dort haben sie uns nicht lesen und schreiben beigebracht. (91) So lang, wie jetzt, es gibt solche Kindergärten. (92) Damals gab es in der Schule eine Klasse. (93) Die dort befindlichen Allerkleinsten, ein Lehrer, eine Moldauerin, eine Rumänin, sie lehrte uns, rumänisch zu sprechen. (94) Und ich habe dort in diesem Winter, habe ich hier gelernt.

(95) sora ertesi yïlïn birinǰi klassa girdim (96) birinǰi klassa sora ikinǰi sora üčünǰü dördünǰü hepsini romïnǰa (97) bän romïnǰayï čok tez kavradïm (98) üčünǰü klasta bän artïk hen güzäl anlardïm benim üüretmenimi (99) öbürlär bana sorardï ne dedi ne dedi ne dedi (100) gelip gelip bana benimnen yanašïk oturmaa istärdilär (101) bän čok kolay annadïm kolay ee kolay verildi bana (102) hepsi dillär bana kolay verilir (103) ama ozaman öle (104) sora bu üzere besbelli annerim ööretmeni (105) kafam da besbelli čalïšïrdï daa iiǰä mi ee hep öle mi (106) kim bilsin (107) bän bašladïm taa ii üürenmää (108) taa ii gidärdi benim išlerim (109) ozaman bitirdim dördünǰü klas (110) da dördünǰü bešinǰiyä da bän gittim da čeketti ǰenk (111) ǰenk čeketti da romïnnar gitti geldi kïrkïnǰi yïl (112) kïrkïnǰï yïlda bän bešinǰi klasa lāzïmdï gideim (113) ama romïnlar gitti geldi ruslar (114) hič bir ǰenksiz bi šeysiz (115) romïnlar ozaman nasï annašmïštïlar (116) bir yïl öle oldu (117) kïrkbirdä yirmisekizinde yun yirmisekiz bašladï büük ǰenk (118) da o kïrkbir güzün ačan gečti beni babam yolladï bu papaz okuluna papaz medresesinä papaz nasï seminariyasïna (119) bän ordan veremedim pek eksaminneri veremedim nasï lāzïm (120) sora bizim köylü papaz o benim bobam islā yašardï papazlan onun onun topraklarïnï yarïya išlärdi (121) yarïya annïyorsunuz? (122) yarïsïnï bereketin ona yarïsïnï ona (123) da papaz gitti ordan neseydi (124) gitmedi o ama telefonda konuštu orasïnï (125) ne laf etti onu da bän bilmerim (126) ama bobam sora götürdü ona bir kuzu sora bilmem taa ne (127) bu išleri bän bilmem da annatï öle yaptï öle bir gözäl bir annatmaa (128) da sora čaardïlar beni (129) ama ondan hič pišman olmadïm bän yazmïštïm sačineniya [.] nasï tez (130) da o tezdä pek čok yanïš varmïš (131) kïpkïrmïzï yapmïšïm (132) bir romïn karï bakmïš (133) demiš bu bilmiyor rumïnǰa ne (134) neyan siz bunu getiriyorsunuz az papaz olaǰak ondan (135) ama soram ačan bän beni bobam nasïsaydï te papaz gibi nasï konušmuš onu beni aldïlar (136) da ačan o gelärdi bizim oroklara bizim nesteyä (137) tanïdï beni (138) da verdi fiileri diištirmää

(95) Dann, im nächsten Jahr, bin ich in die erste Klasse gegangen. (96) In die erste Klasse, dann in die zweite Klasse, dann die Dritte, Vierte, alles auf Rumänisch. (97) Ich habe das Rumänische sehr schnell begriffen. (98) In der dritten Klasse habe ich unsere Lehrerin am besten verstanden. (99) Die anderen haben mich gefragt: Was hat sie gesagt, was hat sie gesagt? (100) Sie kamen immer zu mir und wollten neben mir sitzen. (101) Ich habe sehr leicht verstanden, na es wurde mir leicht gegeben. (102) Alle Sprachen werden mir leicht gegeben. (103) Aber damals war es so. (104) Dann habe ich natürlich deshalb meine Lehrerin verstanden. (105) Mein Kopf hat selbstverständlich auch gearbeitet, besser, oder genauso? (106) Wer soll das wissen? (107) Ich fing an, besser zu lernen. (108) Meine Angelegenheiten gingen besser. (109) Damals habe ich die vierte Klasse beendet. (110) Und ich bin auch in die Vierte und Fünfte gegangen, da begann der Krieg. (111) Der Krieg begann und die Rumänen gingen, es kam das Jahr vierzig. (112) Im Jahr vierzig mußte ich in die fünfte Klasse gehen. (113) Aber die Rumänen sind gegangen und die Russen sind gekommen. (114) Ganz ohne Krieg, ohne etwas. (115) Wie die Rumänen es damals vereinbart hatten. (116) Ein Jahr ging so. (117) Einundvierzig, am achtundzwanzigsten Juni begann der große Krieg.[80] (118) Und als der Herbst einundvierzig vorüber war, schickte mich mein Vater auf diese Pfarrerschule, diese Pfarrermedrese (sic!), dieses Pfarrer-, na wie, Seminar. (119) Ich habe dort die Prüfungen nicht ganz so ablegen können, wie es nötig war. (120) Später hat der Pfarrer unseres Dorfes - mein Vater hat sich mit dem Pfarrer gut verstanden, er hat seinen Grundbesitz für die Hälfte bearbeitet. (121) Ihr versteht "für die Hälfte"? (122) Die Hälfte der Ernte für den, die Hälfte für ihn. (123) Und der Pfarrer ging von da, oder was auch immer. (124) Er ist nicht gegangen, sondern er hat es am Telefon besprochen. (125) Was er gesagt hat, das weiß ich auch nicht. (126) Aber mein Vater hat ihm dann ein Lamm gebracht, dann was weiß ich noch was. (127) Diese Sachen weiß ich nicht, aber er hat erzählt, daß er es so gemacht hat, das ist eine schöne Erzählung.(128) Und dann haben sie mich gerufen. (129) Aber ich habe es nie bereut, ich hatte einen Aufsatz geschrieben [.] wie eine Hausarbeit. (130) Und in dieser Hausarbeit gab es viele Fehler. (131) Ich habe es ganz rot gemacht. (132) Eine Rumänin hat es angeschaut. (133) Sie hat gesagt: Der kann kein rumänisch und was. (134) Was bringt ihr ihn her, aus dem wird kaum ein Pfarrer. (135) Aber später als ich, mich, mein Vater hat, wie auch immer, wie der Pfarrer, wie er das besprochen hat, haben sie mich genommen. (136) Und als sie in unseren Unterricht kam, in unser Dings. (137) Sie hat mich erkannt. (138) Und sie gab mir auf, die Verben zu beugen.

80 Der Angriff auf die Sowjetunion begann am 22. Juni 1941.

(139) romïnnar kulaktan (140) kim evdä konušur romïnǰa kim evdä bilir romïnǰa o kulaktan alïverdilär (141) ama bän aldïm da ezbereyim (142) üürendim (143) sevdi beni da sora bašladï demää ani ki siz lāzïm olaǰak X.'dan öörensin deil X. sizdän

(144) ama front gečtiynän burda rus izin vermiš hepsini ušaklarï ööretmää (145) toplamaa da ööretmäa (146) ey kim ööredeǰek (147) yok kim (148) vardï bizdä bir X. X. X. (149) o bir yarï rus yarï gagauz ama taa čok gagauz o bilmeer (150) gelmišlär nezamansaydï Buǰaa familyalarï X. rus familyasï ama onnar unutmuš kendini ani onnar rus (151) onnar gagauz (152) ama onnarïn familyasï X. deyni onu fronda čaarïyorlar (153) ruslarï čingeneleri moldovannarï aldï rus nemceyä karsï alamana karšï gagauzlarï bulgarlarï almadï (I: niye) (154) inanmïyor (155) onnarï trud armiya (156) trud bilirsin ne (157) orda išä (158) benim bobamï da aldïlar orayï išä (159) a bu X.'a demišlär sän istärsäydin sän fronda ǰengä gitmämää ööret čoǰuklarï (160) ööredeǰäm demiš (161) yazmaa okumaa bilirsin (162) iki üč pek az gramata o onnarïn bobalarï vardï un üütmää makinalarï orada mašinalar (163) o un üütmää mašinada yazmaa okadar üürenmiš ama gözäl vardï bir gözäl yazïsï pek gözäldi (164) ey onu koymušlar baš školaya (165) o da biler ani bän papazlïk ičin üürendim var bilgim (166) čeker beni gel der yazaǰeïz nekadar čoǰuk var küüdä nekadar ušak var (167) da dir sora sän koyaǰam seni ööredärsin onnarï (168) derim nereyi bän ööredeǰem bän papazlïk ičin öörendim (169) ha gidelim bizim rayona oraya (170) gelmiš rusyadan bir fronttan bir baǰaï yok (171) onu koymušlar školalarï düzsün (172) da o čaarer beni (173) näanda öörendin (174) derim te böle böle Ismailda öörendim (175) dir sän ne iš ičin öörendin (176) derim te bu papazlïk ičin (177) getir var mï (178) göstärdim orda benim bu šapkam da var orda bir kruča bir krest (179) biz krest deriz (180) da baktï o baktï (181) dir sän dir ööretmen olmaa učitel olmaa istemirmisin (182) derim istirim ama bilmirim rus dilini (183) sän dir hangï dil taa ii bilersin (184) bän biliim biraz romïnǰa ama hepsindän islā gagauzǰa bilerim

(139) Die Rumänen durch die Ohren. (140) Wer zu Hause rumänisch spricht, wer von Hause aus rumänisch kann, der hat es durch das Ohr aufgenommen. (141) Aber ich habe es genommen und auswendig gelernt. (142) Ich habe es gelernt. (143) Sie mochte mich [deshalb] und später fing sie an zu sagen: Ihr werdet von X. lernen müssen, nicht X. von euch.

(144) Aber als die Front vorüberging, haben die Russen hier befohlen, alle Kinder zu unterrichten. (145) Sie einzusammeln und zu unterrichten. (146) Na, wer soll sie unterrichten? (147) Es gab niemanden. (148) Es gab bei uns einen X. X. X. (149) Er war ein halber Russe und ein halber Gagause, aber mehr ein Gagause, er weiß es nicht. (150) Sie kamen wann auch immer in den Budschak, ihr Nachname ist russisch, X. ist ein russischer Nachname, aber sie haben selbst vergessen, daß sie Russen sind. (151) Sie sind Gagausen. (152) Aber weil sein Nachname X. ist, rufen sie ihn an die Front. (153) Die Russen, die Zigeuner und die Moldauer haben die Russen gegen die Deutschen genommen, die Gagausen und Bulgaren haben sie nicht genommen. (I: Warum?) (154) Sie trauen ihnen nicht. (155) Sie [kommen in] die Arbeitsarmee. (156) Du weißt, was *trud* ist? (157) Dort zur Arbeit. (158) Meinen Vater haben sie auch genommen, dorthin zur Arbeit. (159) Aber diesem X haben sie gesagt, wenn du nicht an die Front, in den Krieg gehen willst, unterrichte die Kinder. (160) Er hat gesagt: Ich werde unterrichten. (161) Du kannst lesen und schreiben. (162) Zwei, drei, sehr wenig Lese- und Schreibfertigkeit, ihr Vater hatte Maschinen zum Mehlmahlen dort, Maschinen. (163) An dieser Mehlmahlmaschine hat er gerade soviel schreiben gelernt, aber er hatte eine sehr schöne Schrift, sie war sehr schön. (164) Na, den haben sie in die Schule als Vorsteher eingesetzt. (165) Er weiß auch, daß ich Theologie studiert habe, daß ich Wissen habe. (166) Er zieht mich, er sagt, komm wir schreiben auf, wieviele Jungen es im Dorf gibt, wieviele Kinder es gibt. (167) Und, sagt er, du später, ich setze dich ein und du unterrichtest sie. (168) Ich sage: Wo soll ich unterrichten, ich habe Theologie studiert. (169) Los, laß uns zu unserem Rayon gehen, dorthin. (170) Aus Rußland war einer von der Front gekommen, eins seiner Beine war weg. (171) Ihn haben sie eingesetzt, damit er die Schulen einrichtet. (172) Und er ruft mich [zu sich]. (173) Wo hast du studiert? (174) Ich sage, so und so, in Ismail habe ich studiert. (175) Er sagt, was [wrtl. für welche Sache] hast du studiert? (176) Ich sage, eben diese Theologie. (177) Bring mal, gibt es [Beweise]? (178) Ich habe ihm dort diesen meinen Hut und es gab dort auch ein Kreuz, ein Kreuz, gezeigt. (179) Wir sagen *krest*. (180) Und er schaute und schaute. (181) Er sagt: Willst du nicht Lehrer werden? (182) Ich sage: Ich will, aber ich kann kein Russisch. (183) Er sagt: Welche Sprache kannst du besser? (184) Ich kann etwas Rumänisch, aber besser als alles kann ich Gagausisch.

(185) dir hangï bilirsän sän dir ööredeǰen sade yazmaa okumaa okadar (186) sendän baška bir šey istemäm (187) derim islā ama neste derim yok mu bana veresiniz bir yer klisedä bän öörendim bu iši (188) yok der biz kiliselerä karïšmïyors (189) derim kim kliselerin üstünä (190) bizdä der yok klisä yok yok (I: bu hangï yïl olur bu iš?) (191) bu kïrdört (192) ey bän dä o X. X.'nän bilä geler[i]s topladïk bašladïk onnarï ööret[mää] söledik te böle (193) ama sentabrin birindä lāzïm čeketsin čeketmedi (194) der yazdïnïz mï čoǰuklarï (195) deriz yazdïk (196) šindi gideǰeniz bir ay sizi programnarï vereǰeklär sizä Baurda [.] var bir šehir (197) biz gittik orayï (198) orda verdilär bizä ne orda rusča söylerlär hespini bän hič bir šey annamerim (199) o yana bu yana (200) ama vardï bir dä grup moldovanǰa (201) bän orayï gittim o moldav grupuna orda biraz biraz öörendim ne yazmaa ne yapmaa (202) geldiynän diyorum bän onnarï toplad... verdi o bana o birinǰi klas (203) henez gelmiš ušaklar (204) bän toplerïm onnarï öörediyorum orda yazmaa taa čok gagauzǰa nekadar rusča (205) ama bän o bana dedi der sän ne türlü istersän konuš ööret onnarï yazmaa (206) bän öle dä yaptïm (I: siz niǰä düšündünüz o bukvalarï) (207) rus rus bukvalarï (208) ozaman yoktu taa gagauz alfabesi (I: yoktu bilirim) (209) slavyan o X. X. slvayan alfabetini biliyor (210) hepsini onnarï bana verdi (211) bän uydurdum bir gün ičindä (212) bän hepsiǰini aldïm bän yaptïm kendi kendimä bir plan (213) da benim ušaklarïm ačan bitirdik o yïlï ya benim ušaklarïm hepsi hazïr (214) ama öbüründä da vardï (215) sora getirdilär iki üč bulgar onnarï da koydular ööretsinnär (216) bak bizdä čok ušak vardï ozaman üčüzün üstünä da (217) da onnarï koydu onnarï da ööretsinnär ama onnar hič bir bän bir kišinän hič (218) onnar istemišlär sade onnarï fronda yollamasïnnar

(219) ellinǰi yïlda bän evlendim (220) ey nasï [.] fukāralïkta ama bizim küümizdä öle (221) evlendiynän sade en ilkin nasï oluyor (222) en ilkin dünürǰülär yol[ï]yolar küüdä öle (223) dünürǰülär gider sorerlar annesinä bobasïna (224) olur mu

(185) Er sagt: Welche Sprache du kannst, wirst du unterrichten, nur lesen und schreiben, das war's. (186) Etwas anderes will ich von dir nicht. (187) Ich sage: Gut, aber Dings, sage ich, ist es nicht möglich, daß sie mir einen Platz in der Kirche geben, ich habe diese Sache studiert. (188) Nein, sagt er, wir kümmern uns nicht um die Kirchen. (189) Ich sage: Wer [kümmert sich] um dic Kirchen? (190) Bei uns, sagt er, gibt es keine Kirche, nein, nein. I: In welchem Jahr ist das? (191) Das ist vierundvierzig. (192) Na, ich und dieser X., wir kommen zusammen, wir versammelten und begannen, sie zu unterrichten, genauso wie wir es sagten. (193) Aber es hätte am ersten September losgehen sollen, aber es ging nicht los. (194) Er sagt: Habt ihr die Kinder aufgeschrieben? (195) Wir sagen: Wir haben sie aufgeschrieben. (196) Jetzt müßt ihr für einen Monat gehen, sie werden euch Programme geben, in Baur, [.] es gibt so eine Stadt. (197) Wir sind dorthin gegangen. (198) Dort gaben sie uns, was - dort sagen sie alles auf Russisch, ich verstehe überhaupt nichts. (199) Dahin und dorthin. (200) Aber es gab auch eine Gruppe auf Moldawisch. (201) Ich bin dorthin gegangen, zu dieser moldawischen Gruppe, dort habe ich ein wenig gelernt, was zu schreiben, was zu machen ist. (202) Als ich zurückkam, sage ich, ich habe sie gesamm--, er gab mir diese erste Klasse. (203) Die Kinder waren schon gekommen. (204) Ich versammele sie und lehre sie dort im Schreiben, mehr Gagausisch als Russisch. (205) Aber ich, er hat mir gesagt, er sagt, sprich, wie du willst, [aber] bring ihnen bei, zu schreiben. (206) Ich habe es auch so gemacht. I: Wie haben Sie sich diese Buchstaben ausgedacht? (207) Russisch, die russischen Buchstaben. (208) Damals gab es noch kein gagausisches Alphabet. (I: Das gab es nicht, ich weiß.) (209) Das slawische, dieser X. X. kennt das slawische Alphabet. (210) Er hat sie [d.h. die Buchstaben] mir alle gegeben. (211) Ich habe sie in einem Tag angepaßt. (212) Ich habe sie alle genommen, ich habe mir selbst einen Plan gemacht. (213) Und meine Kinder, als wir dieses Jahr beendet haben, da waren meine Kinder alle vorbereitet. (214) Aber bei den anderen gab es auch [welche, die vorbereitet waren]. (215) Später brachten sie zwei, drei Bulgaren, die haben sie auch eingesetzt zum Unterrichten. (216) Schau, bei uns gab es damals viele Kinder, mehr als dreihundert. (217) Und man hat sie auch eingesetzt, damit sie unterrichten, aber die waren nichts, nur ich, mit einer Person ist das nichts. (218) Sie wollten nur, daß man sie nicht an dic Front schickt.

(219) Im Jahre fünfzig habe ich geheiratet (220) Na wie, [.] in der Armut, aber in unserem Dorf war es so: (221) Was passiert ganz zuerst, wenn man heiratet? (222) Zuerst schickt man Brautwerber, im Dorf ist das so. (223) Die Brautwerber gehen und fragen die Eltern. (224) Ist es möglich?

(225) annesi bobasï kayïllïk verisa sora toplašïyorlar annašerlar ne günü düün yapmaa (226) da gelin gelir güveyin evinä o günü o bu oler (227) bizdä düün išlerini bän yazmïštïm anemdän (228) nasï baštan taa bitkiyadan (229) ama benim düünüm biraz baška türlü oldu čok fukāralïktï yoksulluktu (230) kolxozlar čekettmišti karïšmalïktï (231) kïrkdokuzda insannarï kaldïrdïlar (232) kaldïrdïlar benim bu ani benim karïm olaǰadï onun da annasïnï bobasïnï kaldïrdïlar (233) ama onnarï kaldïramadïlar onnar duurmušlar ani kaldïraǰaklar da diišmišlär bir baška küüyä kačmïšlar (234) ama ani benim gelinim olaǰak onu da [.] biz tanïšïrdïk onnan da biz onu bizim tarafta sakladïk biraz (235) da sora ačan biraz uslandï ellininǰi yïlda te nasï onu giydirdik öle fataylan niǰä bizdä oluyor (236) da onnarïn evindän čalgïǰilarlan gözäl geldi benim evimä

(237) derler Natilerin X. okadar (238) ama bizim dedelerimiz yedinǰi yedinǰi sïrayï bän biliyorum (239) benim dädum Panayit sayïler dädum (240) Rusinin Mitinin Mihailun Panayit (241) Rusinin kimsä Rusiymiš en köktän Rusinin Mitinin Mihailun Panayit (242) Panayit Mihailovič (243) Mihail Dmitrivič (244) Dmitri Rusivič (245) bän bilirim taa derindän da (246) šindi primar bana kim išlerï ačïkladï (247) o bendän taa büük yašta o (248) kimär kere bulušyoruz o bana ačikler (249) šindi bän yaperïm drevo bizim aač [.] kökenlerimiz yerleštiriyorum (250) ama herkes bu išlärlän urušmer (251) kimmiš kimmiš neysä (252) ama bän yazar bana bu išler meraklï (253) bän bu iši istiyorum taa neredän gelmää nasï (254) bu Rusinin da ötesini istiyorum dä (255) ārayǰam ömürüm yetiširsä bulaǰam yetišmezsä näabayïm onu (I: evlendiniz sora ana-babanïzla yašerdïnïz) (256) yašardïk anamnan bobamnan (257) sora biz genčlär nasï genčlär bän gidärdim školaya vardï išim (258) karïm evdä iši o anamnan bilä (259) bobam gidärdi kolxoza (260) anam taa gitmäzdi (261) onnar bašlardïlar ev išinnän orda uurašmaa dokurdular baška iš yapardïlar hem benim karïm kiyat da öörenirdi (262) örärdi hem öörenirdi (263) o istärdi olsun yetiššin beni (264) onu da öle koydu neetinä bän seni yetišeǰäm

(225) Wenn die Eltern einverstanden sind, dann treffen sie sich und verabreden, an welchem Tag man die Hochzeit macht. (226) Und die Braut kommt in das Haus des Bräutigams, an diesem Tag geschieht dies und das. (227) Die Hochzeitsangelegenheiten bei uns hatte ich niedergeschrieben, von meiner Mutter. (228) Wie, von Anfang bis ganz bis zum Ende. (229) Aber meine Hochzeit war auf eine etwas andere Art, es herrschte große Armut. (230) Die Kolchosen hatten angefangen, es war ein Durcheinander. (231) Neunundvierzig haben sie die Menschen vertrieben. (232) Sie vertrieben, meine, die, die meine Frau werden sollte, deren Eltern haben sie vertrieben. (233) Aber sie konnten sie nicht vertreiben, sie haben gemerkt, daß man sie vertreiben will und sind umgezogen in ein anderes Dorf, sie sind geflohen. (234) Aber die, die meine Braut werden sollte, die [.], wir kannten uns, und wir haben sie bei uns versteckt, ein bißchen. (235) Und später, als es etwas ruhiger wurde, im Jahre fünfzig, haben wir sie mit dem Schleier bekleidet, wie es bei uns üblich ist. (236) Und sie ist aus ihrem Haus mit Musikanten schön in mein Haus gekommen.

(237) Sie sagen Natis X., das war's. (238) Aber unsere Ahnen, die siebte Reihe, das weiß ich. (239) Mein Großvater wird Panayit genannt, mein Großvater. (240) Panayit [der Sohn] von Mihail [dem Sohn] von Miti [dem Sohn] von Rusi. (241) Von Rusi, wer auch immer Rusi ist, ganz von der Wurzel, Panayit [der Sohn] von Mihail [dem Sohn] von Miti [dem Sohn] von Rusi. (242) Panayit, Sohn des Mihail. (243) Mihail Sohn des Dmitri (244) Dmitri Sohn des Rusi. (245) Ich weiß das auch von ganz tief. (246) Jetzt hat mit der Vorsteher einige Sachen erklärt. (247) Er ist älter als ich. (248) Wir treffen uns manchmal, und er erklärt es mir. (249) Jetzt mache ich einen [Stamm]baum, unseren Baum [.] Ich lege unsere Wurzeln fest. (250) Aber nicht jeder beschäftigt sich mit diesen Sachen. (251) Wer war es, wer war es, was soll's. (252) Aber ich bin Schriftsteller, mich interessieren diese Sachen. (253) Ich möchte diese Sache [bis zu dem Punkt verfolgen], von wo man kommt, wie. (254) Ich möchte auch die [Zeit] über diesen Rusi hinaus [kennen]. (255) Ich werde es suchen, und wenn mein Leben reicht, finden, wenn es nicht reicht, was soll ich damit anfangen. I: Sie haben geheiratet und dann mit ihren Eltern gelebt? (256) Wir haben mit meinen Eltern gelebt. (257) Dann, wir Jungen, wie die Jungen, ich bin zur Schule gegangen, ich hatte Arbeit. (258) Meine Frau [hatte] ihre Arbeit zu Hause, zusammen mit meiner Mutter. (259) Mein Vater ging zur Kolchose. (260) Meine Mutter ging noch nicht. (261) Sie fingen an, sich mit den Hausarbeiten zu beschäftigen dort, sie webten, sie machten andere Sachen, und meine Frau lernte auch [aus] Büchern. (262) Sie strickte und lernte. (263) Sie wollte mich einholen. (264) Das hat sie sich vorgenommen: Ich werde dich einholen.

(265) da bän dä yardïm edärdim ona (266) bän ona yardïm edärdim (267) geldim verirdim ona te bunu okuuǰan bunu okuuǰan onu (268) ačan gitti eksamin vermääa o en iisi vermiš o (269) āradïlar bu genčleri (270) o da islāydï merakliydi güzäldi bana deyni aalemä beki deil (271) da gitti orda beenmišlär ondan sora verdi orda eksamin sora gitti sora Baurda (272) sora verdilär ona iš da verdilär hepsini hepsi gözäl (273) ama evdä dä sora kimin yoktu kim öörenmezdi bir yerdä onnarï hepsini kolxoza (274) kolxoza (I: siz evlendiniz stevonozluk oldu mu) (275) yok biz bizdä yoktu küüdä kilisä (276) kapalïydï (277) baška yerä da bän gitmedim (278) ii da ani gitmemišim (279) eer gideydim beni uradaǰadïlar beni ööretmenliktän (280) orda onnarïn vardï (281) biz bu išläri birazǰik šüpelenärdik ani nasï öle olsun ama bilmezdik ani okadaradan tïpkï bu iši isterlär yapmaa (282) biz ey alïp satmazdïk (283) sora belli oldu (284) sora bän komunist oldum (285) bän girdim partiyä (I: ušaklarïnïn belki oldu vaftizlik?) (286) ušaklarïmï da vaatiz etmedim ama bendän saklï benim anam hem karïm vaatiz etmišlär (287) bän dä šüpelenärdim ama yaptïm öle ani görmiyorum bilmiyorum (288) bän ačan bu papaz školasïndaydïm ozaman gelirdim evä (289) da yaz tatilerindä yaz kanikularïnda bulušurduk (290) uzakta yašamïyoruz niǰä genčlär öle bulušurduk beki bir oyun oynardïk beki bir annatïrdïk birbirimizä bišey gülärdik öle ya da danïšïrdïk (291) taa romïn školada da danïšïrdïk (292) o benim karïm otururdu ilerdä (293) ilerki sïralarda (294) bän gērdä otururdum (295) da ama öle birbirimizä öle laf čok katmazdïk (296) böle bišey bir karïndaš istemää beki bir baška bir šey [.] öle (297) niǰä ušaklar niǰä čoǰuklar ama sora ačan bän bašladïm gelmää bulušurduk kimär kere da bir iki kere kaldïk salt ikimiz (298) bir iki kere (299) da ne laf oldu orda da bän geldiynän ačan bitkinǰi yïlïn geldim o gečärdim bunnarïn yanïndan o da punardan su čeker (300) var onnarïn evinin yanïnda var gözäl bir pïnar da su čeker (301) bän gečerkän verdim selam (302) der dur bän sana bir šey söleǰem (303) bän durdum (304) da orda o kofalarï döküngǎ šu bu dir sän ačan gene gideǰen bana bir kiyat yaz

(265) Und ich habe ihr auch geholfen. (266) Ich habe ihr geholfen. (267) Ich kam und gab ihr: Dies mußt du lesen und dies und das mußt du lesen. (268) Als sie ging, um das Examen abzulegen, hat sie das beste abgelegt. (269) Sie haben solche jungen [Leute] gesucht. (270) Sie war auch gut, sie war interessiert, sie war schön, für mich, vielleicht nicht für die anderen. (271) Und sie ist gegangen, und dort hat sie ihnen gefallen, danach hat sie dort das Examen abgelegt, danach ist sie gegangen, in Baur. (272) Dann hat man ihr Arbeit gegeben und man hat ihr alles gegeben, alles war schön. (273) Aber zu Hause, später, wer nichts hatte, wer nicht irgendwo studiert hat, die [mußten] alle in die Kolchose. (274) In die Kolchose. I: Sie haben geheiratet, gab es eine kirchliche Trauung? (275) Nein, wir, bei uns im Dorf gab es keine Kirche. (276) Sie war geschlossen. (277) Und ich bin auch nicht woanders hingegangen. (278) Es war auch gut, daß ich nicht woanders hingegangen bin. (279) Wenn ich gegangen wäre, hätten sie mich aus dem Schuldienst entfernt. (280) Dort hatten sie [das Sagen]. (281) Wir haben diese Sachen ein bißchen befürchtet, daß, wie es so sein könne, aber wir wußten nicht, daß sie genau diese Sache bis dahin machen wollen. (282) Na, wir haben es nicht abgekauft. (283) Danach kam es heraus. (284) Dann bin ich Kommunist geworden. (285) Ich bin in die Partei eingetreten. I: Wurden Ihre Kinder vielleicht getauft? (286) Meine Kinder habe ich auch nicht getauft, aber meine Mutter und meine Frau haben sie, vor mir verborgen, getauft. (287) Ich hatte auch einen Verdacht, aber ich habe so getan, als ob ich nichts sehe und nichts weiß. (288) Als ich in dieser Pfarrerschule war, damals bin ich immer nach Hause gekommen. (289) Und in den Sommerferien haben wir uns getroffen. (290) Wir lebten ja nicht weit entfernt, wie Jugendliche, so haben wir uns getroffen, vielleicht haben wir einen Tanz getanzt, vielleicht haben wir einander etwas erzählt, haben gelacht, so ja, und wir haben uns kennengelernt. (291) Wir kannten einander schon in der rumänischen Schule. (292) Diese meine Frau hat vorne gesessen. (293) In den vorderen Reihen. (294) Ich habe hinten gesessen. (295) Aber wir haben nicht so viel miteinander geredet. (296) So, etwas, einen Stift wollen, vielleicht eine andere Sache [.] so. (297) Wie Kinder, aber später, als ich anfing, [in den Sommerferien] zu kommen, haben wir uns ein paar mal getroffen, eins, zwei Male sind wir auch nur zu zweit geblieben. (298) Ein, zwei Mal. (299) Und was es da für ein Gerede gab, und als ich im letzten Jahr kam, bin ich an ihrer Seite vorbeigegangen und sie holte Wasser aus der Quelle. (300) Neben ihrem Haus gibt es eine schöne Quelle, und sie holt Wasser. (301) Beim Vorbeigehen grüßte ich sie. (302) Sie sagt, bleib mal stehen, ich will dir was sagen. (303) Ich bin stehen geblieben. (304) Und während sie dort diese Eimer ausschüttet, sagt sie dies und das: Wenn du wieder weggehst, schreib mir einen Brief.

(305) bän de gittim dä yazmadïm (306) ey utandïm ee öle okadar bilirdik (307) ama sora ačan artïk bän ööretmen oldum onun da babasï da geldi o onu da almïštïlar askere da ordan nasïsaydï gelmiš (308) onun babasïna da verdilär čünkü kurtulsun askerliktän yinä verdilär školada bir iš nesaydï (309) sora bir kač kere öle aramïzda oldu laf ani šindidän sora büyüdük ((310) sora bän ona sordum (311) diyorum te šindi bu išlär karïštï ortalïkta zōr da yašamak ama derim genčlik hep genčlik (312) o bana der sän eer der bu išlerä düšünürsän halizdän önǰedän lāzïm anama bobama sormaa (313) en ilkin bu iš (314) biz var nasïl bulušalïm sennän laf edelim yïllarǰa (315) ama eer bir šey lāzïm olursaydï halizdän önǰedän (316) da sora benim dä anam babam derler eh bizdä šindän sora sän bizim en büyük čoǰuumuzsun (317) sän eer varsaydï niyetin biz bilyors hani sän bilirsin (318) benim karïmïn adï X.'ydï (319) X.'yï biliyorsun (320) eer sän onu beenirsaydïn bakmadaan ki vakïtlar zōr sän šindidän sora yirmiiki yašïndaysïn o da čok ii bir insan čok ii aileleri var (321) onu var nasï baškasï da alsïn (322) öle [.] öle da evlendik.

(305) Und ich bin gegangen und habe ihr nicht geschrieben. (306) Na, ich habe mich geschämt, na wir kannten es so. (307) Aber später, als ich schon Lehrer war, kam auch ihr Vater, ihn hatten sie auch zur Armee gezogen, und er ist, wie auch immer, von dort gekommen. (308) Ihrem Vater haben sie auch gegeben, damit er vom Wehrdienst erlöst wird, haben sie ihm in der Schule eine Arbeit gegeben, was auch immer. (309) Dann gab es ein paar Mal zwischen uns Gespräche, daß wir nunmehr erwachsen sind. (310) Dann habe ich sie gefragt. (311) Ich sage: Jetzt sind diese Sachen durcheinandergekommen, das Leben ist auch schwer, aber, sage ich, die Jugend ist immer die Jugend. (312) Sie sagt mir: Wenn du, sagt sie, an diese Sachen wirklich denkst, muß man zuerst meine Eltern fragen. (313) Zuallererst diese Sache. (314) Wir können uns jahrelang treffen und sprechen. (315) Aber wenn etwas wirklich nötig sein sollte, zuerst -- (316) Und dann sagen meine Eltern : Na, du bist nun mal bei uns unser ältester Sohn. (317) Wenn du es vorhast, wissen wir, daß du sie kennst. (318) Der Name meiner Frau war X. (319) Du kennst X. (320) Wenn sie dir gefällt, ohne darauf zu achten, daß die Zeiten schwer sind, du bist nunmehr zweiundzwanzig, und sie ist ein sehr guter Mensch, sie hat eine sehr gute Familie. (321) Es ist auch möglich, daß sie ein anderer nimmt. (322) So war's [.], und so haben wir geheiratet.

Index